Unterrichtsideen Religion NEU

7./8. Schuljahr
1. Halbband

Arbeitshilfen für den Religionsunterricht
in Hauptschule, Realschule und Gymnasium

Herausgegeben im Auftrag der Religionspädagogischen
Projektentwicklung in Baden und Württemberg (RPE)
von Hartmut Rupp und Christoph Th. Scheilke

Redaktionskreis: Rainer Kalter, Heinz-Günter Kübler,
Herbert Kumpf, Hartmut Rupp, Christoph Th. Scheilke,
Detlev Schneider und Gerhard Ziener

Calwer Verlag Stuttgart

Die Unterrichtseinheiten dieses Halbbandes wurden erarbeitet von:
Andrea Bischoff, Heinz-Günter Kübler, Herbert Kumpf, Hartmut Rupp, Friederun Rupp-Holmes, Uta Wettig und Gerhard Ziener.

Das Werk folgt der reformierten Rechtschreibung.

Bild- und Textnachweise sind jeweils an entsprechender Stelle vermerkt. Leider war es nicht möglich, alle Urheber zu ermitteln. Betroffene Inhaber/innen von urheberrechtlichen Ansprüchen bitten wir sich beim Verlag zu melden.

Bibliografische Information der Deutschen Bibliothek
Die Deutsche Bibliothek verzeichnet diese Publikation in der Deutschen Nationalbibliografie; Detaillierte bibliografische Daten sind im Internet über *http://dnb.ddb.de* abrufbar.

ISBN 978–3–7668–4095–0

© 2011 Calwer Verlag Stuttgart
Alle Rechte vorbehalten.
Umschlaggestaltung: Rainer E. Rühl, Alsheim
Satz: Nagelsatz, Reutlingen
Herstellung: Karin Klopfer, Calwer Verlag
Druck und Verarbeitung: Beltz Druckpartner GmbH & Co. KG, Hemsbach

E-Mail: info@calwer.com
Internet: www.calwer.com

Inhalt

Religionslehrer/innen und der kompetenzorientierte Religionsunterricht

Was müssen Lehrende wissen und können?
Wozu müssen sie bereit sein?

Der kompetenzorientierte Religionsunterricht führt zu Veränderungen im alltäglichen Unterricht, in der Anlage von Unterrichtseinheiten, in der Vernetzung der Jahresthemen und im Aufbau des Religionsunterrichtes über die Schuljahre. Lernstandsdiagnose und die Feststellung des Lernfortschrittes erfordern Unterrichtszeit und Einplanung. Wiederholungen werden auch im Religionsunterricht bedeutsam. Neue Lernaufgaben müssen eingeführt werden. Vorausgehende Lernhilfen (Advance Organizer) erleichtern den Einbau neuer Informationen in das eigene Vorwissen. Die Nachhaltigkeit des Lernens und damit auch die Lernpsychologie rücken ins Bewusstsein.

Was ändert sich dabei für die Lehrperson – und was bleibt nach wie vor wichtig? Diesen Fragen gehen die folgenden Überlegungen nach.

1. Der andere Blick

Kompetenzorientierter Religionsunterricht verlangt einen anderen Blick auf den Religionsunterricht. Nicht das, was behandelt wird, ist entscheidend, sondern das, was herauskommt. Die Unterrichtsideen gehen deshalb immer von Kompetenzen aus.[1] Entscheidend bei der Unterrichtsplanung ist es aber dann Lernsituationen zu schaffen, die es Schülerinnen und Schülern ermöglichen, Kompetenzen zu erwerben und schon erworbene weiterzuentwickeln. Dazu bedarf es immer auch klarer Instruktionen, dann aber vor allem auch Formen eigenständiger aktiver Aneignung, die individuelles und kooperatives Lernen beinhalten.

Damit einher geht auch ein verändertes Lernverständnis. Nicht das, was von außen an die Lernenden herangetragen wird, ist schon entscheidend, sondern die innere Verarbeitung der präsentierten Informationen. Die kognitive Lerntheorie sieht in der Aufnahmeverarbeitung, Speicherung im Gedächtnis und in der Anwendung von Informationen den entscheidenden Kern des Lernens. Die konstruktivistische Lerntheorie setzt hinzu, dass die Verarbeitung und Speicherung immer individuell ist und in irgendeiner Weise mit der Person des Lernenden zu tun hat. Lehrende – so muss man folgern – brauchen ein vertieftes Wissen von Lernprozessen.[2] Dabei findet eine alte Bestätigung Einsicht: Lernen hat mit Beziehungen und mit Emotionen zu tun. Emotionen bestimmen mit, was wie gespeichert wird und was bei der Anwendung zur Verfügung steht.[3]

Die Ausrichtung auf Kompetenzen bezieht das, was im Religionsunterricht erarbeitet wird, auf die angemessene Bewältigung von alltäglichen Handlungssituationen und die persönliche Lebensführung. Letztlich ist didaktisch nur zu rechtfertigen, was zu einer eigenständigen und verantwortlichen Lebensführung im Kontext einer bestimmten Kultur und Gesellschaft beiträgt. Dies fordert von Religionslehrerinnen und Religionslehrern die Fähigkeit, das, was sie unterrichtlich tun, vor Schülerinnen und

---

1 Der Kompetenzbegriff kann in der pädagogischen Diskussion als geklärt angesehen werden. Kompetenzen sind nach Weinert »die bei Individuen verfügbaren oder von ihnen erlernbaren kognitiven Fähigkeiten und Fertigkeiten, bestimmte Probleme zu lösen, sowie die damit verbundenen motivationalen, volitionalen und sozialen Bereitschaften und Fähigkeiten, die Problemlösungen in variablen Situationen erfolgreich und verantwortungsvoll nutzen zu können.«
2 Einen knappen Überblick über Lerntheorien gibt Hartmut Rupp, Lernen und Differenzierung in: entwurf 4/2010, 4 f.
3 Darauf verweist ganz besonders Luc Ciompi: Gefühle, Affekte, Affektlogik, Wien 2002.

Schülern, aber auch vor Eltern und in ihrem Kollegium zu rechtfertigen. Man muss sich der manchmal auch nervigen Frage stellen, »Was bringt's?«. Aus diesem Grund werden in den vorliegenden Unterrichtsentwürfen immer die in Blick genommenen Kompetenzen im Blick auf Gesellschaft, Kirche und die individuelle Person begründet.

2. Erweiterte Kompetenzanforderungen[4]

Diejenigen, die seit Jahren unterrichten, aber auch diejenigen, die heute studieren und sich auf den Lehrberuf vorbereiten, aber ja einmal Schüler/innen waren, stehen vor der Aufgabe, weiter zu lernen und immer wieder neue Kompetenzen zu erwerben. Gerade Lehrende wissen, dass sie selber das ganze Leben lernen und zu lernen haben.

Zu den wichtigen neuen Aufgaben gehört es, Kompetenzstände und damit das vorhandenen Geflecht von Kenntnissen, Fähigkeiten und Einstellungen zu erheben, auf dieser Grundlage didaktische Konsequenzen zu formulieren und deren Wirksamkeit zu bewerten. Dabei geht es noch nicht um Notengebung, sondern allererst um eine Einschätzung der Lernprozesse. Ohne Frage ist das für viele noch ungewohnt, hier soll jedoch Mut gemacht werden, Methoden auszuprobieren und sich gegenseitig Vorschläge zu machen. In den Unterrichtsideen werden deshalb Vorschläge gemacht, wie anfängliche Lernstände und Lernzuwächse auf pragmatische Weise zu erheben sind.[5]

Wer sich auf solche Ansätze einlässt, wird rasch merken, dass Lernzustände und Lernzuwächse recht unterschiedlich ausfallen. Es zeigt sich die Heterogenität der Lerngruppe. Diese wirft die Frage nach einem individualisierten Lernen auf und erfordert die Fähigkeit, individuelles Lernen zu ermöglichen. Auch dies ist (noch) ungewohnt und rührt an die Frage der Belastbarkeit bzw. der zur Verfügung stehenden Ressourcen angesichts großer Klassen. Häufig ist man damit als einzelne Lehrperson überfordert. Doch auch dann, wenn man nicht an einer Schule unterrichtet, die in allen Klassen konsequent individuell unterrichtet, gibt es weiterführende Ansätze.[6] Hilfreich sind die Weiterentwicklung der bekannten und bewährten Binnendifferenzierung sowie die Einführung von Modellen kooperativen Lernens.[7] Es wird darum gehen, das eigene Methodenrepertoire kontinuierlich weiterzuentwickeln. Die Unterrichtsideen geben dazu Hinweise.

Noch deutlicher zeigt sich im kompetenzorientierten Religionsunterricht die Notwendigkeit aufbauenden Lernens. Dies erfordert die Kompetenz, Lernprozesse über sechs oder neun Jahre systematisch aufzubauen und zu begleiten. Was bei einem Klassenlehrerunterricht leichter erscheint, ist im Fachlehrerunterricht ohne Frage schwieriger. Dieser erfordert auf Seiten der Lehrenden die Bereitschaft zur Kooperation in einer Fachschaft, die Bereitschaft und Fähigkeit, Absprachen zu finden, einzuhalten sowie die Offenheit, über Scheitern und Versäumnisse zu sprechen. Es erfordert die Fähigkeit, Fachcurricula aufzubauen und Mindesterwartungen gemeinsam zu formulieren. Eine These ist, dass Nachhaltigkeit besser gelingt, wenn gemeinsam definiert wird, was am Ende der Schule »alle« Schülerinnen und Schüler »auf jeden Fall« »drauf haben« wie dies über die einzelnen Schulstufen aufgebaut werden kann.[8] Wer sich darauf einlässt, könnte zunächst einmal definieren, was alle Schülerinnen und Schüler im Blick

---

4 Vgl. dazu Friedrich Schweitzer, Bildung und Religion – Was Religionslehrerinnen und Religionslehrer wissen müssen, in: Hartmut Rupp, Christoph Th. Scheilke: Bildung und Religionsunterricht. Jahrbuch für kirchliche Bildungsarbeit 2011, Stuttgart 2011, 59–67; Gerhard Ziener: Gekonnt unterrichten, oder: Was Religionslehrerinnen und Religionslehrer können müssen, ebd. 68–77.

5 Vgl. auch Andreas Helmke: Mit Bildungsstandards und Kompetenzen unterrichten, in: Udo Klinger (Hg.): Mit Kompetenz Unterricht entwickeln. Fortbildungskonzepte und -materialien, Speyer, o.J., 35–54.

6 Zwischenzeitlich gibt es im süddeutschen Raum einige Schule, die individuelle Unterricht. Modell dafür ist eine private Schule in Beatenberg/Schweiz vgl. www.institut-beatenberg.ch.

7 Vgl. Themenheft entwurf 4/2010 Differenzierung.

8 Dietlind Fischer und Peter Kliemann nennen die Fachschaften »die schlafenden Riesen« der Unterrichtsentwicklung vgl. diess.: Climate oder die schlafenden Riesen, in entwurf 4/2010, 56–59.

auf die Bibel auf jeden Fall »wissen« sollten. Zu diesem »Wissen« gehört auch die Fähigkeit biblische Texte eigenständig auslegen zu können (hermeneutische Kompetenz) sowie die Bereitschaft sich darauf einzulassen und biblische Aussagen auf sich selbst zu beziehen.

Damit ist aber eine weit reichende Erwartung an die Lehrenden verbunden. Sie müssen selber »drauf haben«, was sie von ihren Schülerinnen und Schülern erwarten. Was bei denjenigen allzu selbstverständlich erscheint, die in allen Schulstufen unterrichten, ist bei Stufenlehrern nicht unbedingt gegeben. Umso dringlicher ist die Kommunikation der Fachschaft, zu der auch die katholischen Religionslehrerinnen und Religionslehrer zu zählen sind. Die Vertrautheit mit katholischer Theologie ist bei evangelischen Religionslehrerinnen und Religionslehrern derzeit noch begrenzt. Dies braucht nicht beklagt zu werden, ist aber eine Aufforderung, sich selber Schritt für Schritt weiterzubilden.

Dies gilt selbstverständlich auch für die den Religionsunterricht leitende religiöse Kompetenz. Die Frage ist ja, ob es die Lehrenden selber vermögen, »die Vielgestaltigkeit von Wirklichkeit wahrzunehmen und theologisch zu reflektieren, christliche Deutungen mit anderen zu vergleichen, die Wahrheitsfrage zu stellen und eine eigene Position zu vertreten sowie sich in Freiheit auf religiöse Ausdrucks- und Sprachformen (z.B. Symbole und Rituale) einzulassen und sie mitzugestalten.« Die Unterrichtsideen unterstützen diese Kompetenz in jeder Unterrichtseinheit und fordern Lehrende heraus diese Kompetenz selber einzubringen.

Zu den neuen Kompetenzanforderungen gehört ganz gewiss auch die Fähigkeit, Religionsunterricht im Kontext der Schule zu begründen und konstruktiv in die Entwicklung der eigenen Schule einzubringen. Gerade hier wird sich die eigene religiöse Kompetenz bewähren, geht es doch darum, die Bedeutung des Faches angesichts von Säkularisierungsprozessen und der Kritik von Zeitgenossen plausibel zu machen.

3. Das persönliche Auftreten

Die neuen Anforderungen können und dürfen nicht den Blick auf das verstellen, was nach wie vor bedeutsam ist. Dazu gehören ganz gewiss die Gesprächs- und Diskurskompetenz sowie die fachwissenschaftliche Kompetenz. Hinzu kommt die Reflexionskompetenz und damit die Fähigkeit, über sich selbst, die eigene Rolle und das eigene Auftreten im Unterricht nachzudenken.[9] Im Religionsunterricht geht es immer wieder darum, didaktisch reflektiert die eigene Person und die individuelle Religiosität einzubringen.[10]

Es kann nicht übersehen werden, dass die Person der Religionslehrerin und des Religionslehrers Inhalt des Religionsunterrichtes ist und von Schülerinnen und Schülern als Modell oder gar als Vorbild angesehen werden. Dies gilt unabhängig davon, ob die Lehrperson dies will oder nicht will. Religionslehrerinnen und Religionslehrer werden demnach sowohl als Expertinnen als auch als Repräsentanten für christliche Religion angesehen. Daran zu erinnern ist, dass sie durch die Vocatio dazu beauftragt sind und dies auch ausdrücklich bejaht haben. Wie aber kann und soll dies verstanden werden – gerade angesichts der religiösen Heterogenität der Lernenden und der begründeten Aufgabe, auch anderen Religionen und Weltanschauungen im Religionsunterricht Raum zu geben?

---

9   In den Empfehlungen der Gemischten Kommission zur Reform des Theologiestudiums nimmt die Reflexionskompetenz eine vorrangige Position ein vgl. Kirchenamt der EKD (Hg.): Theologisch-Religionspädagogische Kompetenz. Professionelle Kompetenzen und Standards für die Religionslehrerausbildung, EKD Texte 96, 2008, 28.
10   Dies war ein maßgebliches Ergebnis der Religionslehrerstudie in Niedersachsen, vgl. A. Feige u.a.: »Religion« bei ReligionslehrerInnen, Münster/Hamburg/London 2000, insbes. 33–54.

Ausgangspunkt für eine Antwort ist die Einsicht, dass Religionslehrerinnen und Religionslehrer ihren Gegenstand genau kennen sollten. Was für alle Lehrende gilt, bedarf aber bei Religion noch einmal der genaueren Reflexion. Was ist eigentlich der Gegenstand des Religionsunterrichtes?

Im Zentrum des Religionsunterrichts steht die christliche Religion in Bezug zu andern grundlegenden Sichtweisen der Wirklichkeit, sowohl anderer Religionen und Weltanschauungen, der populären Religion in der Alltagkultur, vor allem aber zu dem, was Schülerinnen und Schüler an sinnstiftenden Deutungen mitbringen. Christliche Religion ist aber nicht bloß kognitive Lehre, sie ist vornehmlich Praxis und Lebenshaltung. Sie schließt bei Bedarf auch das persönliche Bekenntnis ein, sowie die Bereitschaft, darüber Auskunft zu geben – eine Haltung, die jedem Christenmenschen aufgegeben ist: »Seid allezeit bereit zur Verantwortung vor jedermann, der von euch Rechenschaft fordert über die Hoffnung, die in euch ist« (1. Petrus 3,15).

Religion zeigt sich in Gebeten und Liedern, in Andachten und Meditationen, in Ritualen und Riten, in Festen und Feiern, in Seelsorge und Diakonie, in Ermutigung und Predigt, in Kritik und Orientierung. Sie zeigt sich aber auch in der eigenen Lebensführung, in der Teilhabe an einer religiösen Gemeinschaft, in dem Umgang mit ethischen und existenziellen Herausforderungen sowie mit Menschen, die andere Sichtweisen vertreten.

Religionslehrerinnen und Religionslehrer sind daher exemplarische Vertreter von christlicher Religion, die in der Lage und auch dazu bereit sind, sich selbst, die eigene Erfahrungen sowie persönliche Fähigkeiten und Einstellungen didaktisch reflektiert in den eigenen Unterricht einzubringen. Dazu gehört ohne Frage auch die Fähigkeit, die eigene Religiosität und die eigene Rolle zu reflektieren. Exemplarische Christen sind weder Vorzeigechristen noch Personen, die sich selbst in den Mittelpunkt stellen müssen. Es sind jedoch Menschen, die sich selbst als Christen und Christinnen ansprechen lassen und die bereit sind, als authentische Personen Antwort zu geben.

Darin liegt auch der Grund, warum Kirchen getaufte Kirchenmitglieder mit dem Religionsunterricht beauftragen.[11] Diese Beauftragung enthält gewiss auch normative Ansprüche, wie dies ja auch für den Diensteid gilt. Sie besteht aber in einem vorgängigen Zuspruch und einer Bevollmächtigung, christliche Religion eigenständig und verantwortungsbewusst einzubringen. Schülerinnen und Schüler haben ein Recht auf die Begegnung mit exemplarischen Christen. Sie haben ein Recht auf Menschen, die es mit der christlichen Religion ernst meinen, auch wenn sie damit ringen mögen. Treffend hat dies Fulbert Steffensky zum Ausdruck gebracht: »Unsere Kinder brauchen uns als Erwachsene, sie brauchen uns als andere. Sie brauchen uns als Menschen, die etwas vertreten, an etwas glauben und etwas wollen. Sie brauchen unser Gesicht, sonst können sie sich selber an uns nicht erkennen, nicht abarbeiten, nicht ihren eigenen Lebensentwurf am fremden probieren. Es hilft ihnen im Leben nicht weiter, wenn sie in ihren Lehrern und Lehrerinnen, in den Vätern und Müttern nur sich selbst und die eigene Hilflosigkeit wiederfinden; wenn jedes Gespräch mit ihnen zum Selbstgespräch wird. ... Lehrersein heißt zeigen, was man liebt und was einem wichtig ist.«[12]

Hartmut Rupp

11 Zum Verständnis der Vocatio vgl. Ingrid Schoberth: Ein Amt, das sich nicht von selbst versteht. Anmerkungen zur Vocatio für Religionslehrerinnen und Religionslehrer, in: Hartmut Rupp und Christoph Th. Scheilke: Bildung und Gerechtigkeit, Jahrbuch für kirchliche Bildungsarbeit 2010, 181–190.
12 Fulbert Steffensky: Schwarzbrot-Spiritualität, Radius Verlag, Stuttgart 2005, 194.

Hinweise zum Aufbau und zur Anordnung der »Unterrichtsideen Religion NEU«

Die folgenden Unterrichtsvorschläge für den Standardzeitraum 7/8 nehmen die vorgelegten Einsichten zu einem kompetenzorientierten Unterricht auf.

Sie gehen aus von einem Kompetenzbündel und innerhalb desselben von einer oder mehreren **Schwerpunktkompetenzen** (Schwerpunktkompetenzen und weitere Kompetenzen). Diese leiten den Aufbau der Unterrichtsbausteine und bestimmen deren thematische Ausrichtung. Die Kompetenzen beziehen sich auf den Bildungsplan Baden-Württemberg. Sie sind daher stets so nummeriert, dass rasch deutlich wird, aus welchen Dimensionen (z.B. Dimension 1 Mensch, 3 Bibel) sie entnommen sind und welche Position sie dort einnehmen (3.2 heißt also 2. Kompetenz in Dimension 3 Bibel). Die Schwerpunktkompetenzen sind der Kompetenzaufzählung vorangestellt.

Die jeweilige **Überschrift** (z.B. Miteinander über Bilder von Gott sprechen) ist aktivisch und in Richtung Kompetenzen formuliert. Durch Ergänzen eines »können« wird die Kompetenzorientierung vollends sichtbar. So soll angezeigt werden, dass die vorgelegten Unterrichtseinheiten zwar viel »Input« bieten, aber auf einen »Output« ausgerichtet sind.

Die Reflexion der Lebensrelevanz soll verdeutlichen, welchen Beitrag der Unterricht mit den ausgewählten Kompetenzen für das persönliche, gesellschaftliche und kirchliche Leben und damit für eine »Lebensführungskompetenz« leisten kann (**Zur Lebensbedeutsamkeit**).

Die angeführten elementaren Fragen sind als Fragen zu verstehen, die das Leben bewegen, von jedem Schüler und von jeder Schülerin so gestellt werden könnten und sowohl ein individuelles Nachdenken als auch ein dialogisches Gespräch eröffnen können (**Elementare Fragen**). Auch sie weisen auf die Lebensrelevanz der angezielten Kompetenzen und des sie ermöglichenden Unterrichts.

Die Hinweise auf katholische Bildungspläne (**Ein Blick auf katholische Bildungsstandards**) soll Abstimmungen ermöglichen und die Gelegenheit bieten, gemeinsame Beiträge zu dem jeweiligen Schulcurriculum zu identifizieren.

Für jede Einheit werden vorausgehende Lernhilfen im Sinne der »advance organizer« vorgeschlagen, die dazu helfen sollen die Inhalte gedanklich zu ordnen, sodass sich in den Köpfen der Schülerinnen und Schüler ein roter Faden ausbilden kann (**Leitmedien**). Sie wollen auch als Anregung verstanden werden, sich eigene Lernhilfen zurecht zu legen.

Den Einheiten sind **Lernkarten** beigefügt, die das Wissensfundament der jeweiligen Einheit bereitstellen wollen. Sie enthalten auf der Vorderseite eine Frage, auf der beigefügten Rückseite mögliche Antworten. Diese Lernkarten sind nach den Unterrichtsthemen ausgezeichnet und durchgezählt. Im Laufe des Schuljahres sollen sie nacheinander eingebracht und immer wieder wiederholt werden.

Die folgenden **Bausteine** folgen stets dem gleichen **Aufbau**:
- Sie machen Vorschläge für eine **Lernstandsdiagnose** (Die Schülerinnen und Schüler können zeigen, was sie schon können und kennen). Sie zeigen Möglichkeiten auf, wie Schülerinnen und Schüler an der Unterrichtsplanung beteiligt werden können und *Transparenz* hergestellt werden kann (Die Schülerinnen und Schüler wissen, welche Kompetenzen es zu erwerben gilt, und können ihren Lernweg mitgestalten).

- Sie **operationalisieren** die vorangestellten Kompetenzen und bieten eine Fülle von Anregungen, wie solche Kenntnisse, Fähigkeiten und Fertigkeiten angebahnt, aber auch wiederholt werden können. Bewusst werden unterschiedliche Vorschläge gemacht, die verschiedene, auf Eigenaktivität angelegte Lernwege anbieten und deshalb von der Lehrperson ausgewählt werden müssen. Immer wieder lassen sie sich aber auch zu Lernsequenzen zusammenfügen. Die Hinweise auf Schulbücher und Handreichungen sollen deutlich machen, dass unterrichtliches Material zu den vorgeschlagenen Bausteinen leicht zugänglich ist.

- Sie regen an, am Ende einer Lernsequenz die Ergebnisse zu **evaluieren** und vor allem die Schülerinnen und Schüler dazu zu motivieren, das Gelernte selbständig darzustellen (Die Schülerinnen und Schüler können darstellen, was sie gelernt haben).

- Die abschließenden Literaturhinweise wollen knapp auf weitere hilfreiche Materialien und auf vertiefende Erkenntnisse hinweisen.

Die angefügten Arbeitsmaterialien sollen den vorgeschlagenen Lernweg ermöglichen, können und wollen aber nicht alles Material bieten, das im Rahmen einer solchen Einheit benötigt wird. Zum einen ist davon auszugehen, dass die Unterrichtenden selber über viel Material verfügen, zum anderen finden sich in den einschlägigen Schulbüchern wie Kursbuch Religion Elementar 7/8, Das Kursbuch Religion 2 und Spuren-Lesen 2 sowie in den bisher erschienenen Unterrichtsideen Religion 7 und 8 eine Fülle ergänzender Materialien. Bewusst wurden solche Materialien ausgewählt, die so nicht zur Verfügung stehen.

Die angebotenen Unterrichtseinheiten lassen sich in schulartübergreifende und schulartspezifische Einheiten unterscheiden. Dies erklärt sich aus der Nähe der in den verschiedenen Schularten vorgegebenen Kompetenzen. So ergeben sich auch Einheiten, die zwei oder drei Schularten im Blick haben. Lehrende können hier entweder den ganzen Vorschlag übernehmen oder jene Elemente auswählen, die in ihrer Schulart von Bedeutung sind.

In einem Anhang finden sich die Kompetenzen aus den Bildungsplänen der Hauptschule, der Realschule und des Gymnasiums. Die Hinweise auf die Einheiten und die Seiten sollen helfen, die dafür vorgeschlagenen Unterrichtselemente rasch zu finden.

Freundschaft, Partnerschaft, Sexualität, Familie

Bildungsstandards für die Hauptschule*

Schwerpunktkompetenz und weitere Kompetenzen

Die Schülerinnen und Schüler

- **wissen, dass Geschlechtlichkeit und Partnerschaft zum Menschsein gehören. Sie kennen Formen eines einfühlsamen und respektvollen Umgangs miteinander (HS 9.1.1)**
- entwickeln Ideen zur Gestaltung ihres Lebens, schätzen ihre Möglichkeiten realistisch ein und sind sich der Veränderbarkeit ihrer Lebensentwürfe bewusst (HS 9.1.4)
- wissen, dass Leib und Seele verletzbar sind, können Gefahren benennen und negative Folgen für ihr Leben abschätzen (HS 9.1.2)
- kennen Weisungen der jüdisch-christlichen Tradition für das Handeln der Menschen (die goldene Regel, Zehn Gebote, das Doppelgebot der Liebe) und können sie auf aktuelle Problemfelder beziehen (HS 9.2.2)
- sind in der Lage, gemeinsam mit anderen hilfreiche Regeln des Zusammenlebens zu entwickeln, und verfügen über Möglichkeiten, Konflikte gerecht und friedlich anzugehen (HS 9.2.4)
- wissen um die Gleichwertigkeit von Mann und Frau und können geschlechtsspezifische Klischees kritisch wahrnehmen (HS 10.1.1)

Kompetenzen im Fächerverbund Materie – Natur – Technik:

Die Schülerinnen und Schüler
- wissen um die Verantwortung im Umgang mit der Geschlechtlichkeit (HS 9.4.2)

Zur Lebensbedeutsamkeit

Das Thema »Freundschaft, Partnerschaft, Sexualität, Familie« betrifft Jugendliche unmittelbar. Körperliche Veränderungen in der Pubertät, erwachende Sexualität, erste Liebe, Ablösung von der Herkunftsfamilie – das alles erleben Jugendliche hautnah, am eigenen Leib. Sie erleben diese Entwicklung ambivalent: als aufregend und verwirrend, begeisternd und stressig. Jugendliche möchten über dieses Thema mit anderen reden und kommen dabei doch sehr schnell an Grenzen. Dies gilt für das Gespräch untereinander und noch viel mehr für das Gespräch mit Erwachsenen.

Hilfreich ist es daher für Jugendliche, wenn ihnen der Religionsunterricht hier behutsam Räume zum Austausch und zum Nachdenken eröffnet. In geschütztem Rahmen können drängende Fragen angesprochen werden. Dabei bieten sich indirekte Formen der Kommunikation an, bei denen die Schülerinnen und Schüler Persönliches äußern können ohne sich angreifbar zu machen. Zumindest zeitweise ist es sinnvoll, Jungen und Mädchen im Unterricht zu trennen. Wo möglich, sollte dann (evtl. in Kooperation mit katholischer Religion oder Ethik) eine weibliche Lehrkraft die Mädchengruppe und eine männliche Lehrkraft die Jungengruppe unterrichten.

Aufgabe der Lehrkraft ist es, als Gesprächspartner/in zur Verfügung zu stehen und die biblisch-christliche Tradition in den Lernprozess einzubringen. Dabei soll deutlich werden, wie hilfreich und befreiend das biblische Menschenbild ist, das den Menschen nicht auf seine Sexualität reduziert, sondern diese einbettet in eine ganzheitliche, umfassende Beziehung zwischen zwei Menschen. Gut ist es, wenn die Lehrkraft bereit ist, sich auch sensiblen Fragen zu stellen, wenn sie sich auch auf Fragen einlässt,

---

* Das Unterrichtsmodul ist für die Hauptschule konzipiert. Texte und Aufgaben sind auf das Leistungsvermögen von Hauptschülerinnen und -schülern der 9. Klasse abgestimmt. Wer in der Realschule oder im Gymnasium mit den Materialien arbeiten will, wird die Aufgaben und Fragestellungen an das Leistungsniveau seiner Klasse anpassen.

bei denen sie als Person angefragt wird, und wenn sie kompetent und einfühlsam mit diesen Anfragen umgehen kann. Jugendliche brauchen – gerade bei diesem Thema – Erwachsene mit einem klaren Standpunkt, damit sie in Auseinandersetzung mit ihnen ihren eigenen Weg finden können.

Elementare Fragen	Wie kann man eine Partnerschaft gut gestalten? / Wie bekomme ich die Freundin/den Freund, die/den ich möchte? / Muss ich alles mitmachen, was mein Freund/meine Freundin von mir will? / Muss ich vor dem »ersten Mal« Angst haben? / Wie kann man sich vor einer ungewollten Schwangerschaft schützen? / Wie leben Teenager, wenn sie Eltern geworden sind? / Wie können Teenager Eltern sein? / Was sagt die Bibel zum Thema Liebe und Sex? / Ist Homosexualität Sünde? / Ist Abtreibung verboten? / Wie gefährlich ist AIDS? / Wie kann ich mich gegen blöde Anmache wehren? / Was macht einen guten Vater/eine gute Mutter aus? / Gehören Frauen an den Herd und Männer an den Arbeitsplatz?

Ein Blick auf katholische Bildungsstandards	Die Schülerinnen und Schüler ■ wissen, dass Geschlechtlichkeit zum ganzen Menschen gehört und können begründen, dass Frau und Mann gleichwertig sind (HS 9.1.5) ■ wissen, dass Menschen als Geschöpfe Gottes nach christlichem Verständnis zu einem verantwortlichen Umgang mit sich selbst und anderen berufen sind (HS 9.1.2) ■ können in Auseinandersetzung mit biblischen Weisungen und Normen Regeln zur eigenen Lebensgestaltung erkennen und bewerten (HS 9.2.3)

Leitmedien	■ Song bzw. Videoclip: K-Ci & JoJo »All My Life«[1] ■ Liebes-Lexikon: Die Schülerinnen und Schüler legen einen Ordner an, in dem wichtige Arbeitsergebnisse gesondert gesammelt werden (jeweils unter einem Schlagwort in alphabetischer Reihenfolge) ■ Was mir am Thema wichtig ist: Zu Beginn jeder Stunde stellen 1–2 Schüler/innen einen Gegenstand bzw. ein Medium vor, an dem sie zeigen, was ihnen beim Thema »Liebe« wichtig ist. Gegenstände bzw. Medien können sein: ein Song, ein Foto, ein Zeitungs- oder Zeitschriftenartikel, ein Buch, ein Zitat zum Thema, das im Internet recherchiert wurde, ein persönlicher Gegenstand …

Die Schülerinnen und Schüler können zeigen, was sie schon können und kennen	■ Spiel »Love Game« (**M 1**). ■ Alternative: Einstiegsspiel nach Geschlechtern getrennt (siehe hierzu entwurf 2/2003, S. 69–70): Das »Herzle-Spiel« (Spielplan in entwurf 2/2003, S. 69; Fragekärtchen als Download unter www.entwurf-online.de) ist ein Würfelspiel für Mädchen und wird in kleinen Gruppen gespielt; das »Love Game« (entwurf 2/2003, S. 70) ist ein Quiz für Jungen, die in Teams gegeneinander spielen. ■ Schreibgespräch: An Tischen liegen Plakate aus, auf jedem Plakat steht eines der folgenden Stichworte: Familie, Liebe, Verhütung, AIDS, Abtreibung, Homosexualität, typisch Frau – typisch Mann. Die Schülerinnen und Schüler gehen reihum und schreiben Gedanken zu den Stichworten auf (es ist auch möglich auf Kommentare von anderen zu reagieren); im Klassengespräch können einige Gedanken noch einmal aufgegriffen werden.

---

1 K-Ci & JoJo, All My Life, auf: Kuschelrock 12, 1998 (Doppel-CD); oder auf: K-Ci & JoJo, Love Always, 1997 (CD). Videoclip auf: K-Ci & JoJo: Uncoverd, 2003 (DVD); oder auf: MTV 20 Pop, 2003 (DVD).

- Die Lehrkraft stellt mögliche Aspekte des Themas und dazugehörende Kompetenzen anhand von **M 2** vor; die Schülerinnen und Schüler überlegen, welche Kompetenzen sie bereits besitzen und füllen **M 2** aus.
- Die Lehrkraft benennt Pflichtaspekte (grundlegend wichtig, müssen behandelt werden: verschiedene Aspekte des Begriffs »Liebe«; zentrale biblische Aussagen zum Thema Liebe; Regeln für eine tragfähige Partnerschaft) und Wahlaspekte (können bei Interesse behandelt werden, siehe **M 3**) des Themas; die Schülerinnen und Schüler überlegen, welche der Wahlaspekte sie im Unterricht besprechen möchten und füllen anonym **M 3** aus; sie ergänzen darauf evtl. weitere Aspekte und Fragen; die ausgefüllten Blätter werden eingesammelt und ausgewertet; dann wird festgelegt, welche Aspekte behandelt werden sollen (in der Regel diejenigen, für die sich mehr als die Hälfte der Klasse ausgesprochen hat).

Die Schülerinnen und Schüler wissen, welche Kompetenzen es zu erwerben gilt und können ihren Lernweg mitgestalten

- Brainstorming: Die Lehrkraft schreibt den Begriff »Liebe« an die Tafel; die Schülerinnen und Schüler tragen zusammen, welche Formen von Liebe es gibt (Elternliebe, Freundschaft, Sexualität, Tierliebe, Nächstenliebe, Liebe zu Gott …), die Schülerinnen und Schüler übertragen das Tafelbild in ihren Ordner (→ Liebeslexikon, Schlagwort »Liebe«); anschließend wird das Tafelbild im UG diskutiert; mögliche Aspekte, die im Gespräch eingebracht werden können: Liebe ist mehr als Sex; Liebe hat viele Gesichter; jede/r ist liebenswürdig und liebesfähig.
- Alternative: Videoclip »All my life« von K-Ci & JoJo betrachten; in dem Video vorkommende Formen von Liebe an der Tafel sammeln und ergänzen; weiter verfahren wie oben.
- Bildbetrachtung: Die Schülerinnen und Schüler betrachten **M 4**; sie äußern Gedanken und Assoziationen zum Bild; die Lehrkraft lenkt das Gespräch auf die Frage: Was bedeutet das Wort »Liebe«? (Mögliche Hilfsfragen: Woran merke ich, dass mich eine Person liebt? Woran merke ich, dass ich einen anderen Menschen liebe? Wie fühlt es sich an zu lieben / geliebt zu werden?)

Die Schülerinnen und Schüler können verschiedene Aspekte des Begriffs »Liebe« benennen

- Zu Beginn der Unterrichtseinheit: Die Liebe ist Gottes Geschenk. Arbeit mit dem Songtext von »All my life« und Bibelarbeit zu 1. Mose 2 in Auswahl; Vorgehen (vgl. entwurf 2/2003, S. 66 f): Die Schülerinnen und Schüler hören den Song »All my life«; sie äußern Eindrücke und Assoziationen; beim zweiten Hören des Songs lesen sie den Songtext mit (**M 5**); sie versetzen sich in den Sänger hinein und charakterisieren sein Leben früher und heute jeweils mit kurzen Stichworten; sie formulieren je ein Gebet, das der Sänger früher und heute beten könnte; die Gebete können im Klassengespräch besprochen werden; anschließend lesen die Schülerinnen und Schüler 1. Mose 2,4b-9.18–24 (Übersetzung: Gute Nachricht Bibel). Sie beantworten in Partnerarbeit folgende Fragen: Welches Problem hat der erste Mensch, den Gott geschaffen hat? Wie versucht Gott zunächst dem Menschen zu helfen? Warum ist dieser Versuch nicht erfolgreich? Was tut Gott als Nächstes, um dem Menschen zu helfen? Warum ist dieser Versuch erfolgreich? Fragen und Antworten zum Bibeltext werden schriftlich festgehalten (→ Liebeslexikon, Schlagwort »Bibel«); im abschließenden Klassengespräch wird ein Bezug zwischen dem Song und dem Bibeltext hergestellt.
- Am Ende der Unterrichtseinheit: Bibeltexte zum Thema »Liebe«. Die abschließende Bibelarbeit nimmt die behandelten Themen und Fragestellungen auf und bringt sie ins Gespräch mit der biblischen Botschaft. Sie ermöglicht so am Ende der Unterrichtseinheit noch einmal eine grundsätzliche und zusammenfassende Beschäftigung mit dem Thema »Liebe und Partnerschaft« aus biblischer Perspektive. Die Schülerinnen und Schüler bearbeiten dazu **M 6a–g**. Dies kann entweder in Einzel- bzw. Partnerarbeit geschehen, sodass alle Schülerinnen und Schüler alle Bibeltexte bearbeiten. Oder: **M 6a–g** wird als Lernstraße bearbeitet, bei der die Schülerinnen und Schüler eine bestimmte Anzahl von Bibeltexten bearbeiten müs-

Die Schülerinnen und Schüler kennen zentrale biblische Aussagen zum Thema Liebe und Partnerschaft

sen. In jedem Fall ist eine gründliche Ergebnissicherung ratsam. Dafür gibt es verschiedene Möglichkeiten:
- jeden Text im Klassengespräch besprechen und diskutieren;
- arbeitsteilig in Kleingruppen zu jedem Bibeltext ein Plakat gestalten; die Plakate betrachten und besprechen;
- sich in Kleingruppen über die Arbeitsergebnisse austauschen (evtl. mit gezieltem Arbeitsauftrag: Welcher der Bibeltexte ist für Jugendliche am eindrücklichsten? Welcher ist am meisten fremd? Warum?).

Die Schülerinnen und Schüler können Lösungswege bei Partnerschaftskonflikten aufzeigen und Regeln für eine tragfähige Partnerschaft formulieren	■ Wir spielen Dr. Sommer: Die Schülerinnen und Schüler lesen **M 7** und suchen zwei Briefe aus, zu denen sie in Einzelarbeit Antwortbriefe schreiben; im Klassengespräch werden die einzelnen Briefe und mögliche Antworten besprochen (falls die Schülerinnen und Schüler sich scheuen, ihre Antwortbriefe vorzulesen, bietet es sich an, die Briefe einzusammeln und anonym vorzulesen).

■ Film »Matchball« (24 Min., Deutschland 2001, erhältlich bei den Medienzentren) zum Thema »Das erste Mal« (vgl. entwurf 2/2003, S. 67): Die Schülerinnen und Schüler sehen den Film; sie tauschen sich in Kleingruppen (reine Mädchen- bzw. Jungengruppen!) über den Film aus. Mögliche Fragen für die Gruppenarbeit: Was geht in David und Lisa jeweils vor? Wie versuchen die beiden ihr Problem zu lösen? Was haltet ihr von dieser Lösung? Im Klassengespräch stellen Jungen- und Mädchengruppen ihre Antworten vor. Dann werden die Antworten verglichen: Schätzen Jungen und Mädchen die angesprochenen Fragen ähnlich ein oder nicht? Falls es unterschiedliche Bewertungen gibt: Woran liegt das? Ziel bei diesem Arbeitsschritt ist es, das Hören aufeinander einzuüben und Verständnis füreinander zu entwickeln.

■ Eigene Regeln für eine gute Partnerschaft formulieren: Die Schülerinnen und Schüler bedenken noch einmal die Ergebnisse der bisherigen Arbeitsschritte (Leserbriefe und Film); Jungen und Mädchen formulieren dann in Gruppenarbeit getrennt voneinander Regeln für eine gute Partnerschaft. Die Ergebnisse werden so ausgetauscht, dass möglichst jede Jungengruppe das Ergebnis einer Mädchengruppe erhält und umgekehrt; jede Gruppe liest die Regeln, die sie bekommen hat, und kommentiert sie; anschließend Klassengespräch über die Ergebnisse.

■ Regeln von anderen bewerten: Die Schülerinnen und Schüler lesen **M 8** und bewerten die dort aufgelisteten Regeln mit Schulnoten; anschließend Klassengespräch.

■ Abschluss: Aus allen bisher genannten Regeln (eigene Regeln und Regeln von **M 8**) die fünf Regeln ermitteln, die in der Klasse am meisten Akzeptanz finden (TOP 5 der Klasse); diese Regeln aufschreiben (→ Liebeslexikon, Schlagwort »Regeln für die Partnerschaft«).

Die Schülerinnen und Schüler wissen, warum manche Menschen freiwillig auf Sex verzichten	■ Film »Liebe, Sex und Glück« (15 Min., Deutschland 2002, erhältlich bei den Medienzentren); in dem Film werden vier Menschen (Caroline, Elke, Frank und Marie) porträtiert, die freiwillig auf Sex verzichten. Die Schülerinnen und Schüler machen sich während des Films Notizen, welche Gründe die vier dargestellten Personen für ihre Haltung anführen.

■ Klassengespräch: Freiwillig auf Sex verzichten? Argumente pro und contra sammeln und an der Tafel festhalten, abschreiben (→ Liebeslexikon, Schlagwort »Enthaltsamkeit«).

■ Alternative: Aktion »Wahre Liebe wartet« (siehe entwurf 2/2003, S. 68).

Abtreibung pro und contra

- Film: Schwanger mit 16 (15 Min., Deutschland 1998, erhältlich bei den Medienzentren): der Film erzählt von der 16-jährigen Julia, die ungewollt schwanger wird und über Abtreibung nachdenkt. Am Ende bleibt offen, wie sie sich entscheidet. Partnerarbeit: im Film vorkommende Argumente pro und contra Abtreibung sammeln. Diskussion im Klassengespräch: Wie soll Julia sich entscheiden?
- Alternative: Fallbeispiel Kursbuch Religion elementar 9/10, S. 38 lesen; dort abgedruckte Meinungen zum Fallbeispiel in Partnerarbeit lesen und bewerten (+ = Zustimmung; – = Ablehnung; ? = weiß nicht). Diskussion der Ergebnisse im Klassengespräch.
- Information über rechtliche Fragen zur Abtreibung: Vortrag der Lehrkraft mit Tafelbild (**M 9**). Die Schülerinnen und Schüler schreiben das Tafelbild ab (→ Liebeslexikon, Schlagwort »Abtreibung«).
- Gruppenarbeit: Die Schülerinnen und Schüler lesen die Fallbeispiele in Kursbuch Religion elementar 9/10, S. 39 und ergänzen die bereits bestehende Liste mit Argumenten für und gegen Abtreibung. Die Ergebnisse werden im Klassengespräch diskutiert. Ergebnissicherung: Tafelbild (**M 10**), wird von den Schülerinnen und Schülern abgeschrieben (→ Liebeslexikon, Schlagwort »Abtreibung«).

Wie kann man eine unerwünschte Schwangerschaft vermeiden?

- PA: Die Schülerinnen und Schüler sammeln in zwei Minuten möglichst viele Dinge, die man bei der Verhütung *falsch* machen kann (dieser Einstieg macht ihnen in der Regel viel Spaß, weil man sich dabei nicht durch fehlendes Wissen blamieren kann). Anschließend Besprechen im Klassengespräch: Wie macht man es richtig?
- Film zum Thema »Verhütung«, z.B. »Loveline Verhütung« (15 Min., Deutschland 2001, erhältlich bei den Medienzentren). Anschließend Partnerarbeit: Die zehn wichtigsten Informationen aus dem Film heraussuchen und aufschreiben (→ Liebeslexikon, Schlagwort »Verhütung«), im Klassengespräch Ergebnisse besprechen.

Wenn Teenager schwanger werden

- Internetrecherche: Beratungs- und Hilfsangebote für schwangere Jugendliche in der Umgebung (um sinnvolle Ergebnisse zu finden, benötigen die Schülerinnen und Schüler Hilfestellung durch die Lehrkraft, z.B. indem diese sie gezielt auf informative Seiten hinweist oder hilfreiche Stichwörter für die Suchmaschine nennt).
- Alternative 1: Besuch von Mitarbeiterinnen einer Beratungsstelle (z.B. Diakonisches Werk) im Unterricht. Information über mögliche Hilfen für schwangere Jugendliche.
- Alternative 2: Extramaterial auf der DVD »Schwanger mit 16« zum Thema »Welche Hilfen gibt es für junge Mütter und Väter?«.
- Die wichtigsten Hilfsmöglichkeiten für schwangere Jugendliche schriftlich festhalten (→ Liebeslexikon, Schlagwort »Schwanger – was nun?«).

Die Schülerinnen und Schüler können einen eigenen Standpunkt zur ethischen Beurteilung von Abtreibung formulieren und begründen

- Gruppenarbeit: Infotext »AIDS-Info« (**M 11**) lesen und Fragen beantworten; Gespräch über die Ergebnisse in der Klasse.
- Partnerarbeit: Wo kann ich mich mit AIDS anstecken? (**M 12**); Lösungen im Klassengespräch besprechen.
- Briefe an die AIDS-Beratung lesen (**M 13**); in Gruppen arbeitsteilig die Briefe beantworten; Ergebnisse gegenseitig vorstellen.
- Was ich mir merken will: Die Schülerinnen und Schüler schreiben in Einzelarbeit fünf Sätze zum Thema AIDS auf, die ihnen besonders wichtig erscheinen (→ Liebeslexikon, Schlagwort »AIDS«).

Die Schülerinnen und Schüler wissen um die Gefahren von AIDS und um Möglichkeiten sich und andere zu schützen

Die Schülerinnen und Schüler können zum Thema Homosexualität ein begründetes eigenes Urteil abgeben	■ Einstieg: Die Schülerinnen und Schüler bearbeiten in Einzelarbeit (**M 14**). Anschließend Diskussion in der Klasse über die dort aufgeführten Meinungen. Wichtig: Die Lehrkraft muss deutlich machen, bei welchen Sätzen es sich um echte Diskussionsfragen handelt (z.B. Nr. 4 und Nr. 7) und wobei es sich um Vorurteile handelt (z.B. Nr. 1 und Nr. 3). Zur Information für die Lehrkraft eignet sich die Orientierungshilfe der EKD »Mit Spannungen leben« (s.u. Literatur).

Die Schülerinnen und Schüler können zum Thema Homosexualität ein begründetes eigenes Urteil abgeben

■ Einstieg: Die Schülerinnen und Schüler bearbeiten in Einzelarbeit (**M 14**). Anschließend Diskussion in der Klasse über die dort aufgeführten Meinungen. Wichtig: Die Lehrkraft muss deutlich machen, bei welchen Sätzen es sich um echte Diskussionsfragen handelt (z.B. Nr. 4 und Nr. 7) und wobei es sich um Vorurteile handelt (z.B. Nr. 1 und Nr. 3). Zur Information für die Lehrkraft eignet sich die Orientierungshilfe der EKD »Mit Spannungen leben« (s.u. Literatur).

■ Alternative: Die Schülerinnen und Schüler sitzen im Kreis; jeder hat einen kleinen persönlichen Gegenstand (Kette, Füller …) in der Hand. In der Mitte liegen zwei Plakate, eines mit der Überschrift »JA«, das andere mit der Überschrift »NEIN«. Die Lehrkraft liest je einen Satz von **M 12** vor, die Schülerinnen und Schüler legen ihren Gegenstand je nach ihrer Meinung auf das JA- oder das NEIN-Plakat. Nach jedem Satz kurze Diskussion über das Ergebnis.

■ Homosexuell – na und?! Die Schülerinnen und Schüler bearbeiten in Gruppen Kursbuch Religion 2000, S. 131. Sie stellen die dort aufgeführten Argumente pro und contra »Homosexualität als gleichwertige Lebensform« aus christlicher Sicht in einer Tabelle zusammen und suchen für jede Spalte weitere Argumente. Die Ergebnisse werden in einem Tafelbild festgehalten, das die Schülerinnen und Schüler abschreiben (→ Liebeslexikon, Schlagwort »Homosexualität«).

■ Mögliche Erweiterung (für leistungsfähige Hauptschulkassen): Bibelarbeit zum Thema »Homosexualität«. Einschlägige Bibelstellen (z.B. 1. Mose 1,26–31; 2. Mose 2,18–25; 3. Mose 20,13; Markus 12,28–31; Galater 5,1) werden gemeinsam gelesen und diskutiert. Die Lehrkraft muss hier in jedem Fall Hilfen zum angemessenen Verständnis anbieten.

■ »Deine Liebe war wundersamer als Frauenliebe« (**M 15**) in Gruppen lesen. Aufgaben: Was erfährt man über den Ich-Erzähler? Welchen Rat würdet ihr ihm geben? Austausch über die Ergebnisse in der Klasse.

■ Die Schülerinnen und Schüler formulieren in EA drei bis fünf Sätze zum Thema: Was ich über Homosexualität gelernt habe (→ Liebeslexikon, Schlagwort »Homosexualität«).

Die Schülerinnen und Schüler kennen angemessene Reaktionsmöglichkeiten auf sexuelle Belästigung und sexuelle Gewalt

Wenn irgend möglich, empfiehlt es sich, bei diesem Thema Jungen und Mädchen getrennt zu unterrichten!

■ Einstieg: Fallbeispiele (**M 16**) lesen; in Partnerarbeit überlegen, wie die/der betroffene Jugendliche reagieren könnte. Austausch im Klassengespräch.

■ **M 17** lesen und besprechen. Auf die Fallbeispiele anwenden (Leitfrage: Welche Abschnitte aus diesem Text könnten für Laura hilfreich sein, welche für Lisa, welche für Stefan?). Einzelarbeit: Was ich mir merken will: Fünf Gedanken aus dem Text aufschreiben (→ Liebeslexikon, Schlagwort »sexuelle Belästigung«).

■ Wann fängt sexuelle Belästigung an? Die Schülerinnen und Schüler lösen in Einzelarbeit **M 18**. Anschließend Diskussion in der Klasse.

■ Als Zusammenfassung und Abschluss eignet sich gut der Film »Dr. Mag Love 4: Ich trau' mich! Übers Ja- und Neinsagen« (25 Min., Deutschland 1997, erhältlich bei den Medienzentren).

Die Schülerinnen und Schüler wissen, was unter Nächstenliebe zu verstehen ist, und können konkrete Beispiele dafür benennen

■ Arbeit mit dem Videoclip »All My life«. Der Clip enthält eine Szene, in der eine Frau einem Bettler etwas zu essen gibt. Diese Szene als Standbild zeigen, die Schülerinnen und Schüler äußern Assoziationen.

■ Sie lesen in Partnerarbeit das Gleichnis vom barmherzigen Samariter (Lk 10,25–37). Aufgabe für die Partnerarbeit: Welche Antwort gibt Jesus mit dem Gleichnis auf die Frage des Schriftgelehrten in V. 29? Gespräch darüber in der Klasse. Im Klassengespräch über Berührungspunkte zwischen Gleichnis und Szene aus dem Clip sprechen.

- In Einzelarbeit einen Comic zeichnen, in dem die Szene aus dem Clip als ein Bild vorkommt. Im Comic soll deutlich werden:
  - wie der Mann zum Bettler geworden ist,
  - wie die Frau ihm hilft,
  - dass die Frau Christin ist und nach Jesu Geboten leben will.
- Alternative zur Arbeit mit dem Videoclip: Das Gleichnis vom barmherzigen Samariter in die heutige Zeit übertragen (mit Jugendlichen als Hauptpersonen) und als Comic zeichnen.
- Die fertigen Comics gemeinsam betrachten und evtl. nacherzählen.
- Klassengespräch: Weitere Beispiele sammeln, was Menschen aus Nächstenliebe für andere tun können.
- Die Schülerinnen und Schüler schreiben zum Abschluss Lk 10,27 in Schönschrift ab (→ Liebeslexikon, Schlagwort »Nächstenliebe«).

- Einstieg: Stellungsspiel. Die Schülerinnen und Schüler verteilen sich im Klassenzimmer, der Raum erhält eine Ja-Seite (Tafelseite) und eine Nein-Seite (gegenüberliegende Wand). Die Lehrkraft liest Aussagesätze zum Thema »Familie« vor (**M 19**). Die Schülerinnen und Schüler positionieren sich im Raum nach ihrer Meinung bzw. Erfahrung zum vorgelesenen Satz (z.B. ganz an der Tafel = absolute Zustimmung; in der Mitte = teilweise Zustimmung; ganz an der gegenüberliegenden Wand = völlige Ablehnung); nach jedem Aussagesatz sind kurze Gesprächsrunden möglich, in denen einige Schülerinnen und Schüler (freiwillig!) ihre Position erläutern.
- Gruppenarbeit zum Thema »Familie« (**M 20–22**). Anschließend Aussprache über die Ergebnisse.
- Die Schülerinnen und Schüler formulieren in Einzelarbeit drei Regeln, die später einmal in ihrer eigenen Familie gelten sollen. Die Regeln werden an der Tafel gesammelt. Sie wählen anschließend fünf Regeln aus, die ihnen am wichtigsten erscheinen, und schreiben sie ab (Überschrift: Regeln für das Familienleben) (→ Liebeslexikon, Schlagwort »Familie«).

Die Schülerinnen und Schüler können eigene Wünsche für das Zusammenleben in der Familie artikulieren

---

- Brainstorming: Die Lehrkraft schreibt »typisch Mann« an die linke und »typisch Frau« an die rechte Tafelhälfte. Die Schülerinnen und Schüler schreiben an die Tafel, was ihnen zu den Begriffen einfällt.
- Alternative: Fragebogen für Jungen und Mädchen in Kursbuch Religion elementar 9/10, S. 26 in gleichgeschlechtlichen Gruppen bearbeiten. Anschließend Austausch in der Klasse.
- Gruppenarbeit: Die Schülerinnen und Schüler suchen in Zeitschriften Werbeanzeigen, auf denen Männer bzw. Frauen zu sehen sind. Sie überlegen, welche Eigenschaften Männern und Frauen in der Werbung jeweils zugeschrieben werden. Im Klassengespräch werden die Ergebnisse vorgestellt und diskutiert.
- Textarbeit: »Vater sein dagegen sehr« (**M 23**): Fragen zum Text: Was ist ungewöhnlich an dem Vater, von dem hier berichtet wird? Welche Schwierigkeiten hat er? Welche Ursachen haben die Schwierigkeiten? Was wünscht er sich?
- »Soll ein Mann Elternzeit in Anspruch nehmen, wenn seine Frau ein Kind bekommt?« Pro- und Contra-Diskussion in der Klasse (evtl. vorbereitet: Jungen und Mädchen suchen zunächst in gleichgeschlechtlichen Gruppen Pro- und Contra-Argumente).
- Bibelarbeit zu 1. Mose 1,26–28 und 1. Mose 2,18–25; Leitfrage: Was sagt der Bibeltext über das Verhältnis von Mann und Frau? Schriftliche Ergebnissicherung (→ Liebeslexikon, Schlagwort »Mann und Frau in der Bibel«). Als Zwischenschritt zum besseren Verständnis der Bibeltexte ist der Text »Es ist nicht gut, dass der Mensch allein ist« (Kursbuch Religion elementar 9/10, S. 27) hilfreich.

Die Schülerinnen und Schüler können klassische Rollenbilder für Mann und Frau benennen und kritisch beurteilen

- Einzelarbeit: Wie möchte ich mein Leben als Mann bzw. als Frau in Zukunft gestalten? Welche klassischen Aufgaben für mein Geschlecht möchte ich übernehmen, welche nicht? Was möchte ich tun, was eher als typisch für das andere Geschlecht angesehen wird? Welche Eigenschaften habe ich, die als »typisch männlich« bzw. »typisch weiblich« gelten? Welche davon sind mir besonders wichtig?

Die Schülerinnen und Schüler können einen Abschlussgottesdienst zum Thema »Liebe« gestalten	Wird die Einheit in der 9. oder 10. Klasse behandelt, bietet es sich an, mit den Schülerinnen und Schülern einen Gottesdienst zur Schulentlassung vorzubereiten. ■ Die Schülerinnen und Schüler hören das Lied »Where is the love?« von den Black Eyed Peas (CD: The Black Eyed Peas. Elephunk. AM records 2003. Textauszug mit deutscher Übertragung in: entwurf 3/2006, S. 18). ■ Sie suchen in Partnerarbeit Beispiele für Liebe / Respekt und fehlende Liebe / mangelnden Respekt im Schulalltag. Die Beispiele werden im Klassengespräch gesammelt, anschließend werden 3–5 Beispiele für den Gottesdienst ausgewählt. ■ Die Schülerinnen und Schüler studieren zu den ausgewählten Beispielen kurze Theaterszenen ein, die sie im Gottesdienst aufführen. Alternative, falls sie nicht Theater spielen möchten: Einige Beispiele werden als fiktive Tagebucheinträge formuliert. Aufführung im Gottesdienst: Ein/e Schüler/in sitzt auf einem Stuhl und schreibt in ein Buch; die Texte werden von einem/r anderen Schüler/in aus dem Hintergrund vorgelesen. ■ Die Lehrkraft legt mit den Schülerinnen und Schülern den Ablauf des Gottesdienstes zur Schulentlassung fest (Vorschlag siehe **M 24**), evtl. können diese neben den Theaterszenen noch weitere Teile übernehmen. Achtung: Falls die vorbereitenden Schülerinnen und Schüler selbst Entlassschüler/innen sind, sollten sie beim Gottesdienst nicht zu viel selbst gestalten müssen, damit sie den Gottesdienst auch als Gottesdienst *für sich* erleben können. Eine gute Möglichkeit ist es, wenn die Werkrealschüler/innen der 9. Klasse, die selbst nicht entlassen werden, den Gottesdienst für ihre Mitschüler/innen vorbereiten.

Die Schülerinnen und Schüler können darstellen, was neu gelernt wurde	■ Persönliche Lernkontrolle: Die Schülerinnen und Schüler nehmen noch einmal **M 2** zur Hand und füllen es mit einer anderen Farbe als zu Beginn noch einmal aus. In Einzelarbeit fassen sie in 3–5 Sätzen für sich persönlich zusammen, was sie zum Thema neu gelernt haben. Anschließend äußern sie sich schriftlich und anonym zu der Frage: Welche Fragen zu unserem Thema, die Jugendliche interessieren könnten, sind bisher noch nicht besprochen worden? Die Blätter mit den Fragen werden anschließend eingesammelt und besprochen.
	■ Liebeslexikon gestalten und präsentieren: Die Schülerinnen und Schüler gestalten ein Titelblatt zu ihrem Liebeslexikon und überarbeiten das Layout der einzelnen Seiten (Überschriften farbig gestalten, kleine Zeichnungen ergänzen etc.). Anschließend präsentieren sie ihre Lexika (z.B. den katholischen Mitschüler/innen, den Eltern beim Elternabend, in der eigenen Klasse gegenseitig …).
	■ Ausstellung: Die Schülerinnen und Schüler gestalten mit dem Material der Unterrichtseinheit eine Ausstellung im Schulhaus.
	■ Jeopary: Die Schülerinnen und Schüler teilen sich in zwei Gruppen auf, sie entwerfen ein Jeopardy-Spiel zum Thema. Vorgehen:
	  – Fünf Unterthemen aussuchen, z.B. AIDS, Liebe in der Bibel, Nächstenliebe …
	  – Zu jedem Unterthema vier Fragen suchen, die eindeutig beantwortet werden können (Wissensfragen, keine Meinungsfragen).
	  – Die Fragen nach Schwierigkeit sortieren, für die leichteste Frage gibt es 20 Punkte, für die nächste 40, dann 60 Punkte, für die schwierigste Frage 80 Punkte.
	  – Einen Spielplan an die Tafel zeichnen. Die fünf Unterthemen als Überschrift, darunter je vier Felder mit 20, 40, 60 und 80 Punkten.
	Anschließend wird Jeopardy gespielt: Jede Gruppe leitet jeweils das Spiel, das sie entworfen hat, die andere Gruppe spielt und teilt sich dazu in kleine Gruppen auf, die gegeneinander spielen. Die Kleingruppen wählen reihum ein Feld aus dem

Spielplan und beantworten die zugehörige Frage. Ist die Antwort richtig, erhalten sie die entsprechende Punktzahl gutgeschrieben, bei falscher Antwort wird die Punktzahl abgezogen. Gewonnen hat die Gruppe, die am Ende die meisten Punkte gesammelt hat.

Kursbuch Religion elementar 9/10, hg. von Wolfram Eilerts und Heinz-Günter Kübler, Stuttgart/Braunschweig 2006, S. 26–27, 30–41.

entwurf 2/2003, S. 65–77: »All you need is love«.

Kursbuch Religion 2000 9/10, hg. von Gerhard Kraft u.a., Stuttgart/Frankfurt a.M. 1999, S. 124–133.

SpurenLesen 9/10, hg. von Gerhard Büttner u.a., Stuttgart/Leipzig 1999, S. 21–30.

SpurenLesen 2. Neuausgabe – Religionsbuch für die 7./8. Klasse, hg. von Gerhard Büttner u.a., Stuttgart/Braunschweig 2008, S. 22–37.

SpurenLesen 3. Neuausgabe – Religionsbuch für die 9./10. Klasse, hg. von Gerhard Büttner u.a., Stuttgart/Braunschweig 2010, S. 24–39.

Kursbuch Religion elementar 7/8, hg. von Wolfram Eilerts und Heinz-Günter Kübler, Stuttgart/Braunschweig 2004, S. 12–15, 22–33.

Unterrichtsideen Religion 7. Schuljahr, 1. Halbband, Stuttgart, S. 136–170.

Mill Majerus / Catherine Majerus: Über sex und liebe reden. Ein Ratgeber für Eltern und alle, die Jugendliche begleiten, München 2007 (bietet gute Hintergrund-Infos zur Unterrichtsvorbereitung).

Andreas Obenauer: Too much Heaven? Religiöse Popsongs – jugendliche Zugangsweisen – Chancen für den Religionsunterricht, Münster u.a. 2002, S. 185–191 (hier finden sich neben den oben vorgestellten noch weitere Anregungen zur Arbeit mit dem Videoclip »All my life«).

Mit Spannungen leben. Eine Orientierungshilfe des Rates der Evangelischen Kirche in Deutschland zum Thema »Homosexualität und Kirche«. EKD Texte 57, Hannover 1996 (zu beziehen über das Kirchenamt der EKD, Herrenhäuser Str. 12, 30419 Hannover).

Bernhard Bosold: Von Liebe ganz zu schweigen? Thema »Sexualität und Liebe« im RU ab Klasse 8, 2007 (= Materialbrief RU Sekundarstufe 1/07. Beiheft zu den Katechetischen Blättern).

Love Game*

Spielregeln: 3–4 Mannschaften mit jeweils ca. 5 Schülerinnen bzw. Schülern spielen gegeneinander. Gemischtgeschlechtliche Mannschaften sind in der Regel nicht sinnvoll.

Der Spielplan wird auf Folie kopiert und mit dem Tageslichtprojektor an die Wand geworfen.

Die Mannschaften wählen reihum eine Aufgabe aus. Sie müssen sich auf *eine* Lösung einigen. Bei den Wissensfragen wird die erste gegebene Lösung gewertet. Ist sie richtig und vollständig, gibt es die entsprechenden Punkte für die Mannschaft. Bei den Meinungsfragen erhält die Gruppe Punkte, wenn sie ihre Meinung gut begründen kann. Bei den Aktionsaufgaben gibt es Punkte, wenn die Mannschaft sich traut, die entsprechende Szene zu spielen, und wenn das Spiel zur Aufgabe passt.

Fällt die Wahl auf ein »Special«, müssen alle Mannschaften gleichzeitig die Aufgabe bearbeiten. Sie erhalten dafür ca. zwei Minuten Zeit und schreiben ihre Antwort auf. Jede Gruppe liest dann reihum ihr Ergebnis vor. Jede Gruppe, die ein sinnvolles Ergebnis gefunden hat, erhält je nach Rubrik 10 bzw. 20 Punkte. Dann wird das Spiel fortgesetzt.

Das Spiel kann bis zur letzten Frage gespielt oder nach einer vorher vereinbarten Zeit beendet werden. Sieger ist in jedem Fall die Mannschaft, die die meisten Punkte erspielt hat.

Spielplan:

Wissen leicht (10 Punkte)	**Wissen schwer** (20 Punkte)	**Meinung** (10 Punkte)	**Aktion** (20 Punkte)
1	1	1	1
2	2	2	2
3	3	3	3
4	4	4	4
5	5	5	5
6	6	6	6
7	7	7	7
8	8	8	8

---

* Das Love Game nimmt Ideen des von Christoph Lembach, Jörg Fröhlich und Norbert Wölfle entwickelten Spiels »Spring mal raus« auf (Brennpunkte 11, Schülerreferat des Erzbischöflichen Jugendamts Freiburg). Es ist erstmals im entwurf 2/2003 als Spiel für Jungen erschienen und wird hier in bearbeiteter Form abgedruckt.

Wissen leicht

10 Punkte

1. In der Pubertät verändert sich der Körper. Nennt zwei Beispiele!
2. Was ist AIDS?
3. *SPECIAL*: Was findest du an deinem Körper gut? Jeder aus eurer Mannschaft nennt eine Sache und sagt auch, warum er sie gut findet!
4. Erklärt den Unterschied zwischen lesbisch und schwul!
5. Nennt drei Verhütungsmethoden!
6. Was versteht man unter »Abtreibung«?
7. Was ist »Nächstenliebe«?
8. Bei welchem Fest kommt der Satz »bis dass der Tod euch scheidet« vor?

Wissen schwer

20 Punkte

1. Nennt **zwei** Möglichkeiten, wie man sich vor AIDS schützen kann!
2. Ab welchem Alter ist in Deutschland Sex erlaubt?
3. Erzählt eine Geschichte aus der Bibel, in der es um Liebe geht!
4. Was ist das Zölibat?
5. *SPECIAL*: Beschreibt euer Traumgirl (Jungen) bzw. eueren Traumboy (Mädchen)!
6. Was schützt sicherer vor einer Schwangerschaft: Pille oder Kondom?
7. Was versteht man unter »Petting«?
8. An wen muss man sich zuerst wenden, wenn man heiraten möchte?

Meinung (jeweils ein Argument für die eigene Meinung muss genannt werden)

10 Punkte

1. Deine Freundin/dein Freund will alleine auf eine Party gehen. Wie reagierst du?
2. Ist ein Teenager schon alt und reif genug, um selbst Vater bzw. Mutter zu sein?
3. *SPECIAL*: Sucht für jeden aus eurer Mannschaft etwas, was ihr an ihm gut findet!
4. Mädchen, die miteinander befreundet sind, gehen oft Hand in Hand durch die Straßen. Können befreundete Jungen das auch machen?
5. Dein bester Freund/deine beste Freundin gesteht dir, dass er/sie schwul/lesbisch ist. Bist du weiter sein Freund/ihre Freundin?
6. Stimmt es, dass Mädchen ihrem Freund treu sein müssen, während Jungen mehrere Freundinnen gleichzeitig haben dürfen?
7. Findest du es in Ordnung, wenn eine Fünfzehnjährige/ein Fünfzehnjähriger mit einem Mann/einer Frau geht, der/die 15 Jahre älter ist?
8. Kann man auch mit einem Menschen schlafen, den man nicht liebt?

Aktion

20 Punkte

1. *SPECIAL*: Für Jungen: Welche typischen Mädcheneigenschaften nerven euch am meisten? Und was nervt Mädchen wohl an Jungen? Nennt jeweils drei Dinge! Für Mädchen: Welche typischen Jungeneigenschaften nerven euch am meisten? Und was nervt Jungen wohl an Mädchen? Nennt jeweils drei Dinge!
2. Für Jungen: Du findest ein Mädchen sympathisch und willst ihm imponieren. Was tust du? Spiele das den anderen vor! Für Mädchen: Du findest einen Jungen sympathisch und willst seine Aufmerksamkeit gewinnen. Was tust du? Spiele das den anderen vor! (1 Spieler)
3. Du willst ein Mädchen/einen Jungen zum Steh-Blues-Tanzen auffordern. Wie machst du das? Spiele es den anderen vor! (1 Spieler)
4. Du willst von deinen Eltern die Erlaubnis bekommen zusammen mit deiner Freundin/deinem Freund ein Wochenende zu verreisen. Was sagst du? Wie reagieren die Eltern? Spielt die Szene den anderen vor! (2–3 Spieler)
5. Dein Vater/deine Mutter hat dich mit deiner Freundin/deinem Freund im Bett erwischt. Nachdem deine Freundin/dein Freund gegangen ist, stellt dich dein Vater/deine Mutter zur Rede. Was sagst du, was sagt er/sie? Spielt die Szene den anderen vor! (2 Spieler)
6. Dein Bruder (16 Jahre alt) hat zum ersten Mal Liebeskummer. Seine Freundin hat Schluss gemacht, weil er angeblich zu unreif ist. Wie tröstest du ihn und was sagt er? Spielt das den anderen vor! (2 Spieler)
7. Du bist mit deinem Freund/deiner Freundin auf einer Party. Dort flirtet er/sie mit einer/einem anderen. Nach der Party stellst du ihn/sie zur Rede. Was sagst du, was sagt er/sie? Spielt den anderen die Szene vor! (2 Spieler)
8. Du hast deine Freundin/deinen Freund durch dein Verhalten verletzt und willst sie/ihn um Entschuldigung bitten. Wie machst du das? Spiele das den anderen vor! (1 Spieler)

Zu diesem Thema sollst du Folgendes wissen / können:	weiß / kann ich schon	weiß / kann ich zum Teil	weiß / kann ich noch nicht
Ich kann sagen, welche verschiedenen Arten von »Liebe« es gibt			
Ich weiß, was zum Thema »Liebe« in der Bibel steht			
Ich weiß, worauf Jungen und Mädchen, die miteinander gehen, achten müssen, damit es in ihrer Beziehung gut läuft			
Ich weiß, warum manche Menschen freiwillig für eine bestimmte Zeit auf Sex verzichten			
Ich kenne mich beim Thema Abtreibung aus und kann meine Meinung dazu begründen			
Ich weiß, wie man eine ungewollte Schwangerschaft vermeiden kann			
Ich weiß, welche Hilfen es für Teenager gibt, die schwanger werden			
Ich bin über die Gefahren von AIDS gut informiert und weiß, wie man sich vor dieser Krankheit schützen kann			
Ich weiß, was Homosexualität ist, und habe eine begründete eigene Meinung zu diesem Thema			
Ich weiß, wie ich mich gegen blöde Anmache wehren kann			
Ich weiß, was man unter Nächstenliebe versteht und wie sie konkret ausgeübt wird			
Ich kenne sowohl die klassische Aufgabenteilung von Mann und Frau in unserem Land als auch alternative Modelle			
Ich kann beschreiben, wie ich mir das Leben später in meiner eigenen Familie vorstelle			
Ich kann mit den anderen zusammen einen Schulgottesdienst zum Thema »Liebe« vorbereiten und gestalten			

Thema »Freundschaft, Partnerschaft, Sexualität, Familie« – was interessiert dich daran?

1. Kreuze bitte an, welche Aspekte des Themas dich interessieren und welche nicht!

	interessiert mich	interessiert mich nicht
Abtreibung	◯	◯
AIDS	◯	◯
Menschen, die freiwillig auf Sex verzichten	◯	◯
Homosexualität	◯	◯
Verhütung	◯	◯
Wenn Teenager schwanger werden	◯	◯
typisch Frau, typisch Mann	◯	◯
sexuelle Belästigung	◯	◯
Familienleben	◯	◯
Nächstenliebe	◯	◯
Schulgottesdienst zum Thema »Liebe«	◯	◯

2. Gibt es noch weitere Aspekte zum Thema, die dich interessieren?

    _____

    _____

    _____

3. Hast du eine Frage zum Thema, auf die du gerne eine Antwort hättest?

    _____

    _____

    _____

»Liebe«

Keith Haring, Ohne Titel,
© The Estate of Keith Haring

All My Life – Mein ganzes Leben lang

All My Life

I will never find another lover
Sweeter than you, sweeter than you
And I will never find another lover
More precious than you
More precious than you

Girl you are
Close to me you're like my mother
Close to me you're like my father
Close to me you're like my sister
Close to me you're like my brother
You are the only one, my everything
And for you this song I sing

And all my life I pray for someone like you
And I thank god that I, that I finally found you
All my life I pray for someone like you
And I hope that you feel the same way, too
Yes, I pray that you do love me too

I said you're all that I'm thinking of baby
And I promise to never fall in love
With a stranger
You're all I'm thinking of
I praise the Lord above
For sending me your love
I cherish every hug
I really love you so much

And all my life ...
You're all that I ever know
When you smile
Oh, my face always seems to glow
You turn my life around
You pick me up when I was down
You're all that I ever know
Where you smile love is glow
You pick me up when I was down
And I hope that you feel the same way too
Yes I pray that you do love me too

And all my life ...

K-Ci & JoJo

Mein ganzes Leben lang

Ich werde niemals eine andere Liebhaberin finden,
die süßer ist als du, süßer als du.
Und ich werde niemals eine andere Liebhaberin finden,
die wertvoller ist als du,
wertvoller als du.

Mädchen, du bist
mir nahe, du bist wie meine Mutter,
mir nahe, du bist wie mein Vater,
mir nahe, du bist wie meine Schwester,
mir nahe, du bist wie mein Bruder.
Du bist mein ein und alles
und für dich singe ich dieses Lied.

Und mein ganzes Leben lang habe ich um jemanden
wie dich gebetet, und ich danke Gott, dass ich dich
schließlich gefunden habe. Mein ganzes Leben lang
habe ich um jemanden wie dich gebetet, und ich hoffe,
du fühlst genauso, ja ich bete, dass du mich auch liebst.

Ich sage: Baby, ich denke nur an dich.
Und ich verspreche, ich werde mich nie
in eine Fremde verlieben.
Ich denke nur an dich.
Ich preise den Herrn im Himmel,
dass er mir deine Liebe geschickt hat.
Ich schätze jede Umarmung,
ich liebe dich wirklich so sehr!

Und mein ganzes Leben lang ...
Du bist alles, was ich weiß.
Wenn du lächelst,
scheint mein Gesicht zu glänzen.
Du krempelst mein Leben um,
du stellst mich wieder auf, wenn ich down bin.
Du bist alles, was ich weiß.
Wo du lächelst, strahlt die Liebe,
du stellst mich wieder auf, wenn ich down bin.
Und ich hoffe, du fühlst genauso.
Ja ich bete, dass du mich auch liebst.

Und mein ganzes Leben lang ...

»Liebe in der Bibel«

Bibeltext Nr. 1: Eine Geschichte vom Neinsagen (1. Mose 39)

Josef wird von seinen Brüdern als Sklave nach Ägypten verkauft. Dort muss er im Haus des Ägypters Potifar arbeiten.

Weil der Ägypter Potifar sah, dass Gott Josef beistand und ihm alles gelingen ließ, fand Josef seine Gunst. Er machte ihn zu seinem persönlichen Diener, übergab ihm sogar die Aufsicht über sein Hauswesen und vertraute ihm die Verwaltung seines ganzen Besitzes an. Von diesem Zeitpunkt an lag der Segen Gottes auf Potifar; Josef zuliebe ließ Gott im Haus und auf den Feldern alles gedeihen. Sein Herr überließ Josef alles und kümmerte sich zu Hause um nichts mehr außer um sein eigenes Essen.

Josef war ein schöner Mann. So kam es, dass Potifars Frau ein Auge auf ihn warf. Eines Tages forderte sie ihn auf: »Komm mit mir ins Bett!« Josef wies sie ab: »Mein Herr hat mir seinen ganzen Besitz anvertraut und kümmert sich selbst um nichts mehr in seinem Haus. Er gilt hier nicht mehr als ich. Nichts hat er mir vorenthalten außer dich, seine Frau! Wie könnte ich da ein so großes Unrecht begehen und mich gegen Gott versündigen?« Tag für Tag redete sie auf Josef ein, aber er gab ihr nicht nach.

Einmal hatte Josef im Haus zu tun; niemand von der Dienerschaft war gerade in der Nähe.

Da hielt sie ihn an seinem Gewand fest und sagte: »Komm jetzt mit ins Bett!« Er riss sich los und lief hinaus; das Gewand blieb in ihrer Hand zurück. Als sie merkte, dass Josef fort war und sie sein Gewand in der Hand hielt, rief sie die Dienerschaft herbei und sagte: »Seht euch das an! Mein Mann hat uns diesen Hebräer ins Haus gebracht, der nun seinen Mutwillen mit uns treibt. Er drang bei mir ein und wollte mit mir ins Bett. Da habe ich laut geschrien.

Und als er mich schreien hörte, ließ er sein Gewand neben mir liegen und rannte davon.«

Sie legte Josefs Gewand neben sich und wartete, bis ihr Mann nach Hause kam.

Auch zu ihm sagte sie: »Dein hebräischer Knecht, den du ins Haus gebracht hast, drang bei mir ein und wollte sein Spiel mit mir treiben; und als ich laut zu schreien anfing, ließ er sein Gewand neben mir liegen und rannte davon.«

Als Potifar das hörte, packte ihn der Zorn. Er ließ Josef festnehmen und in das königliche Gefängnis bringen.

1. Kurz zusammengefasst geht es in diesem Bibeltext um Folgendes:

_____

_____

2. Spontan kommen mir zu diesem Bibeltext folgende Gedanken:

_____

_____

3. Der Bibeltext erinnert mich an folgende Unterrichtsstunde:

_____

_____

4. Zu unserem Thema »Freundschaft, Partnerschaft, Sexualität, Familie« sagt der Bibeltext Folgendes:

_____

_____

5. Ein Satz in dem Text, den ich besonders gut finde, lautet:

_____

Begründung:

_____

6. Aus diesem Bibeltext kann ein Jugendlicher/eine Jugendliche Folgendes lernen:

_____

_____

Bibeltext Nr. 2: Liebe – was ist das? (1. Korinther 13)

Wenn ich die Sprachen aller Menschen spreche und sogar die Sprache der Engel, aber ich habe keine Liebe – dann bin ich doch nur ein dröhnender Gong oder eine lärmende Trommel. Wenn ich alle himmlischen Geheimnisse weiß und alle Erkenntnis besitze, wenn ich einen so starken Glauben habe, dass ich Berge versetzen kann, aber ich habe keine Liebe – dann bin ich nichts. Und wenn ich all meinen Besitz verteile, aber ich habe keine Liebe – dann nützt es mir nichts. Die Liebe ist geduldig und gütig. Die Liebe eifert nicht für den eigenen Standpunkt, sie prahlt nicht und spielt sich nicht auf.	Die Liebe nimmt sich keine Freiheiten heraus, sie sucht nicht den eigenen Vorteil. Sie lässt sich nicht zum Zorn reizen und trägt das Böse nicht nach. Sie ist nicht schadenfroh, wenn anderen Unrecht geschieht, sondern freut sich mit, wenn jemand das Rechte tut. Die Liebe gibt nie jemanden auf, in jeder Lage vertraut und hofft sie für andere; alles erträgt sie mit großer Geduld. Niemals wird die Liebe vergehen. Auch wenn alles einmal aufhört – Glaube, Hoffnung und Liebe nicht. Diese drei werden immer bleiben; doch am höchsten steht die Liebe.

1. Kurz zusammengefasst geht es in diesem Bibeltext um Folgendes:

_____

_____

2. Spontan kommen mir zu diesem Bibeltext folgende Gedanken:

_____

_____

3. Der Bibeltext erinnert mich an folgende Unterrichtsstunde:

_____

_____

4. Zu unserem Thema »Freundschaft, Partnerschaft, Sexualität, Familie« sagt der Bibeltext Folgendes:

_____

_____

5. Ein Satz in dem Text, den ich besonders gut finde, lautet:

_____

Begründung:

_____

_____

6. Aus diesem Bibeltext kann ein Jugendlicher/eine Jugendliche Folgendes lernen:

_____

_____

»Liebe in der Bibel«

Bibeltext Nr. 3: Bis der Tod euch scheidet … (Matthäus 19)

Einige Pharisäer kamen zu Jesus und versuchten, ihm eine Falle zu stellen. Sie fragten ihn: »Ist es erlaubt, dass ein Mann seine Frau aus jedem beliebigen Grund wegschickt?«
Jesus antwortete: »Habt ihr nicht gelesen, was in den Heiligen Schriften steht? Dort heißt es, dass Gott am Anfang den Menschen als Mann und Frau geschaffen hat. Und er hat gesagt: ›Deshalb verlässt ein Mann Vater und Mutter, um mit seiner Frau zu leben. Die zwei sind dann eins, mit Leib und Seele.‹ Sie sind also nicht mehr zwei, sondern eins. Und was Gott zusammengefügt hat, sollen Menschen nicht scheiden.«

Die Pharisäer fragten: »Wie kann Mose dann vorschreiben: Der Mann soll der Frau eine Scheidungsurkunde ausstellen und sie wegschicken?«
Jesus antwortete: »Mose hat euch die Ehescheidung nur zugestanden, weil ihr euer Herz gegen Gott verhärtet habt – und damit eure Hartherzigkeit ans Licht kommt. Aber das war ursprünglich nicht so. Darum sage ich euch: Wer sich von seiner Frau trennt und eine andere heiratet, begeht Ehebruch – ausgenommen den Fall, dass sie ihrerseits die Ehe gebrochen hat.«

1. Kurz zusammengefasst geht es in diesem Bibeltext um Folgendes:

_____

_____

2. Spontan kommen mir zu diesem Bibeltext folgende Gedanken:

_____

_____

3. Der Bibeltext erinnert mich an folgende Unterrichtsstunde:

_____

_____

4. Zu unserem Thema »Freundschaft, Partnerschaft, Sexualität, Familie« sagt der Bibeltext Folgendes:

_____

_____

5. Ein Satz in dem Text, den ich besonders gut finde, lautet:

_____

Begründung:

_____

_____

6. Aus diesem Bibeltext kann ein Jugendlicher/eine Jugendliche Folgendes lernen:

_____

_____

Bibeltext Nr. 4: Wen soll man lieben? (Markus 12)

Ein Gesetzeslehrer fragte Jesus: »Welches ist das wichtigste von allen Geboten des Gesetzes?«
Jesus sagte: »Das wichtigste Gebot ist dieses: ›Höre, Israel! Der Herr ist unser Gott, der Herr, und sonst keiner. Darum liebt ihn von ganzem Herzen und mit ganzem Willen, mit ganzem Verstand und mit aller Kraft.‹ Das zweite ist: ›Liebe deinen Mitmenschen wie dich selbst!‹ Es gibt kein Gebot, das wichtiger ist als diese beiden.«

Da sagte der Gesetzeslehrer zu Jesus: »Du hast vollkommen recht, Lehrer! Es ist so, wie du sagst: Nur einer ist Gott, und es gibt keinen Gott außer ihm. Ihn zu lieben von ganzem Herzen, mit ganzem Verstand und mit aller Kraft und unsere Mitmenschen zu lieben wie uns selbst, das ist viel wichtiger als alle die Brandopfer und anderen Opfer, die wir ihm darbringen.«
Jesus fand, dass der Gesetzeslehrer vernünftig geantwortet hatte, und sagte zu ihm: »Du bist nicht weit weg von der neuen Welt Gottes.«

1. Kurz zusammengefasst geht es in diesem Bibeltext um Folgendes:

_____

_____

2. Spontan kommen mir zu diesem Bibeltext folgende Gedanken:

_____

_____

3. Der Bibeltext erinnert mich an folgende Unterrichtsstunde:

_____

_____

4. Zu unserem Thema »Freundschaft, Partnerschaft, Sexualität, Familie« sagt der Bibeltext Folgendes:

_____

_____

5. Ein Satz in dem Text, den ich besonders gut finde, lautet:

_____

Begründung:

_____

_____

6. Aus diesem Bibeltext kann ein Jugendlicher/eine Jugendliche Folgendes lernen:

_____

_____

»Liebe in der Bibel«

Bibeltext Nr. 5: Eine Liebeserklärung (Hoheslied 3.4.8)

SIE
Nachts lieg ich auf dem Bett und kann nicht schlafen.
Ich sehne mich nach ihm und suche ihn,
doch nirgends kann mein Herz den Liebsten finden.
Ich seh mich aufstehn und die Stadt durcheilen,
durch Gassen streifen, über leere Plätze –
ich sehne mich nach ihm und suche ihn,
doch nirgends kann ich meinen Liebsten finden.
Die Wache greift mich auf bei ihrem Rundgang.
»Wo ist mein Liebster, habt ihr ihn gesehn?«
Nur ein paar Schritte weiter find ich ihn.
Ich halt ihn fest und lass ihn nicht mehr los;
ich nehm ihn mit nach Hause in die Kammer,
wo meine Mutter mich geboren hat.
Ihr Mädchen von Jerusalem, lasst uns allein!
Wir lieben uns, schreckt uns nicht auf!

ER
Preisen will ich deine Schönheit,
du bist lieblich, meine Freundin!
Kein Fehler ist an dir!
Verzaubert hast du mich,
Geliebte, meine Braut!
Ein Blick aus deinen Augen,
und ich war gebannt.
Sag, birgt er einen Zauber,
an deinem Hals der Schmuck?
Wie glücklich du mich machst
mit deiner Zärtlichkeit!
Mein Mädchen, meine Braut,
ich bin von deiner Liebe
berauschter als von Wein.

Du duftest süßer noch
als jeder Salbenduft.
Wie Honig ist dein Mund,
mein Schatz, wenn du mich küsst,
und unter deiner Zunge
ist süße Honigmilch.

SIE
Sein linker Arm liegt unter meinem Kopf,
und mit dem rechten hält er mich umschlungen.
Ihr Mädchen alle, ich beschwöre euch,
dass ihr uns nicht in unsrer Liebe stört!
Du trägst den Siegelring
an einer Schnur
auf deiner Brust.
So nimm mich an dein Herz!
Du trägst den Reif
um deinen Arm.
So eng umfange mich!
Unüberwindlich
ist der Tod:
Niemand entrinnt ihm,
keinen gibt er frei.
Unüberwindlich –
so ist auch die Liebe,
und ihre Leidenschaft
brennt wie ein Feuer.
Kein Wasser kann die Glut der Liebe löschen,
und keine Sturzflut schwemmt sie je hinweg.
Wer meint, er könne solche Liebe kaufen,
der ist ein Narr, er hat sie nie gekannt!

1. Kurz zusammengefasst geht es in diesem Bibeltext um Folgendes:

_____

_____

2. Spontan kommen mir zu diesem Bibeltext folgende Gedanken:

_____

_____

3. Der Bibeltext erinnert mich an folgende Unterrichtsstunde:

_____

4. Zu unserem Thema »Freundschaft, Partnerschaft, Sexualität, Familie« sagt der Bibeltext Folgendes:

_____

_____

5. Ein Satz in dem Text, den ich besonders gut finde, lautet:

_____

Begründung:

_____

_____

6. Aus diesem Bibeltext kann ein Jugendlicher/eine Jugendliche Folgendes lernen:

_____

_____

Bibeltext Nr. 6: Woher die Liebe kommt (1. Johannes 4)

Ihr Lieben, wir wollen einander lieben, denn die Liebe kommt von Gott! Wer liebt, hat Gott zum Vater und kennt ihn. Wer nicht liebt, kennt Gott nicht; denn Gott ist Liebe.

Gottes Liebe zu uns hat sich darin gezeigt, dass er seinen einzigen Sohn in die Welt sandte. Durch ihn wollte er uns das neue Leben schenken.

Das Einzigartige an dieser Liebe ist: Nicht wir haben Gott geliebt, sondern er hat uns geliebt. Er hat seinen Sohn gesandt, damit er durch seinen Tod Sühne leiste für unsere Schuld.

Ihr Lieben, wenn Gott uns so sehr geliebt hat, dann müssen auch wir einander lieben.

Niemand hat Gott je gesehen. Aber wenn wir einander lieben, lebt Gott in uns. Dann hat seine Liebe bei uns ihr Ziel erreicht.

Wir jedenfalls haben erkannt und halten im Glauben daran fest, dass Gott uns liebt. Gott ist Liebe. Wer in der Liebe lebt, lebt in Gott, und Gott lebt in ihm. Wir lieben, weil Gott uns zuerst geliebt hat.

Wenn jemand behauptet: »Ich liebe Gott«, und dabei seinen Bruder hasst, dann lügt er. Wenn er seinen Bruder, den er sieht, nicht liebt, dann kann er Gott, den er nicht sieht, erst recht nicht lieben. Christus gab uns dieses Gebot: Wer Gott liebt, muss auch seinen Bruder lieben.

1. Kurz zusammengefasst geht es in diesem Bibeltext um Folgendes:

_____

_____

2. Spontan kommen mir zu diesem Bibeltext folgende Gedanken:

_____

_____

3. Der Bibeltext erinnert mich an folgende Unterrichtsstunde:

_____

_____

4. Zu unserem Thema »Freundschaft, Partnerschaft, Sexualität, Familie« sagt der Bibeltext Folgendes:

_____

_____

5. Ein Satz in dem Text, den ich besonders gut finde, lautet:

_____

Begründung:

_____

_____

6. Aus diesem Bibeltext kann ein Jugendlicher/eine Jugendliche Folgendes lernen:

_____

_____

»Liebe in der Bibel«

Bibeltext Nr. 7: Als Mann und Frau geschaffen (1. Mose 1)

Die Bibel erzählt, wie Gott alles geschaffen hat: Himmel und Erde, Tiere und Pflanzen – und zum Schluss den Menschen:

Dann sprach Gott:
»Nun wollen wir Menschen machen,
ein Abbild von uns, das uns ähnlich ist!
Sie sollen Macht haben über die Fische im Meer,
über die Vögel in der Luft,
über das Vieh und alle Tiere auf der Erde
und über alles, was auf dem Boden kriecht.«
So schuf Gott die Menschen nach seinem Bild,
als Gottes Ebenbild schuf er sie
und schuf sie als Mann und als Frau.

Und Gott segnete die Menschen
und sagte zu ihnen:
»Seid fruchtbar und vermehrt euch!
Füllt die ganze Erde und nehmt sie in Besitz!
Ich setze euch über die Fische im Meer,
die Vögel in der Luft
und alle Tiere, die auf der Erde leben,
und vertraue sie eurer Fürsorge an.«
So geschah es.
Und Gott sah alles an, was er geschaffen hatte,
und sah: Es war alles sehr gut.

1. Kurz zusammengefasst geht es in diesem Bibeltext um Folgendes:

_____

_____

2. Spontan kommen mir zu diesem Bibeltext folgende Gedanken:

_____

_____

3. Der Bibeltext erinnert mich an folgende Unterrichtsstunde:

_____

_____

4. Zu unserem Thema »Freundschaft, Partnerschaft, Sexualität, Familie« sagt der Bibeltext Folgendes:

_____

_____

5. Ein Satz in dem Text, den ich besonders gut finde, lautet:

_____

Begründung:

_____

_____

6. Aus diesem Bibeltext kann ein Jugendlicher/eine Jugendliche Folgendes lernen:

_____

_____

Gar nicht so einfach mit der Liebe …

Mein Freund Tobias (15) und ich sind sehr glücklich miteinander – solange seine Freunde nicht auftauchen! Sowie sie auf der Matte stehen, macht Tobi auf cool und schaut mich kaum noch an! Das tut mir so weh und ich weiß gar nicht, warum er das macht! Bitte helft mir!
Jessica, 15 Jahre

Zur Zeit habe ich mit zwei Jungs eine Beziehung. Die beiden wissen aber nichts voneinander. Bin ich deswegen gleich gemein?
Ann-Kathrin, 17 Jahre

Mit meiner Freundin (15) bin ich schon seit vier Monaten zusammen. Sie nimmt seit kurzem die Pille und hat jetzt schon dreimal gesagt, dass sie mit mir schlafen will. Es wäre für uns beide das erste Mal. Ich möchte es auch, denn ich will sie ja nicht verlieren. Aber ich trau mich nicht. Ich hab total Angst davor, etwas falsch zu machen. Was stimmt nicht mit mir? Was soll ich denn tun?
Christoph, 14 Jahre

Meine Freundin und ich sind seit Silvester zusammen und wir verstehen uns gut – wenn sie mal da ist. Denn die meiste Zeit ist sie unterwegs: im Sportverein, im Tanzclub, beim Klettern oder sie trifft sich mit ihren Freundinnen. Rufe ich sie dann an, ist sie genervt. Aber ich habe keine Lust immer nur zu warten. Mag sie mich überhaupt noch?
Olli, 14 Jahre

Mein Freund (19) ist liebevoll, treu und ehrlich. Er liest mir jeden Wunsch von den Augen ab. Ich bin so glücklich mit ihm und liebe ihn ebenso wie er mich! Doch als ich ihn kürzlich meiner Mutter vorstellte, war sie entsetzt. Denn er ist Afroamerikaner, und meine Mum will keinen Schwarzen in der Familie haben. Sie fürchtet das Gerede der Nachbarn. Ich will meinen Freund heiraten, aber meine Ma nicht verlieren. Was soll ich tun?
Anja, 18 Jahre

Vor zwei Wochen hatte mein Freund sturmfrei. Zuerst haben wir nur geschmust, dann lagen wir auf seinem Bett. Er zog mich langsam aus und küsste mich am ganzen Körper. Als ich merkte, dass er mit mir schlafen wollte, sagte ich nein. Denn irgendwie hatte ich ein komisches Gefühl. Er war total sauer. Gleich am nächsten Tag machte er Schluss und meinte, dass ich ihm zu zickig sei. Ich fiel aus allen Wolken. Seitdem mache ich mir Vorwürfe. Er war sonst immer sehr lieb zu mir, wir hatten nie Streit. Hätte ich doch mit ihm schlafen sollen?
Conny, 14 Jahre

Quelle: Bravo (z.T. bearbeitet)

1. *Lernt euch kennen!*
   Erzählt euch gegenseitig voneinander: was ihr gern macht und was nicht; worüber ihr euch freut und was euch ärgert; was ihr in euerem Leben bisher alles erlebt habt und was ihr euch für die Zukunft wünscht …
   Wenn man sich besser kennt, stärkt das die Liebe und den Zusammenhalt!

2. *Schaut auf das, was gut ist!*
   Wenn man sich eine gewisse Zeit kennt, nimmt man vieles als selbstverständlich: wie der Freund/die Freundin aussieht, seine/ihre guten Eigenschaften, schöne Dinge, die man gemeinsam tut. Dann besteht die Gefahr, dass man nur noch über das Negative spricht und sich ständig ärgert. Lasst es nicht so weit kommen! Macht euch gegenseitig Komplimente; überlegt euch, wie ihr euch gegenseitig eine Freude machen könnt (vielleicht mit einer Überraschung oder einem kleinen Geschenk); freut euch, wenn ihr eine gute Zeit zusammen habt und tauscht später gemeinsam Erinnerungen aus.

3. *Lernt einander zu verzeihen!*
   In jeder Partnerschaft passieren Dinge, die weh tun. Einer verletzt den anderen, der ist dann enttäuscht und traurig. Sprecht miteinander, wenn so etwas passiert ist. Wer den anderen verletzt hat, bittet um Entschuldigung. Vielleicht überlegt er sich auch noch etwas, wie er seinen Fehler wieder gut machen kann. Wer verletzt wurde, nimmt die Entschuldigung an und ist nicht nachtragend.

4. *Schafft euch Zeit zu zweit!*
   Wenn ihr ein Paar seid, braucht ihr immer wieder Zeit nur für euch. Zeit, in der ihr ungestört seid und nur füreinander da seid. Plant solche Zeiten immer wieder bewusst ein. Sucht euch einen Ort, an dem euch niemand stört, und genießt die Zeit zu zweit …

5. *Achtet auf Gleichberechtigung!*
   Auf Dauer hält eine Partnerschaft nur, wenn beide gleichberechtigt sind. Beide müssen mit ihren Wünschen Platz haben, beide müssen auch mal zurückstecken und Kompromisse machen. Wenn sie sich z.B. einen gemeinsamen Einkaufsbummel mit ihm in der Stadt wünscht, kommt er mit und nörgelt nicht. Umgekehrt kommt sie dafür vielleicht am Wochenende mit ins Fußballstadion.

6. *Löst Probleme gemeinsam!*
   Wenn eine/r von beiden ein Problem hat, kümmert sich der/die andere auch darum und sagt nicht: »Das ist deine Sache!« Nur Weniges verbindet zwei Menschen so sehr, wie wenn sie gemeinsam ein Problem aus der Welt geschafft haben. Das macht die Liebe umso stärker!

7. *Sucht euch ein Projekt, bei dem ihr euch gemeinsam engagiert!*
   Immer nur zusammen vor dem Fernseher sitzen ist auf Dauer langweilig! Sucht euch eine gemeinsame Aufgabe, für die ihr euch einsetzen wollt! Überlegt euch, was euch wichtig ist: Wollt ihr gemeinsam im Tierschutzverein mithelfen? Oder in der Kirchengemeinde beim Jugendgottesdienst mitarbeiten? Oder wollt ihr gemeinsam zur Jugendfeuerwehr? Es macht Spaß sich gemeinsam für etwas einzusetzen – und es verbindet!

Diese Regeln orientieren sich an: Hans Jellouschek: Liebe auf Dauer. Die Kunst, ein Paar zu bleiben, Kreuz Verlag Stuttgart 2004.

M 9 — Abtreibung – so sehen die Gesetze aus

Grundsätzlich gilt: Abtreibung ist verboten und wird mit Gefängnis bis zu drei Jahren oder Geldstrafe bestraft (§ 218 Strafgesetzbuch). Von diesem Grundsatz gibt es folgende Ausnahmen:

Nicht verboten ist eine Abtreibung
- grundsätzlich, wenn die Schwangerschaft das Leben der Mutter gefährdet oder wenn die körperliche oder seelische Gesundheit der Mutter durch die Schwangerschaft ernsthaft bedroht ist (§ 218a)
- bis zur zwölften Schwangerschaftswoche, wenn die Schwangerschaft Folge einer Vergewaltigung ist (§ 218a)

Straffrei bleibt eine Abtreibung,
- wenn sie innerhalb der ersten zwölf Wochen der Schwangerschaft stattfindet und
- wenn die Schwangere sich vorher bei einer anerkannten Beratungsstelle hat beraten lassen (§ 218a)

M 10 — Abtreibung pro und contra

pro (= Argument für Abtreibung)	contra (= Argument gegen Abtreibung)
• Mein Bauch gehört mir	• Jeder Mensch hat ein Recht auf Leben
• Ein Zellklumpen ist noch kein Leben	• Das Leben eines Menschen beginnt mit der Zeugung
• Ich bin selbst noch ein Kind und noch nicht reif dafür, ein Kind aufzuziehen	• Die Bibel sagt: Du sollst nicht töten!
• Ich will meine Ausbildung zu Ende machen	• Wenn eine Frau ihr Kind nicht selbst aufziehen kann, kann sie es zur Adoption freigeben
• Ich kann das Kind alleine nicht großziehen und will meine Eltern nicht damit belasten	• Abtreibung ist unnötig, weil man durch Verhütung eine Schwangerschaft vermeiden kann
• Wenn das Kind behindert ist, bin ich damit überfordert	• Es ist schön, einen Menschen aufwachsen zu sehen
• Man sollte nur dann ein Kind bekommen, wenn man ihm auch einen guten Lebensstandard bieten kann	• Auch ein behinderter Mensch hat Freude am Leben
• Wenn die Gesundheit der Mutter in Gefahr ist, kann man von ihr nicht erwarten, dass sie das Kind austrägt	• Es gibt Hilfsangebote für junge Mütter, damit sie Kind und Ausbildung verbinden können
• Wenn das Kind durch eine Vergewaltigung gezeugt wurde, kann man von der Mutter nicht erwarten, dass sie das Kind austrägt	

- **Übertragungswege**

  Das HI-Virus, das AIDS auslöst, ist sehr empfindlich und wird durch Erhitzen über 60°Celsius sowie durch Desinfektionsmittel zerstört. Um sich zu infizieren muss man eine Mindestmenge in die eigene Blutlaufbahn aufnehmen – diese Menge wird nur mit bestimmten Körperflüssigkeiten (z.B. Blut, Samenflüssigkeit, Scheidenflüssigkeit) mit hoher Viruskonzentration erreicht. Die Hauptübertragungswege sind:
  - ungeschützter Geschlechtsverkehr
  - direkte Blutübertragung, z.B. durch Benutzung von gemeinsamen Spritzen beim Drogenmissbrauch,
  - von der Mutter auf das Kind bei Schwangerschaft, Geburt und Stillen (hier liegt das Risiko in Deutschland bei intensiver ärztlicher Begleitung nur noch bei unter 3%).

  Die Viruskonzentration in Speichel, Tränen, Kot oder in blutsaugenden Insekten ist zu gering um sich anzustecken. Deshalb besteht z.B. beim Küssen (solange keine blutenden Wunden vorhanden sind), beim Händeschütteln, bei ärztlicher Behandlung oder bei Insektenstichen kein Ansteckungsrisiko.

- **Schutz vor Ansteckung**

  Wer das HI-Virus in sich trägt, kann andere durch risikoreiches Verhalten anstecken, auch dann, wenn die AIDS-Erkrankung noch nicht ausgebrochen ist. Der einzig sichere Schutz gegen AIDS besteht darin, sich nicht in eine Situation zu begeben, in der man sich anstecken kann. Bei sexuellen Kontakten gibt es eine hundertprozentige Sicherheit vor einer HIV-Infektion also nur in einer Partnerschaft, in der beide nicht infiziert und absolut treu sind! Natürlich besteht auch bei sexueller Enthaltsamkeit kein Risiko sich über Sex zu infizieren. Einen relativ guten, aber keinen hundertprozentigen Schutz bieten Kondome – aber nur, wenn sie richtig angewendet werden!

- **Verlauf**

  Es gibt oft kein äußerlich sichtbares Zeichen, an dem man erkennen kann, dass man sich mit HIV (= mit dem AIDS-Virus) angesteckt hat. Die Latenzzeit (= Zeit zwischen der Ansteckung und dem Ausbruch der typischen Krankheitszeichen) kann bis zu 15 Jahren betragen. Das bedeutet: Manchmal treten erst 15 Jahre nach der Ansteckung die ersten Krankheitszeichen auf! Das HI-Virus zerstört bestimmte Abwehrzellen des Körpers – daher äußert sich die HIV-Infektion im gehäuften Auftreten anderer Infektionen, und ansonsten können harmlose Erreger bei HIV-Infizierten zu schweren Erkrankungen führen.

- **Test**

  Wenn sich ein Mensch mit AIDS angesteckt hat, bilden sich in seinem Körper nach einiger Zeit Abwehrstoffe (= Antikörper). Ein HIV-Test (ELISA – Test) kann diese Abwehrstoffe im Blut des Infizierten nachweisen – allerdings erst nach 12 Wochen, nachdem er sich angesteckt hat! Beim Gesundheitsamt kann man anonym und meistens kostenlos einen HIV-Test machen lassen.
  Außerdem gibt es einen weiteren HIV – Test (PCR-Test) beim dem die HI-Viren selbst nachgewiesen werden können. Dieser Test kann schon 15 Tage noch einer möglichen Ansteckung durchgeführt werden, die Kosten hierfür sind aber um einiges höher und werden nur in bestimmen Fällen von der Krankenkasse übernommen.

- **Hilfe**

  AIDS ist bis jetzt nicht heilbar. Es gibt aber Medikamente, die den Ausbruch der Krankheit verzögern und den Verlauf abschwächen können – dazu muss allerdings die Therapie, die auch Nebenwirkungen hat, lebenslang erfolgen. Gegen AIDS kann man sich bisher nicht impfen lassen!

Diese Informationen stammen vom Christlichen AIDS-Hilfsdienst e.V. Frankfurt; Tel.: 069/490139; E-Mail: info@cahev.de. Dort kann man sich auch beraten lassen.

- **Fragen zum Info-Text**
  1. Wie kann man sich mit AIDS anstecken?

     _____

  2. Wie kann man sich vor Ansteckung schützen?

     _____

  3. Welches Problem gibt es beim AIDS-Test?

     _____

  4. Ist AIDS heilbar?

     _____

Quelle: Christlicher AIDS-Hilfsdienst e.V. (Hg.): AIDS. Bausteine zur Unterrichtsgestaltung. Frankfurt o.J.

Ansteckungsgefahr – ja oder nein?

Wo kann man sich mit AIDS anstecken – und wo nicht? Geht die unten stehende Liste durch und bewertet die einzelnen Situationen. Wie groß ist jeweils das Risiko, sich mit AIDS anzustecken? Markiert jede Situation mit einem »+« für »hohe Ansteckungsgefahr«, mit einem »–« für »geringe Ansteckungsgefahr« oder mit einer »0« für »keine Ansteckungsgefahr«!

1. Bluttransfusion
2. Küssen eines/einer HIV-Infizierten
3. Geschlechtsverkehr mit Kondom mit einem/einer HIV-Infizierten
4. Piercing
5. aus demselben Glas mit einem/einer HIV-Infizierten trinken
6. beim Drogenmissbrauch dieselbe Nadel zum Spritzen benutzen wie ein/e HIV-Infizierte/r
7. Geschlechtsverkehr mit einem/einer HIV-Infizierten, ohne ein Kondom zu benutzen
8. Insektenstiche
9. Oralsex mit einem/einer HIV-Infizierten
10. Blutspenden
11. Mund-zu-Mund-Beatmung bei einem/einer HIV-Infizierten
12. Petting mit einem/einer HIV-Infizierten
13. Erkältungen (Husten und Niesen)
14. Kleidung tauschen mit einem/einer HIV-Infizierten
15. Risiko für das Kind bei Schwangerschaft einer HIV-Infizierten
16. medizinische oder zahnmedizinische Behandlungen
17. Sportverletzungen
18. Schwimmbadbesuch
19. Frisörbesuch

Lösungen:
1. 0 (in Deutschland)
2. 0 (Ausnahme: blutende Mundschleimhaut)
3. –
4. 0
5. 0
6. +
7. +
8. 0
9. – (Ausnahme: blutende Wunden)
10. 0
11. 0 (bei blutenden Wunden besteht ein geringes Risiko)
12. 0 (Ausnahme: blutende Wunden)
13. 0
14. 0
15. + (z.Zt. in Deutschland bei medizinischer Optimalversorgung unter 3%)
16. 0 (in Deutschland)
17. 0 (Ausnahme: blutende Wunden)
18. 0
19. 0

Quelle: Christlicher AIDS-Hilfsdienst e.V. (Hg.): AIDS. Bausteine zur Unterrichtsgestaltung. Frankfurt o.J.

Briefe an die AIDS-Beratung

Bei einer Geburtstagsfeier einer Freundin saß ich beim Essen neben deren Cousin. Er gefällt mir sehr gut und wir haben ein bisschen miteinander geflirtet. Dabei hat er mir aus Spaß mein Essen »geklaut« und ich seines, so haben wir auch gemeinsam aus einem Becher getrunken. Nun hat mir eine andere Freundin gesagt, ich sei komplett verrückt, so etwas zu tun, schließlich wisse jeder, dass er HIV-positiv ist. Ich habe es nicht gewusst und bin schrecklich wütend auf ihn, dass er mich so in Gefahr gebracht hat. Wo kann ich jetzt einen Test machen lassen, ohne dass meine Eltern etwas davon mitbekommen?

Xenia, 16 Jahre

***

Wer schwul ist, kriegt doch über kurz oder lang AIDS, oder? In unserer Clique haben wir uns kürzlich über dieses Thema gestritten und wollen nun wissen, wer Recht hat. Wie hängen Homosexualität und AIDS zusammen?

Florian, 13 Jahre

***

Dieses Jahr werde ich mit meinen Eltern in Kenia Urlaub machen. Da müssen wir uns gegen alles mögliche impfen lassen. Nun habe ich mir überlegt, mich auch gleich gegen AIDS impfen zu lassen. Was muss ich tun, um eine solche Impfung zu bekommen? Und wie teuer ist das? Brauche ich die Erlaubnis meiner Eltern? Wie kann ich mich sonst vor AIDS schützen?

Petra, 12 Jahre

***

Ich gehe einmal in der Woche in eine Jugendgruppe in unserer Kirchengemeinde. Seit neuestem kommen regelmäßig auch vier Jungens aus irgendwo in Afrika, die hier bei uns in Deutschland bleiben wollen. Besonders einer von denen ist ein echter Kumpel und wir treffen uns auch mal während der Woche zum Streetball. Nun hört man ja immer wieder, dass in Afrika fast alle Leute AIDS haben. Wie ist das denn? Wie weit verbreitet ist die Krankheit unter Afrikanern? Kann ich erkennen, ob die Typen ansteckend sind? Was muss ich tun, um sicher sein zu können, dass ich einer Ansteckung entgehe?

Martin, 15 Jahre

***

Andreas ist der tollste Typ an unserer Schule. Alle Mädchen würden sich ein Bein ausreißen, wenn er sich für sie interessieren würde. Letzten Montag hat nun Andreas ausgerechnet mich eingeladen mit ihm ins Kino zu gehen. Auf dem Nachhauseweg hat er mich geküsst und mir gesagt, dass er mich schon lange sehr gern hat. Ich bin total happy. Allerdings weiß ich, dass ein Mädchen Andreas nicht genügt und er auch immer mit anderen zusammen ist. Ich weiß auch, dass er mit manchen schläft. Mir würde das ja nicht so viel ausmachen, aber ich habe Angst, dass er irgendwann AIDS bekommt und mich ansteckt. Was soll ich bloß machen?

Henriette, 16 Jahre

***

Bei einer Party von einem guten Freund ging plötzlich auch eine Hasch-Zigarette rum. Ich wollte nicht als Depp dastehen und habe auch ein paar kräftige Züge genommen. Mir war total schlecht danach. Mein Freund meinte, ich müsste öfter Hasch rauchen, damit ich es besser vertrage und ich auch was dabei erlebe. Ist Hasch-Rauchen ungefährlich? Ich frage mich auch, wie das mit AIDS und Drogen ist. Sind nur Drogenabhängige gefährdet oder auch die, die ab und zu mal was nehmen? Kann man sich beim Haschrauchen anstecken?

Benjamin, 13 Jahre

***

Ich finde es schrecklich, dass man in der heutigen Zeit immer Angst haben muss, sich irgendwo mit AIDS anzustecken. Man sieht den Leuten ja nicht an, ob sie sich was eingefangen haben, oder doch? Ich fände es gut, wenn man Leute, die AIDS-ansteckend sind, irgendwie kennzeichnet, also was auf die Hand tätowiert oder so. Ich würde mich da sicherer fühlen. Warum macht man das eigentlich nicht?

Lukas, 13 Jahre

***

Ich hatte noch nie eine Freundin und habe noch nie mit einem Mädchen geschlafen. Aber ich würde doch gerne mal wissen, wie das tatsächlich ist. Schließlich bin ich ja alt genug für »das erste Mal«. Die anderen erzählen immer, wie toll das ist, und ich habe Angst in dieser Hinsicht zu kurz zu kommen. Nun habe ich gehört, dass es gar nicht so schlecht ist, die ersten Erfahrungen bei einer Prostituierten mit viel Erfahrung zu sammeln. Ich weiß aber nicht so richtig, ob ich das machen soll. Vor allem habe ich auch ziemlich Angst, dass so eine AIDS hat, mich ansteckt und dass so meine ersten Erfahrungen mich direkt ins Grab bringen. Wie könnte ich mich also vergewissern, dass da nichts mit mir passiert? Ist es überhaupt sinnvoll, es mit einer Prostituierten zu versuchen?

Tom, 18 Jahre

Quelle: Christlicher AIDS-Hilfsdienst e.V. (Hg.): AIDS. Bausteine zur Unterrichtsgestaltung. Frankfurt o.J.

Meinungen zum Thema Homosexualität

Auf diesem Blatt findest du verschiedene Meinungen zum Thema Homosexualität, die man immer wieder hören kann. Geh die Liste durch und überlege, was du zu den einzelnen Sätzen denkst. Kreuze hinter jede Meinung »Stimmt« oder »Stimmt nicht« an!

	Stimmt	Stimmt nicht
1. Die Schwulen sind schuld an AIDS.	○	○
2. Wenn es um Sex geht, soll jeder machen, was er will.	○	○
3. Ein Schwuler sollte nicht Lehrer werden dürfen. Die Gefahr ist zu groß, dass er sich in der Schule an Jungen ranmacht.	○	○
4. Wenn ein Mann einen anderen Mann liebt oder eine Frau eine andere Frau und beide sind glücklich, dann ist das doch in Ordnung.	○	○
5. Homosexualität ist eine Sünde. Das steht schon in der Bibel.	○	○
6. Wenn zwei Frauen sich lieben, kann man das ja noch verstehen. Aber zwei Männer, die miteinander Sex haben: Das ist doch nicht normal!	○	○
7. Schwule und lesbische Paare sollten genauso kirchlich heiraten dürfen wie alle anderen Paare auch.	○	○
8. Homosexuelle können mit Hilfe eines Psychologen wieder normal werden.	○	○

Deine Liebe war wundersamer als Frauenliebe

Zwei Tage später kam dann meine Kusine Eva-Maria angeradelt und erzählte mir ganz aufgeregt, dass unsere beiden Mütter seit vorgestern Nachmittag unentwegt miteinander in Telefonkontakt stünden. Und ihre Mutter ersuche sie jedes Mal, wenn meine Mutter anrufe, das Zimmer zu verlassen. Und dann mache ihre Mutter die Zimmertür zu, bevor sie mit meiner Mutter zu reden anfange. Aber sie habe an der geschlossenen Tür gelauscht und rausbekommen, um was sich diese geheimen Schwestern-Gespräche drehen. Meine Mutter befürchtet, dass ihr Sohn schwul sei! Und heute nach Arbeitsschluss habe sie einen Termin bei einem Psychologen, um sich Rat zu holen.

»O.K.«, sage ich zur Eva-Maria, »die gute Frau hat erstens genug gelitten und zweitens könnte eine längere psychologische Beratung zu teuer kommen. Ihr Geld ist anderweitig besser angelegt. Wenn sie vom Seelenonkel heimkommt, kläre ich sie auf.«

Und da schaut mich die Eva-Maria ganz besonders an.

»Ist was?«, fragte ich sie.

»Ne---n---nein«, antwortete sie.

»Klingt aber irgendwie eher nach ja«, sagte ich.

Die Eva-Maria zierte sich noch ein bisschen, dann sagte sie: »Vielleicht ist ja auch was dran!«

»Woran denn?«, fragte ich.

Und sie sagte, dass sich die meisten Knaben in meinem Alter entschieden dagegen gewehrt hätten, mit Lockenperücke, Make up, Frauen-Klamotten und Tennisball-Brüsten vor einer Kamera rumzuposieren. Das wisse sie genau. Das habe sie an etlichen ausprobiert. Ganz empört hätte es ein jeder von sich gewiesen. Aber mir habe das eindeutig Spaß gemacht und möglicherweise lasse das doch darauf schließen, dass ich schwul sei. Oder zumindest bisexuell. Sie habe gelesen, dass im Grunde jeder Mensch bisexuell sei, das werde bloß durch die Erziehung verdrängt. ... Sie wisse auch noch nicht exakt, ob sie hetero, bi oder lesbisch sei, weil sich bisher noch keine Möglichkeit ergeben habe das zu überprüfen. Aber es wäre optimal, wenn sie und ich das bald rausbekämen! Sonst heiraten wir und kriegen Kinder und verdrängen unsere echte Veranlagung und die kommt erst dann richtig raus, wenn wir dreißig oder vierzig sind, und dann stehen wir blöd da, ich als schwuler Vater mit Ehefrau und sie als lesbische Mutter mit Ehemann.

Also, zuerst einmal dachte ich: Gütiger Gott, nun ist die einzige vernünftige Person, die ich kenne, auch noch komplett meschugge geworden! Ich habe einfach den Kopf geschüttelt und sie gefragt: Was ist los mit dir? Hast du eine Aufklärungsbroschüre des Hosi in die Finger gekriegt und missverstanden oder was ficht dich sonst an? (Hosi ist die Abkürzung für Homosexuellen-Initiative. Die hat ein paar Häuser von unserer Wohnung entfernt ein Vereins-Lokal. Darum kenne ich sie.)

»War bloß eine Idee von mir«, hat die Eva-Maria gesagt. Aber mit einem ganz merkwürdigen Blick hat sie dann noch hinzugefügt: »Warum regst dich denn eigentlich so darüber auf? Blockst du vielleicht nicht doch was ab?«

Seither hat sie nie mehr ein Wort über die ›Idee‹ verloren. Aber mir geht sie nun nicht mehr aus dem Schädel. Natürlich verbringe ich keineswegs meine täglichen siebzehn wachen Stunden damit, darüber nachzugrübeln, wie meine Sexualität beschaffen sei. Aber es vergeht doch fast kein Tag, an dem mir die Sache nicht ein paar Mal einfällt. Und das empfinde ich als sehr störend. Das irritiert einfach einen Menschen, der gern seinen Kopf für andere Gedanken frei hätte.

Aus: Christine Nöstlinger, Bonsai, © 1997 Beltz & Gelberg in der Verlagsgruppe Beltz, Weinheim/Basel, S. 28–31.

Hände weg!

1. Laura sitzt abends in der S-Bahn. Plötzlich setzt sich ein Mann neben sie und rückt ihr immer näher. Laura bekommt es mit der Angst zu tun und fühlt sich belästigt ...

2. Lisa findet ihren Klassenkameraden Paul schon lange nett. Auf einer Fete tanzen die beiden eng zusammen und fangen an zu knutschen. Später ziehen sie sich in ein leeres Zimmer zurück. Dort fängt Paul an Lisa zu streicheln. Sie findet das aufregend. Aber als er mehr von ihr will, geht ihr das zu schnell. Sie sagt: »Ey, lass das!« Paul versucht es trotzdem weiter ...

3. Stefan spielt im Fußballverein. Seit einiger Zeit merkt er, dass sein Trainer ihn immer wieder beim Umziehen und beim Duschen beobachtet. Als es wieder einmal passiert, dreht er sich weg und legt sich schnell ein Handtuch um. Der Trainer meint daraufhin: »Jetzt hab dich nicht so, wir sind doch beide Männer ...!«

Beispiel 1 und 2 nach: ZDF, Redaktion Dr. Mag Love (Hg.): Dr. Magazin love. Hände weg! Mainz 1999, S. 1 (bearbeitet).

Hände weg!
Wie man auf blöde Anmache und sexuelle Belästigung reagieren kann

Die Grenzen bestimmst du selbst!

Während anonyme Situationen, z.B. in der S-Bahn, relativ leicht als sexuelle Belästigung eingeordnet werden können, fällt es einem meist viel schwerer, in Beziehungen zu einem Bekannten oder Freund die Grenzen zu bestimmen. Hier hilft es sich zu fragen: Habe ich mir das gewünscht? Wollte ich es selber? Wie habe ich mich gefühlt, als es passierte? Wenn du das Gefühl hast: Ich wurde zu etwas gedrängt oder gezwungen und es war unangenehm – dann war es nicht okay! Du hast dann das Recht zu sagen, dass dir das nicht gefällt, und du darfst dich dagegen wehren. Denn dein Körper gehört dir. Und du bestimmst ganz allein, wer ihn berühren darf und wer nicht! Dabei kannst du auf dein Gefühl vertrauen. Es sagt dir ziemlich sicher, was dir gefällt und was nicht.

Wehren – nicht immer einfach

Mit dem Wehren ist das in solchen Situationen oft nicht so einfach. Manchmal kommt die Situation so überraschend, dass du nicht so schnell reagieren kannst. Irgendwie fühlst du dich wie gelähmt. Hinterher ärgerst du dich dann, dass dir nicht schnell ein pfiffiger Spruch oder ein Tritt vors Schienbein gelungen ist. In anderen Situationen hat man vielleicht Angst, dass die Umwelt mit blöden Sprüchen reagiert wie »Das hat der doch gar nicht so gemeint!« oder »Stell dich nicht so an!« Wieder andere Situationen erscheinen einem vielleicht als zu gefährlich, weil man nicht einschätzen kann, wie der Belästiger reagiert.

Sicher ist jedoch, dass du dich in jedem Fall wehren darfst. Du darfst deutlich sagen, dass du das nicht willst, du darfst weglaufen, unhöflich sein, treten, motzen … Es gibt aber kein Patentrezept für Widerstand. Jede Situation ist anders und jeder Mensch entwickelt eigene Widerstandsformen.

Zwei Dinge sind noch wichtig: Es ist nicht dein Fehler, wenn du es nicht schaffst, den Belästiger abzuwehren. Und: Auch wenn du in der Situation überrumpelt wurdest und dich nicht wehren konntest, gibt es im nachhinein oft noch Möglichkeiten, sich zur Wehr zu setzen. Am besten holt man sich dafür Hilfe.

Gemeinsam seid ihr stark

Mädchen und Jungen, die z.B. von Lehrern oder Trainern im Sportverein sexuell belästigt werden, sind oft nicht die einzigen, die sich belästigt fühlen. Wenn eine/r sich traut darüber zu reden, finden sich manchmal andere, die auch den Mut finden zu reden. Gemeinsam könnt ihr überlegen, was man tun kann. Ein solches Problem könnt ihr aber nicht ohne die Hilfe von Erwachsenen lösen. Bittet eine Person um Hilfe, der ihr vertraut (siehe Infokasten unten: Wenn du Hilfe brauchst).

Darüber reden!

Wenn ein Klassenkamerad oder ein Freund aus der Clique dich sexuell belästigt, ist es völlig okay, wenn du das deinen Eltern, der Klassenlehrerin oder einem anderen Menschen, zu dem du Vertrauen hast, erzählst. Das hat nichts mit Petzen zu tun. Es ist dein gutes Recht, dir Hilfe zu holen!

Dumme Sprüche

Gerade Mädchen, die sexuell belästigt werden, wird oft unterstellt, dass sie daran mit schuld sind. Sie müssen sich Sprüche anhören wie: »So wie die sich angezogen hat, muss sie sich darüber nicht wundern!« oder »Die macht es doch mit jedem, das ist allgemein bekannt!« Dazu ist klar und eindeutig zu sagen: Wer Opfer von sexueller Gewalt wird, hat keine Mitschuld daran – auch dann nicht, wenn die Person sich sexy anzieht; auch dann nicht, wenn das Küssen am Anfang für beide schön war; auch dann nicht, wenn die Person sich nicht gewehrt hat (z.B. weil sie total überrumpelt war) …

ZDF, Redaktion Dr. Mag Love (Hg.): Dr. Magazin love. Hände weg! Mainz 1999, S. 1–3 (bearbeitet).

Wenn du Hilfe brauchst

Wenn du Opfer von sexueller Gewalt geworden bist, dann ist es dein Recht, dich zu wehren! Du hast verschiedene Möglichkeiten, um dir Hilfe zu holen:

- Lehrer/in ansprechen: Gibt es eine Lehrerin oder einen Lehrer, zu der/dem du Vertrauen hast? Dann sprich sie/ihn an!
- Pfarrer/in um Rat fragen: Deine Pfarrerin bzw. dein Pfarrer hat Schweigepflicht, auch gegenüber Eltern, Lehrern und der Polizei. Du kannst sicher sein, dass sie/er nichts gegen deinen Willen unternimmt und weitererzählt. Du kannst mit ihr/ihm in Ruhe besprechen, was du tun kannst.
- Hilfe im Internet: Unter *www.schueler-beratung.de* kannst du dich anonym beraten lassen.
- Kinder- und Jugendtelefon: Die »Nummer gegen Kummer« erreichst du unter der Telefonnummer 0800 111 03 33. Sie ist anonym und kostenlos. Die Beraterinnen und Berater sind montags bis freitags von 15.00 Uhr bis 19.00 Uhr zu sprechen.
- Beratungsstelle: Eine Beratungsstelle in deiner Nähe findest du unter *www.wildwasser.de*.

Wo fängt blöde Anmache an?

Niemand möchte dumm angemacht werden. Sexuelle Belästigung ist unangenehm und demütigend. Aber wo liegt die Grenze zwischen normalen Annäherungsversuchen und blöder Anmache? Was ist noch lustig und was nicht mehr? Wo fängt sexuelle Belästigung oder Gewalt an?

- Der Onkel nimmt beim Besuch seine kleine Nichte in den Arm und gibt ihr ein Küsschen. Sie will nicht, ihre Eltern sagen: Stell dich nicht so an!
- Ein Grundschüler küsst eine Mitschülerin auf die Backe, ohne sie vorher zu fragen.
- Ein Sportlehrer steht immer mal wieder plötzlich in der Mädchendusche, weil er sich »in der Tür geirrt« hat.
- Ein Junge fragt ein Mädchen, ob sie mit ihm gehen will.
- Ein 18-Jähriger überredet seine 13-jährige Freundin dazu, mit ihm zu schlafen.
- Die Jungs in der Klasse unterhalten sich in der Pause lautstark über den Körperbau (Busen, Po etc.) der Mädchen.
- Ein Junge berührt »zufällig« die Brust einer Mitschülerin.
- Ein Junge macht einer Mitschülerin Komplimente über ihr Aussehen.
- Einige Mädchen machen sich in der Pause über einen Mitschüler lustig und sagen, dass er bestimmt noch keinen hochkriegt.
- Die Jungs in der Klasse spielen »an den Sack greifen«.
- Ein Junge schreibt einem Mitschüler einen Liebesbrief.
- Ein Vierzehnjähriger will mit seinem zehnjährigen Cousin »Doktorspiele« machen.

Aufgabe:
Geh die Liste durch und überlege, wie du die jeweilige Situation einschätzt. Kreuze die Beispiele an, bei denen deiner Meinung nach die Grenze des Erlaubten überschritten ist, wo es sich deiner Meinung nach also um sexuelle Belästigung oder Gewalt handelt.

Stellungsspiel zum Thema »Familie«

Wir unternehmen in unserer Familie viel zusammen	Wenn ich könnte, würde ich sofort von zu Hause ausziehen
Ich finde, als Einzelkind lebt man besser als mit Geschwistern	Mit 25 möchte ich immer noch bei meinen Eltern wohnen
Mit 15 braucht man seine Eltern eigentlich nicht mehr	Ich möchte später einmal heiraten und Kinder haben
Eine Familie zu haben ist für jeden Menschen wichtig	Wenn ich eine eigene Familie hätte, würde es dort ganz anders zugehen als bei uns zu Hause

Familien-Leben

In dieser Gruppenarbeit sollt ihr euch über das Thema »Zusammenleben in der Familie« Gedanken machen. Bearbeitet dazu folgende Aufgaben:

1. Lest in der Bibel Epheser 6,1–4. Überlegt: Wie sollen sich nach der Bibel Eltern in einer Familie ihren Kindern gegenüber verhalten und wie Kinder ihren Eltern gegenüber? Versucht das in eigenen Worten auszudrücken und schreibt eure Antwort auf!

2. Lest den Text »Wenn ich das schon höre!«. In diesem Text beschreibt ein Teenager, was ihn an seiner Mutter stört.

3. Beschreibt kurz in eigenen Worten, was der Sohn denkt und was er sich wünscht. Schreibt eure Antwort auf!

4. Lest nun den Text »Mein Sohn treibt mich in den Wahnsinn!«. In diesem Text erzählt die Mutter, welche Probleme sie mit dem Teenager hat.

5. Beschreibt kurz in eigenen Worten, was die Mutter denkt und was sie sich wünscht. Schreibt eure Antwort auf!

6. Auf dem Arbeitsblatt »Regeln für Jugendliche und Eltern« findet ihr fünf Regeln für den Umgang mit den eigenen Eltern. Welche dieser Regeln muss ein Jugendlicher eurer Meinung nach beachten, wenn er seine Eltern ernst nehmen und achten will? Diskutiert darüber und markiert die entsprechende Regel mit einem »J«!

7. Welche Regeln findet ihr überflüssig oder falsch? Diskutiert auch darüber und markiert die entsprechenden Regeln mit einem »L«!

8. Fallen euch noch andere Regeln ein, die ein Jugendlicher beachten muss, der seine Eltern ernst nehmen will? Schreibt sie auf den freien Platz in der linken Spalte!

9. Füllt nun den unteren Teil des Arbeitsblattes »Regeln für Jugendliche und Eltern« aus: Welche Regeln müssen Eltern beachten, die ihren Sohn/ihre Tochter ernst nehmen wollen? Bestimmt fallen euch fünf Regeln ein!

10. Wie sieht eure Traumfamilie aus? Beschreibt kurz in eigenen Worten, wie ihr euch das Familienleben wünscht. Wie verhalten sich Eltern und Kinder in eurer Traumfamilie? Was unternehmen sie gemeinsam? Wie gehen sie miteinander um?

Wenn ich das schon höre!

Wenn ich das schon höre!

Kein Mensch versteht mich. Alle meckern nur an mir 'rum. Mein Zimmer würde aussehen wie ein Schweinestall, sagt meine Mutter. In so einem Durcheinander könne man sich ja nicht wohl fühlen. Und es wäre kein Wunder, dass ich ständig nach etwas suchen müsste, sie würde in dem Zimmer auch nichts finden. Ich fühle mich in meinem Zimmer sehr wohl und ich finde auch alles. Na, meistens jedenfalls. In der Unordnung könne man nicht putzen, meint meine Mutter. Als wenn ich Wert auf so etwas legen würde. Andere Kinder würden sich »von« schreiben, wenn sie so ein schönes Zimmer hätten. Aber, was nützt mir das schönste Zimmer, wenn ich nicht so darin leben darf, wie ich das will?

Wenn es um Straßenfegen, Einkaufen, Aufräumen und so was geht, dann bin ich schon erwachsen.

»Als ich so alt war wie du, da …« Also, wenn ich den Satz höre, dann schalte ich auf Durchzug. »Ein bisschen was kann man ja wohl von dir verlangen, oder?« Wenn ich aber ein paar Minuten später als ausgemacht nach Hause komme, dann ist das Theater da.

Oder, wenn ich mit Klassenkameraden in den Ferien mit dem Fahrrad und dem Zelt irgendwo hin will, dann trage ich in den Augen meiner Eltern noch Pampers. »Kind, das ist viel zu gefährlich!« »Kind« – wenn ich das schon höre!

Kommst du von einer Fete nach Hause, schnüffelt die ganze Familie an dir rum. »Du hast doch bestimmt geraucht und Alkohol habt ihr doch auch getrunken?« Ein Vertrauen haben die zu mir! Das mit dem Rauchen habe ich mal probiert: also das muss nicht sein. Und mit dem Alkohol? Auf der Klassenfahrt hatten welche eine Cognacflasche dabei – die haben dann nachts das ganze Zimmer verkotzt. Da wird einem ja schlecht vom Zugucken! Und wenn du so etwas zu Hause erzählst, heißt es doch sofort: »Warst du auch dabei?« Warum haben die denn so wenig Vertrauen zu mir?

Also, eins ist sicher: Eltern in dem Alter sind sehr schwierig!

Mein Sohn treibt mich in den Wahnsinn!

Sein Zimmer sieht aus, als wäre eine Bombe darin explodiert. Zwischen Wäsche, Turnschuhen, Comics und CDs liegt auch die verhauene Klassenarbeit, die ich noch unterschreiben soll. Was das Aussehen seines Zimmers anbelangt, rede ich mir den Mund fusselig. Aber wir sprechen wohl zwei verschiedene Sprachen. Dreckwäsche gehört in den Wäschekorb und nicht unters Bett, auch das Schwimmzeug modert leise vor sich hin.

In bürgerlichen Haushalten werden Quark- und Joghurtbecher in den Plastikmüll geworfen, nicht so bei uns: Sie bleiben erst mal stehen oder werden unter das Bett gestellt und bekommen ein kuscheliges graugrünes Pelzchen. Diese Schimmelpilzkulturen lassen das Herz eines jeden Forschers höher schlagen. Aber nicht meines! Vermutlich ist die komplizierte Mülltrennung daran

schuld: Mein Sohn denkt wohl: »Bevor ich etwas in die verkehrte Tonne werfe, lasse ich das mal lieber auf sich beruhen.«

Derselbe Junge will mit Freunden in den Sommerferien nach Heidelberg radeln. Wie er diese Stadt finden will, ist mir ein Rätsel. Er findet in dem Haus, in welchem er seit dreizehn Jahren wohnt, weder Mülleimer noch Wäschekorb. Wie will er da eine fremde Stadt finden?

Die Telefonnummer von Lena, die er auf einer Freizeit kennen gelernt hat, findet er ohne fremde Hilfe. Um sich bei seiner Patentante für den Taschengeldzuschuss zu bedanken, bräuchte er Unterstützung beim Wählen der Nummer!

Warum ist mein Sohn so egoistisch und denkt nur an seine Rechte und nicht an die Pflichten?

Eines ist sicher: Kinder in diesem Alter sind wahnsinnig schwierig!

Quelle: Mein Konfi-Kalender 2001–2003, Speyer 2001, S. 27–31 (gekürzt).

Regeln für Jugendliche und Eltern

Regeln für Jugendliche, die ihre Eltern ernst nehmen wollen:

1. Deine Eltern sind und bleiben deine Eltern bis an ihr Lebensende. Das kannst du nicht ändern. Vergiss das nie!

2. Deine Eltern sind Menschen wie du. Sie haben ihre eigenen Probleme und Schwierigkeiten. Nimm darauf Rücksicht!

3. Deine Eltern leben schon viele Jahre länger als du. Sie haben viele Erfahrungen gesammelt, die dir noch fehlen. Lerne aus ihren Erfahrungen!

4. Deine Eltern haben dich lieb. Sie wollen dein Bestes – auch wenn du es manchmal nicht merkst. Bedanke dich dafür!

5. Deine Eltern machen manchmal Fehler und tun dir Unrecht. Oft wollen sie das nicht wahrhaben. Hilf ihnen zur Einsicht und vergib ihnen!

Regeln für Eltern, die ihren Sohn/ihre Tochter ernst nehmen wollen:

1. _____
   _____
   _____

2. _____
   _____
   _____

3. _____
   _____
   _____

4. _____
   _____

5. _____
   _____
   _____

Quelle (Regel 1–5): Kurt Rommel: Leitplanken im Leben. Ein Buch für junge Christen auf ihrem Weg in die Gemeinde. Unter Mitarbeit von F. Gaiser, Stuttgart 1980, S. 64 (gekürzt und bearbeitet).

Vater sein dagegen sehr

»Na, haben Sie heute frei?« Das Ritual nimmt seinen Lauf, bereitet mir inzwischen wohlige Vorfreude. Gespannt warte ich darauf, wie sich in den nächsten Sekunden die Pupillen der jungen Mutter weiten werden, wenn sie erfährt, dass ihr tatsächlich ein leibhaftiger Vater in Elternzeit samt Sohn gegenübersitzt. Jene überaus seltene Rasse, die man so selten findet wie einen weißen Elefanten.

Die junge Frau rückt auf der staubigen Holzbank am Sandkasten zwei Zentimeter näher und wartet gespannt auf eine Antwort. Ich spanne sie noch einen Moment auf die Folter, denn unser Gespräch wird jäh unterbrochen: Mein Sohn Jan fängt gerade an, sich freudig mit Sand zu berieseln und nicht nur seine Taschen, sondern auch die Unterhose damit zu füllen.

Wer sich die Frechheit herausnimmt, zur besten Schaufensterzeit als Mann mit Kind den Spielplatz zu beleben, ist innerhalb kürzester Zeit in Erklärungszwang. Irgendwie hat man das Gefühl, man tue etwas Verbotenes. Ich spüre förmlich die Blicke der Frauen hinter den Gardinen der angrenzenden Häuser. Hier auf dem Spielplatz, zwischen Rutsche, Schaukel und Klettergerüst, ist noch immer väterfreie Zone, hier sind die treusorgenden Mütter unter sich. »Ach, Sie haben Elternzeit genommen? Interessant. Und Ihre Frau arbeitet?« Schon fange ich an wütend zu werden. Als ob ich nicht arbeiten würde! Merkt diese Frau nicht, wie sie sich selbst diskriminiert? Dass unsere Gesellschaft im 21. Jahrhundert noch immer nicht merkt, dass zumindest eine Männer-Minderheit ihre Rolle als Vater aktiv wahrnimmt, zeigen Geschichten, die der Alltag schreibt: Etwa unser erster Kinderarztbesuch. Weil Frau Doktor fast ausschließlich mit Geschlechtsgenossinnen zu tun hat, reiht sie mich flugs in diese Reihe ein: »Frau Baas, bitte!«

Die nächste verbale Geschlechtsumwandlung erhalte ich beim Elternabend im Kindergarten, den man treffender als Mütterabend bezeichnen sollte. Wieder bin ich als Mann allein auf weiter Flur. Immerhin habe ich die Lacher(innen) auf meiner Seite, als ich beim Prüfen der Anwesenheit auf »Frau Baas?« mit künstlich abgesenkter Stimme »Hier!« brumme.

Wer als Vater mit Kind durchs Leben geht, merkt, dass er einfach nicht vorgesehen ist: An den Parkplätzen vor Sparkasse und Supermarkt haben die Planer Stellflächen für »Mutter und Kind« reserviert. Und auf servicefreundlichen Autobahnraststätten sind die Wickelräume an einem Ort, den ich ohne rot zu werden nie betreten könnte: auf der Damentoilette.

So schnell bringt mich nichts mehr aus der Fassung. Die Kirche hat es aber doch geschafft. In einem niedlichen Büchlein mit Gebeten für die Allerkleinsten heißt es: »Lieber Gott, liebe Mutter, ich danke dir für dieses gute Essen.« Wenn Jan so beten würde, wäre ich wohl sauer bis zum jüngsten Gericht: Bei uns koche ich!

Dirk Baas, Vater sein dagegen sehr, in: Publik-Forum Nr. 17 (1999), S. 2–3 (bearbeitet)

Gottesdienst zur Schulentlassung

Möglicher Ablauf:

Begrüßung

Musik von CD: »Where is the love?« (Black Eyed Peas)

Kurze Theaterszenen: Schulalltag

Hinführung zur Aktion

Aktion I: Kärtchen legen auf einem Weg – Rückblick (dabei Musik: »Where is the love?«)

Lesung: 1. Korinther 13 (in Auszügen)

Ansprache

Aktion II: Kärtchen legen auf einem Weg – Ausblick (dabei Musik: »Where is the love?«)

Fürbitten

Vater unser

Lied: z.B. Bewahre uns, Gott (Evangelischen Gesangbuch, Nr. 171)

Segen

Zur Aktion:

- Gestaltete Mitte: Ein aus Seilen gelegter Weg liegt in der Mitte, nach ca. 2/3 des Wegs liegt ein DIN A4-Blatt mit dem Datum des letzten Schultags auf dem Weg; die Schülerinnen und Schüler sitzen im Kreis um das Bodenbild; unter jedem Stuhl liegen ein Kuli und drei Kärtchen im Format DIN A7 in verschiedenen Farben: ein rotes Kärtchen, auf dem ein Ausrufezeichen zu sehen ist, ein graues mit einem Fragezeichen und ein grünes mit einem Doppelpunkt.

- Aktion I: Die Schülerinnen und Schüler beschriften das graue Kärtchen mit einem Beispiel, wo es in ihrem Schulalltag an Liebe gefehlt hat, das rote Kärtchen beschriften sie mit einem Beispiel, wo sie in ihrer Schulzeit Liebe erfahren haben; sie legen beide beschrifteten Kärtchen auf dem Weg ab (der Weg bis zu dem Blatt mit dem Datum des letzten Schultags symbolisiert die vergangenen neun bzw. zehn Schuljahre).

- Aktion II: Die Schülerinnen und Schüler beschriften das grüne Kärtchen mit einem Beispiel, wo sie sich für die Zukunft Liebe wünschen und/oder was sie sich für die Zukunft vornehmen; sie legen auch dieses Kärtchen auf dem Weg ab (der Weg nach dem Blatt mit dem Datum des letzten Schultags symbolisiert den zukünftigen Lebensweg der Schülerinnen und Schüler).

Sehnen – Suchen – Sucht?
Sehnsüchte – Sucht

Bildungsstandards für Hauptschule, Realschule und Gymnasium

Die Schülerinnen und Schüler	Schwerpunktkompetenzen und weitere Kompetenzen

Die Schülerinnen und Schüler

- **wissen, dass Leib und Seele verletzbar sind, können Gefahren benennen und negative Folgen für ihr Leben abschätzen (HS 9.1.2)**
- wissen, dass sie immer Teil einer Gemeinschaft und mit ihrem Handeln für sich und andere verantwortlich sind. Sie sind in der Lage, sich in andere Menschen einzufühlen, und sehen Möglichkeiten, anderen Menschen zu helfen (HS 9.2.3)
- können eigene Gedanken zu biblischen Aussagen äußern und durch vielfältige kreative Auseinandersetzung die Bedeutung für sich klären (HS 9.3.2)

Themenfeld: Meine Zukunft
- Körper und Seele sind verletzlich, [...] Sucht und Drogen

- **sind in der Lage, über eigene Begabungen und Stärken, aber auch Grenzen und Schwächen zu reden und über Konsequenzen für den Umgang miteinander nachzudenken (RS 8.1.1)**
- kennen das christliche Verständnis des Menschen als einzigartiges, wertvolles und ohne Gegenleistung geliebtes Geschöpf Gottes [...] (RS 8.1.2)
- sind in der Lage, Konsequenzen aus Jesu Umgang mit den Menschen im Blick auf gegenwärtige Lebenssituationen zu formulieren (RS 8.5.4)
- kennen Beispiele aus der diakonischen Arbeit der Kirche und deren biblische Begründung (RS 8.6.3)
- können Kontakte zu Menschen in ausgewählten sozial-diakonischen Bereichen herstellen und über Erfahrungen berichten (RS 8.2.4)

Themenfeld: Träume und Sehnsüchte
- Gründe, Formen und Überwindungsmöglichkeiten der Abhängigkeit

- **können zeigen, dass nach christlicher Auffassung der Mensch mit Leib und Seele von Gott erschaffen ist und ihm damit Selbstbejahung und Selbstverantwortung ermöglicht werden (GY 8.1.2)**
- können wahrnehmen und beschreiben, dass Menschen auf Beziehung und Bestätigung angewiesen, zugleich aber auch verführbar sind (GY 8.1.1)
- erkennen, dass Menschen für ihr Leben verantwortlich und zugleich auf Barmherzigkeit angewiesen sind (GY 8.1.3)
- können zeigen, dass Hilfsbereitschaft zu einem besseren Zusammenleben in der Gesellschaft beiträgt (GY 8.2.3)
- wissen, dass diakonisches Handeln eine Grundfunktion von Kirche ist, und kennen als Beispiel die Suchthilfe diakonischer Einrichtungen (GY 8.2.4)
- können am Beispiel der Arbeit mit Suchtkranken die diakonische Arbeit der Kirche begründen und darstellen (GY 8.6.2)

Themenfeld: Sucht
- Einheit von Leib und Seele (Gen 1 und 2)
- Lebens- und Selbstbejahung
- Erfahrungen mit und Gründe für Abhängigkeit
- Verantwortung und Barmherzigkeit
- Kirchliche Hilfe als Beitrag zu einer »Kultur der Hilfsbereitschaft«
- Suchthilfe als Beispiel des diakonischen Handelns der Kirche

Zur Lebensbedeutsamkeit

Jugendliche orientieren sich oft an den (vermuteten) Idealen anderer – insbesondere der Peer-Group. Gleichzeitig sind sie in vielfältiger Weise durch Einflüsse aus der medialen Welt bestimmt und messen sich, ihre (Körper-)Wahrnehmung und ihren (Markt-)Wert häufig an Leitbildern aus Film, Sport oder Musik. Diese eignen sich als Projektionsflächen für eigene Wünsche.

Der Zugang zu den »großen und kleinen Helfern«, die unerfüllte Wünsche, Enttäuschungen und Misserfolge zudecken, ist relativ leicht. Ausgehend vom unbedingten Angenommensein durch Gott können sich Jugendliche einen kritischen und selbstverantworteten Umgang mit angebotenen Idealbildern aneignen. Sie lernen Gefährdungen zu erkennen, die von kaum erfüllbaren Idealen ausgehen können. Dies ermöglicht, ein Selbstbild aufzubauen, das in einem sinnvollen Bezug zu den eigenen Wünschen und Möglichkeiten steht. Auf diese Weise können sie lernen, Verantwortung für sich und andere zu übernehmen. Dazu benötigen sie – neben der Klärung der eigenen Identität – verlässliche Gesprächspartner. Auch Informationen sind unerlässlich, damit Grenzen definiert und einsichtig werden können, die man – um des eigenen Schutzes und der eigenen Unversehrtheit willen – nicht überschreiten sollte.

Im öffentlichen Bewusstsein und in vielen Medien sind einige Süchte besonders präsent, andere Suchtphänomene dagegen werden weniger wahrgenommen und beschrieben, z.B. die Arbeitssucht. Außerdem werden Suchtphänomene oft einseitig auf individuelle Problemstellungen zurückgeführt (z.B. bei der Mediensucht) und dadurch gesellschaftliche Ursachen (bewusst) ausgeblendet. Gleichzeitig kann das Thema Drogen von bestimmten gesellschaftlichen Gruppen benutzt werden, um sich gesellschaftliche Reputation zu verschaffen, z.B. »www.sag-nein-zu-drogen.de« (Scientology).

Jüdisch-christliche Überlieferung bezeugt die unbedingte Würde und den unbedingten Wert jedes Menschen, gleichzeitig aber auch die große Gefahr, im Leben zu scheitern und Beziehungen zu Gott und Mitmenschen zu zerstören. Eine besondere Pointe christlicher Überzeugung ist, dass man erst dann die Heillosigkeit des eigenen Lebens in den Blick zu nehmen wagt, wenn man das Angenommensein durch Gott erfahren hat. Dies ermöglicht, Suchtphänomene ohne Beschönigungen und Entschuldigungen wahrzunehmen und einzugestehen. Christinnen und Christen bezeugen, dass Gottes schöpferischer Geist ein erneuertes Leben nach der Sucht ermöglicht. Eine christliche Sicht auf das Leben schärft auch den kritischen Blick für die starke Durchdringung vieler gesellschaftlicher Bereiche mit Suchtphänomenen.

Ziel des Moduls ist es, gefährliche Suchtverhaltensweisen deutlich als das zu bezeichnen, was sie sind. Dazu ist es unabdingbar, sich als Lehrperson mit eigenen bekannten oder verborgenen Suchtstrukturen zu beschäftigen, um nicht Gefahr zu laufen, Menschen, die süchtig sind (wonach auch immer) zu verteufeln und sich von ihnen zu distanzieren oder beschwichtigend Suchtphänomene herunterzuspielen.

Elementare Fragen

Wer bin ich eigentlich? / Wie möchte ich sein? / Was mache ich, wenn ich Probleme habe? / Was macht »süchtig«? / Bin ich gefährdet? / Ich bin liebenswert – wirklich? / Was mich hält und trägt … / Was gibt Menschen Sicherheit? / Was tun, wenn Hilfe nicht hilft?

Die Schülerinnen und Schüler

- wissen, dass Menschen als Geschöpfe Gottes nach christlichem Verständnis zu einem verantwortlichen Umgang mit sich selbst und anderen berufen sind (HS 9.1.2)
- lernen ihre Stärken und Schwächen wahrzunehmen, einzuschätzen und entwickeln Möglichkeiten, mit diesen verantwortlich umzugehen (HS 9.1.3)
- können eine Haltung entwickeln, die die Geschöpflichkeit und Ebenbildlichkeit als Grundlage für Selbstwertgefühl und Ich-Stärke akzeptiert sowie zu respektvollem Umgang mit anderen motiviert (HS 9.2.4)

- wissen, dass zur Identitätsfindung Selbstwertschätzung, soziales Verhalten und Beziehung zu Gott gehören (RS 8.1.1)
- kennen die biblische Zusage, dass Gott den Menschen mit seinen Schattenseiten annimmt (RS 8.1.6)
- kennen Hilfsangebote/Beratungsstellen für Jugendliche in Krisensituationen (RS 8.1.7)
- sind bereit, sich für sozial Schwache und Unterdrückte einzusetzen und für eine »Kultur der Barmherzigkeit« einzutreten (RS 8.2.10)

- können an einem biblischen Text oder an einem Lebenslauf darlegen, dass Glaube Konsequenzen für die Lebensgestaltung hat (GY 8.1.1)
- können an einem Beispiel die Bedeutung des Gewissens erläutern (GY 8.1.2)
- erkennen, dass Menschen beim Erwachsenwerden einen Spielraum an Freiheit gewinnen, den sie verantwortlich nutzen sollen (GY 8.1.3)

Leitmedien

- Ein mit Fortschreiten der Unterrichtseinheit mitwachsendes, selbst erstelltes Leitmedium, z.B. Lernkarten, »Wissensbuch«, »Lexikon« oder Wissensplakate
- Dorothee Sölle: »Du hast mich geträumt« (**M 15**)
- Xavier Naidoo: »Dieser Weg« (**M 28**)
- Gebet: »Oh Herr, mach mich zu einem Werkzeug deines Friedens« (**M 32**)
- Gebets- und Segensbuch (von Schüler/innen ausgesuchte Gebete und Segensworte; kann im Laufe des Schuljahres ergänzt werden – zu Beginn einer jeden Stunde liest eine Schülerin/ein Schüler einen Text vor).

Die Schülerinnen und Schüler können zeigen, was sie schon können und kennen

- Wissenskarten im Format und der Art der mitgelieferten Lernkarten 1–3 erstellen zum Thema »Sehnen – Suchen – Sucht?«, clustern, weitere mögliche Aspekte des Themas herausfinden. Welche Aspekte des Themas sind bekannt und können anderen erklärt werden?
- Arbeit mit einer Bilderkartei; diese selbst zusammenstellen, z.B. mit Hilfe von: Fotoarchiv online des Landesmedienzentrums Baden-Württemberg: *www.medienrecherche.lmz-bw.de*/ oder fertige Mappen bestellen bei: www.katecheten-verein.de/ → Online-shop → Bilder & Medien → durchscrollen: Fotomappen: »sich versöhnen«, »Gefühle zeigen« und »Zukunft«. Ein Bild zum Thema »Sehnen – Suchen – Sucht?« auswählen; Auswahl begründen (Begebenheit oder Gedanken äußern); Gedanken, Gefühle und Informationen zum Thema auf 1–3 Zetteln festhalten, weiter s.u.
- Brainstorming zu »Sehnen – Suchen – Sucht?« auf DIN A6-Zetteln; pro Gedanke ein Blatt; Zeit begrenzen, vorlesen und clustern, Wissensnetze und Wissenslücken bestimmen und benennen. Dient als Grundlage für die Planung der Einheit; dabei Reihenfolge und Schwerpunkte bestimmen und ggf. Partner- und Gruppenarbeiten vergeben.
- Mindmap: »Sehnen – Suchen – Sucht?«, evtl. im Anschluss an das Brainstorming.
- ABC-Liste oder Wörterliste zu »Sehnen – Suchen – Sucht?« erstellen. Gemeinsam überlegen: Wo wissen wir schon einiges? Wo sind noch interessante Stellen? Wo wollen wir weiterarbeiten?

Die Schülerinnen und Schüler wissen, welche Kompetenzen es zu erwerben gilt, und können ihren Lernweg mitgestalten

- Aufbauend auf der Erhebung der Vorkenntnisse weitere wichtige und interessierende Aspekte des Themas aufschreiben. Markieren, welche Aspekte des Themas erarbeitet werden müssen, um die Kompetenzen des Bildungsplans zu beherrschen. Mit Klebepunkten weitere Themenaspekte auswählen, die bearbeitet werden sollen. Unterschiedliche Arbeitsformen bedenken und passend zu den einzelnen Themenaspekten festlegen. Mögliche fächerübergreifende Zusammenarbeit mit Biologie bedenken, z.B. sich in kleinen Gruppen über Alkohol und andere Drogen informieren und Ergebnisse der Gesamtklasse präsentieren.
- Überlegen, was man am Ende können möchte: »Wenn wir uns in Reli mit ›Sehnen – Suchen – Sucht?‹ beschäftigen, möchte ich mich am Ende auskennen bei diesen Themen … und folgende Fragen beantworten können …« Überlegen, inwiefern die notierten Ziele wichtig sind, um das Leben zu meistern und mit Suchtgefahren umgehen zu können. Vergleichen der eigenen Ziele mit den Kompetenzen des Bildungsplans.
- Gemeinsam die Kompetenzen des Bildungsplanes analysieren, überlegen, was sie bedeuten und was man tun kann, damit man sie beherrscht.

Die Schülerinnen und Schüler können erläutern, welche Denkgewohnheiten und Verhaltensmuster Suchtverhalten begünstigen oder verhindern können
→ HS 9.1.2; RS 8.1.1; GY 8.1.1; GY 8.1.2; GY 8.1.3

- **»Der Sucht auf der Spur«** (**M 1**) Befragung im Unterricht; Auswertung zunächst in Kleingruppen (Häufigkeit der Ergebnisse werden in der Kleingruppe an einem Fragebogen am Rand festgehalten; Lehrkraft kann so schnell für die nächste Stunde eine Gesamtauswertung auf einer OHP-Folie erstellen): Mögliche Fragen für die Kleingruppen: Was war schwer zu beantworten? – Übereinstimmungen / Unterschiede. Aspekte für das Klassengespräch: Was kann Suchtverhalten begünstigen oder verhindern? (Qualität und Quantität von Freizeit, Umgang mit belastenden Situationen.) Eine paradoxe Fragestellung kann lauten: Wie kann ich dafür sorgen, dass es mir schlecht geht?
- **»Was dem Leben nützt / Was Leben gefährdet«** (**M 2**) weiter ausfüllen lassen. Es kann für die Lerngruppe – je nach Entwicklungsstand – verunsichernd und unbefriedigend sein, dass sich schwer bestimmen lässt, was tatsächlich nützlich oder gefährdend ist, zumal das individuell sehr unterschiedlich sein kann. Einige wollen den »Kipppunkt« eindeutiger definieren. Dies kann Anlass für gute Unterrichtsgespräche sein. Ein Ergebnis könnte sein: Es ist wichtig, ein Gefühl und Bewusstsein für die persönlichen Kipppunkte zu entwickeln. Möglicherweise entdeckt die Klasse selbst auf diese Weise den Sachverhalt des »Kontrollverlustes«. – Mit dem Arbeitsblatt kann sowohl am Anfang als auch am Ende der Einheit gearbeitet werden. Evtl. Beispiele aus der linken Spalte vorgeben.
  Eindeutiger als mit einer Tabelle lässt sich hier mit einem so genannten Venn-Diagramm (überschneidende Kreise/Ellipsen) arbeiten. Der »kritische Bereich« ist die Schnittmenge. So wird deutlich: Nutzen und Gefahr liegen nah beieinander und sind oft nicht eindeutig zu trennen.

  Mögliche Ergebnisse als Anregung und zum Auswählen:

➢ Was dem Leben nützt	➢ Kritischer Bereich / Wo es kippen kann	➢ Was Leben gefährdet
➢ (viel) Lernen	➢ viel lernen / Wenn ich nicht mehr sicher bin, ob das Lernen mich voranbringt.	➢ nur noch lernen, gar keine Ideen haben, was man außer Lernen noch machen könnte → »Lernsucht«
➢ Sport treiben	➢ viel Sport treiben	➢ vor lauter Sport keine Zeit für Freunde und anderes haben ➢ unter großem Leistungsdruck zu Doping greifen
➢ Sport treiben zum Abnehmen ➢ 7 Wochen ohne Süßigkeiten	➢ Erfolg haben mit dem Abnehmen / sich immer noch zu dick finden / kein Hungergefühl mehr haben	➢ untergewichtig oder magersüchtig sein

➢ bei wirklichem Bedarf Medikamente einnehmen	➢ Was heißt Bedarf? Kann man sich daran gewöhnen, dass man Tabletten »braucht«?	➢ Tabletten nehmen gegen die Angst vor Klassenarbeiten
➢ Gesellschafts- und Kartenspiele	➢ Häufig spielen und nicht aufhören können, bis man mal gewonnen hat oder bis diese Phase vorbei ist.	➢ Spielsucht ➢ Andere Aufgaben vernachlässigen
➢ Computer beherrschen und nutzen	➢ Immer besser werden, zum Spielspezialist werden	➢ mehrere Stunden täglich mit Computerspielen oder Chatten zubringen ➢ nicht mehr unterscheiden können zwischen Spiel und Wirklichkeit ➢ nicht mehr sagen können, was wichtig ist

- Werbeanzeigen (Alkohol, Zigaretten, Nahrungsmittel …) aus Illustrierten, Fernsehzeitungen, Jugendmagazinen oder Ähnlichem in Kleingruppen analysieren:
  - Für welches Produkt wird geworben?
  - Wer wird angesprochen (z.B. Geschlecht, Alter, persönliches Lebensumfeld)?
  - Welche »Informationen« werden geboten?
  - Was wird zusätzlich zum beworbenen Produkt dargestellt?
  - Welche der dargestellten Personen ist mir sympathisch?
  - Welche unterschwelligen Versprechungen werden mit dem Produkt verknüpft?
  - Wie versucht die Anzeige jemanden dazu zu bringen, das beworbene Produkt zu kaufen?
- »Mother's little helper« von den Rolling Stones (**M 3**) anhören: Textteile farbig unterstreichen, bei denen Text und Melodie besonders gut zusammenpassen (begründen). Welche Gründe nennt der Text für die Tablettensucht von Müttern? Werbeslogans entwerfen für »Mother's little helper« und sie als Rahmen um den Liedtext schreiben. Was suggerieren sie? Welche »Fallen« können die Slogans haben? Gründe benennen, warum jemand für »little helpers« anfällig sein kann. **M 4** dient als Anregung für eigene Übersetzungsversuche, die mit einer Interpretation verbunden werden können.
- Fantasiereise: Welche Personen waren in meinem bisherigen Leben wichtig für mich? (**M 6**) Anschließend in Einzel- oder Partnerarbeit bzw. Kleingruppen ein »inneres Bild« malen oder beschreiben. Welche Qualitäten haben einerseits Personen, mit denen man gerne »unterwegs« war, und andererseits Personen, auf die man hätte »verzichten« können? Weiterarbeit siehe auch nächster Punkt.
- »Viele Menschen haben mich begleitet« (**M 5**). In ein Diagramm mit unterschiedlichen Farben Personen oder Gruppen eintragen, die einen begleitet haben, Intensität und Wichtigkeit bewerten. Das Diagramm enthält bewusst keinen Minusbereich. Ziel ist das Wahrnehmen von Begleitung und Zuwendung. Negative Erfahrungen können im Unterricht schwer aufgearbeitet werden!
  Es kann die ganze bisherige Lebenszeit oder nur ein Zeitabschnitt bearbeitet werden. Erfahrungsaustausch in Kleingruppen: Wer hat mich besonders intensiv begleitet? Was ist für mich hilfreich gewesen? Wie bin ich mit Zeiten klar gekommen, in denen ich wenig begleitet wurde? Wie bin ich mit Veränderungen umgegangen? Um den »negativen« Bereich nicht völlig auszublenden, kann z.B. auch gefragt werden: Worauf hätte ich verzichten können? Was war weniger hilfreich, förderlich oder tröstlich?
- Sätze aufschreiben, die andere einem sagen können und die einen ermutigen und aufbauen (grüne Blätter) und solche, die entmutigen (rote Blätter). Die Sätze einander vorlesen oder vortragen. Welche Sätze ermutigen und welche entmutigen besonders? (Gründe herausfinden) Welche Strategien gibt es, damit negative Sätze einen nicht (zu sehr) entmutigen? Je einen Satz, der einen persönlich besonders entmutigt, und einen, der besonders ermutigt, ins eigene Heft übernehmen. Der ent-

Die Schülerinnen und Schüler können wahrnehmen und beschreiben, dass Menschen auf Beziehung und Bestätigung angewiesen, zugleich auch verführbar sind
› HS 9.2.3; GY 8.1.1

mutigende Satz wird durchgestrichen, der ermutigende schön gestaltet. Einige der ermutigenden Sätze nochmals vorlesen. Oder: Auf jeden entmutigenden Satz folgt, laut oder mehrstimmig, mindestens ein ermutigender, z.B. als Sprechmotette.

Beispiele für ermutigende Sätze (evtl. als Karten in Reserve dabei haben). »Auf dich kann man sich verlassen.« – »Bei dir ist jedes Geheimnis gut aufgehoben.« – »Gott der Herr, segnet und behütet dich.« – »Fürchte dich nicht, ich habe dich erlöst, ich habe dich bei deinem Namen gerufen, du bist mein.« – »Gott achtet auf dich.«

Beispiele für entmutigende Sätze: »Geh weg, mit dir will ich nichts zu tun haben!« – »Du kannst doch kein Fußball spielen!« – »Das kapierst du nie!« – »Du siehst ja unmöglich aus!«

- »Zuwendungsdusche«: Auf einem farbigen Blatt Papier wird ein Rahmen gestaltet und an den unteren Rand der eigene Name geschrieben. Die Blätter werden ausgelegt. Jeder schreibt anonym auf möglichst viele Blätter einen guten, anerkennenden oder ermutigenden Satz für den anderen (oben beginnen und das Blatt einmal umknicken, so dass der Satz nicht mehr zu sehen ist). Das Spiel wird erst beendet, wenn auf jedem Blatt mindestens eine vorher festgelegte Zahl von Sätzen steht. Wichtig: Verantwortung für den anderen übernehmen! Keine versteckten oder gar offenen Gehässigkeiten. Danach das eigene Blatt für sich durchlesen. Den schönsten Beitrag farbig markieren. Wer möchte, kann ihn vorlesen. Reflexion: Wie gehe ich mit den guten Sätzen um? Kann ich sie gelten lassen? Wenn es mir schwer fällt, warum? Wie verändern die guten Sätze mich und die Klasse? Wie oft werden solche guten Sätze gesagt?

  Alternative: Jeder zieht einen Namen und schreibt anonym für diesen ermutigende Sätze.

- »Nie verlassen« (»Spuren im Sand«, **M 7**). Text lesen. Stellen unterstreichen, die am meisten berühren, diese in eigener Sprache auf die Rückseite des Arbeitsblattes schreiben. »Der Text gibt mir Hoffnung, weil ...« Satz an der Tafel vervollständigen; persönlich bedeutungsvolle Ergänzungen abschreiben.

  Weitere Möglichkeiten: »Bei der zweiten Strophe denke ich an ...« – Nur die ersten drei Strophen abdrucken, selbst ergänzen lassen: Was antwortet Gott? Wenn ich Gott wäre, was würde ich antworten? Vergleichen mit dem Ende des Gedichts.

  Die im Text beschriebenen Erfahrungen in Zusammenhang bringen mit dem Zuwendungsdiagramm »Viele Menschen haben mich begleitet« (**M 5**).

- Suchtauslösende Situationen in Peergroups bedenken (**M 8, M 9, M 10**). Die Lehrperson stellt die unterschiedliche Thematik der Texte vor. Schülerinnen und Schüler suchen sich einen Text aus und legen fest, mit welchen Methoden sie in Gruppen oder allein diesen Text bearbeiten und ob die Ergebnisse in der Gesamtklasse vorgestellt werden. Mögliche Methoden:
  - Geschichte weiterschreiben
  - Mehrere Möglichkeiten in Stichpunkten notieren; einzelne Varianten vorspielen.
  - Tagebucheintrag, Brief oder Zeitungsartikel schreiben, ein Interview geben.

  Reflektierendes Klassengespräch: Was ist mir deutlich geworden bei der Bearbeitung meines Textes? Wovon hängt es ab, ob jemand mitmacht oder nicht? Bündelung durch Tafelanschrieb oder Notieren auf Zetteln: Ich möchte dazu gehören. Dazu bin ich (nicht) bereit ...

- **»Informationen zur Abhängigkeit«** (**M 11**) Einzel- oder Partnerarbeit:
  - Stichworte der linken Spalte auf selbst erstellte Lernkarten schreiben; auf der Rückseite erklären. Anhand der Lernkarten in Zweiergruppen sich gegenseitig Gründe und Phasen von Sucht erklären.
  - Text in ein Entwicklungs- bzw. Flussdiagramm »übersetzen«. Kombinationsmöglichkeit mit **M 13** (Mr. Depend), z.B. möglich am OHP: »Mr. Depend« auf Folie ziehen, in einzelne Karten zerschneiden, Gründe und Phasen zuordnen aus **M 11** oder **M 26**. Welche Gründe und Phasen lassen sich in **M 13** oder **M 26** nicht finden?

- **M 12** (»Mr. Depend«, Version I – Schülerinnen und Schüler erfinden Texte für die Sprechblase) oder **M 13** (Version II), Einzel- oder Partnerarbeit:
  - »Stufen der Abhängigkeit«; Lösungen vorstellen lassen und besprechen.
  - »Saskia berichtet« (nur Text); **M 26** vergleichen mit **M 11** und **M 12** bzw. **M 13**.

- Einen »vorwurfsvollen« Brief an Gott verfassen: »Wenn ich mich im Spiegel betrachte« (Pickel, Haare, Nase …) – Antwortbrief von Gott an sich selbst schreiben und dabei erläutern, was es bedeutet, dass Gott selbst nach 1. Mose 2 den Körper des Menschen geformt hat.

- »Du hast mich geträumt, Gott« von Dorothee Sölle: Träume ich? Kleeblatt-Schema (**M 14**) an Tafel oder auf Folie (Text in Kleeblättern zunächst weglassen) und in Heft/Ordner übertragen, unter dem Kleeblatt Platz lassen für den Gedicht-Text (dazu **M 16** kopieren und einkleben oder abschreiben) (**M 15**, siehe unten). Kleeblätter mit jeweils hinzugefügtem Impulstext in unten stehender Reihenfolge im Klassengespräch erarbeiten und ausfüllen:
  - ins linke Kleeblatt: **Ich träume von**
  - ins rechte Kleeblatt: **Ich träume mich**

- Sölle-Gedicht (**M 15** als OHP-Folie) auflegen, mehrfach vorlesen bzw. lesen lassen. Klassen-Gespräch: »Gott träumt mich«. – Ergebnisse des Klassengesprächs ins obere Kleeblatt eintragen.
  M 15 oder **M 16** (Text) unter das Kleeblatt einfügen.

- In das letzte Kleeblatt (unten): »So will ich sein!«

- Gedichte, Elfchen (Lernkarte 5) oder Texte schreiben (Schmuckblatt) zu den Themen: »Gott hat mich gewollt« – »Ich mag mich« – »Ich kann mein Leben in die Hand nehmen«.

- »Dr. Sommer und Team«: entsprechende Briefe zu den Themenbereichen: »Gemocht-Werden«, »Dazugehören«, »Ich mag mich oder meinen Körper nicht!« aus Jugendzeitschriften sammeln, ernst gemeinte (!) Antworten schreiben *oder* selbst Briefe verfassen und sich gegenseitig beantworten (Partner-/Gruppenarbeit).
  Die Jugendlichen wissen, dass in den abgedruckten Briefen das Problem *sofort* benannt wird. Die Briefe beginnen in aller Regel etwa so: »In letzter Zeit …«, »Es ist mir (sehr) peinlich …«; »Ich habe ein Problem …«

Arbeit an Stationen (an jeder Station mehrere Arbeitsplätze mit gleicher Aufgabenstellung bereithalten; auch als *arbeitsteilige Gruppenarbeit* (nicht sehr zeitintensiv):

- **Station 1:** *DIN A3-Blätter* bereithalten; in der Mitte steht: »Sinn des Lebens«. – Schreibmeditation (Lernkarte 7); Auswertung in der Kleingruppe.

- **Station 2:** *»Hilf, Herr meines Lebens«* (I): **M 17** ausfüllen; zunächst Auswertung in Kleingruppen und Vortragen des Ergebnisses: »Zehn Gebote gegen das Plagen« (evtl. Plakat/Folie). – Klassengespräch: Wann kann man nichts daran ändern und wann sehr wohl, wenn man sich oder andere plagt?

- **Station 3:** *»Hilf, Herr meines Lebens«* (II): **M 18** in arbeitsteiliger Gruppenarbeit (siehe Arbeitsaufgaben).

- **Station 4:** *»Geschaffen mit Leib und Seele«*: **M 19** ausfüllen; Auswertung in Kleingruppen; »Kostproben« davon, wie Luthers Erläuterung verstanden wurde und was sie (uns) heute bedeutet, vorlesen.

- Wie verhalte ich mich: Hausaufgaben abschreiben lassen? / Einem Raucher Geld leihen? / Connys Mutter etwas sagen? (»Montagmorgen auf dem Weg zur Schule« / »Auf dem Sportplatz« / »Am Bahnhofskiosk«, **M 20/21/22**). Arbeit mit Texten (Einzel-/Partnerarbeit); Ergebnisse in der Klasse besprechen und zur Diskussion stellen. Ziel: Nicht jedes »hilfreiche« Verhalten im Sinne des »Hilfsbedürftigen« ist hilfreich. Ein »Nein« ist manchmal hilfreicher als ein »Ja«.

- Nein-Sagen fällt schwer! In Kleingruppen Situationen ausdenken, in denen ein »Nein« angebracht wäre, man aber dazu neigt, »Ja« zu sagen. Situationen vorspielen. Auswertendes Klassengespräch: Warum fällt das Nein-Sagen manchmal schwer? Ausprobieren, auf wie viele unterschiedliche Arten man »Nein« sagen kann (verbal und nonverbal).

- Auseinandersetzung mit »Co-Abhängigkeit« und dem Grundsatz »Hilfe durch Nichthilfe«:
  - »Wir halten als Familie zusammen!« (**M 24**) bearbeiten.
  - »Co-Abhängigkeit – Was ist das?« (**M 23**) besprechen, auch im Hinblick auf die Kurzgeschichten **M 20–22** (s.o.); Kurzfassung über »Hilfe durch Nichthilfe« aufschreiben, Dokumentation über Plakate, Lexikon oder Wissenskarten.
    Information dazu z.B. unter www.kmdd.de: Suchbegriff »Co-Abhängigkeit«.

Die Schülerinnen und Schüler können zeigen, dass nach christlicher Auffassung der Mensch mit Leib und Seele von Gott erschaffen ist und ihm damit Selbstbejahung und Selbstverantwortung ermöglicht werden
→ RS 8.1.2; GY 8.1.2

Die Schülerinnen und Schüler erkennen, dass Menschen für ihr Leben verantwortlich und zugleich auf Gottes Barmherzigkeit angewiesen sind
→ HS 9.2.3; HS 9.3.2; RS 8.5.4; GY 8.1.3

- Was ich gerne aus mir machen würde ... Was ich in der Hand habe ...

Thema, z.B. ...	Was ich mitbekommen habe	Was ich selbst machen muss	Was von anderen und von äußeren Umständen abhängt	Welche Rolle spielt Gott dabei?
Beziehung zu anderen Menschen				
Tiere				
Hobby				
Familie				
Gesundheit / Fitness				
Schule				

Reflexion: Kannst du die einzelnen Spalten mit Prozentangaben versehen? Gibt es Prozentverteilungen, bei denen es leicht zu einer Sucht kommen kann? Begründe.

- »Ich bin für mich selbst verantwortlich und gleichzeitig auf Gott angewiesen.« – Stimmt dieser Satz? Beispiele suchen. Anhand folgender Sprichwörter über diesen Satz nachdenken.
  - »Jeder ist seines Glückes Schmied.«
  - »Sich regen bringt Segen.«
  - »An Gottes Segen ist alles gelegen.«
  - »Wenn der Herr nicht das Haus baut, so arbeiten umsonst, die daran bauen.« (Ps 127,1)
  - »Hilf dir selbst, so hilft dir Gott.«
  - »Gott hilft dem Tüchtigen.«
  - »Bete, als ob alles Arbeiten nichts nützt. Und arbeite, als ob alles Beten nichts nützt.« (Martin Luther)
  - »Sein Glück machen.« – »Sein Glück finden.«
  - »Den Seinen gibt's der Herr im Schlaf.« (Ps 127,2)
  - »Was Hänschen nicht lernt, ...«

- Zwischen: »Sich anstrengen« und »Alles in Gottes Hand legen« (**M 25**): In den leeren Kreis ein Bild von sich malen oder Foto einkleben und Sprachblase ausfüllen; verschiedene Lösungen innerhalb der Klasse bedenken.
- »Mit der Sucht durch den Alltag« (**M 26**) und »Vollrausch inklusive« (**M 27**) beschäftigen sich mit Verantwortung für sich selbst und für andere.
  - Impuls: »Ich bin für mich verantwortlich ...« – Aktuelle Zahlen zu **M 27** können im Internet abgerufen werden.
  - Einfälle sammeln (Tafelanschrieb), Sprichwörter/Redewendungen.
- Xavier Naidoo: »Dieser Weg ...« (**M 28**)
- »Alles ist erlaubt, aber nicht alles dient zum Guten« (**M 29**). Einzelarbeit – Ergebnisse zusammentragen; evtl. »Regeln für ein gutes Miteinander« im eigenen Arbeitsblatt ergänzen, ggf. mit vorhandenen Klassenregeln vergleichen oder neue formulieren – evtl. in Zusammenarbeit mit dem Klassenlehrerteam.
- »So klappt Helfen bestimmt nicht!« Wie müssen sich Hilfesuchende und Helfer/innen verhalten, damit es bestimmt schief geht? Eine Geschichte dazu erzählen oder eine kleine Szene entwerfen und vorspielen.
  Auswertung im Klassengespräch:
  - Woran kann es liegen, dass Hilfesuchende alles tun, um keine Hilfe zu bekommen? (Sich einreden, sie seien nicht wichtig genug, um Hilfe zu erbitten oder um Hilfe zu »verdienen«; nach außen nur Stärke zeigen; weil es als Schwäche gilt, um Hilfe zu bitten ...).

- Woran kann es liegen, dass Hilfsangebote »unannehmbar« sind? (Hilfsangebote lassen keine eigene Wahl, sind verbunden mit kaum annehmbaren Bedingungen …).
- Formulieren von Kriterien, wie Hilfe gelingen kann. (Stärkung der Eigenverantwortlichkeit und des Selbstwertgefühls; selbst herausfinden können, was für einen gut ist …).
- Wann und für wen ist es wichtig, mehr eigenverantwortlich zu handeln, und in welchen Situationen und für wen ist es wichtig zu lernen, sich mehr durch andere unterstützen zu lassen?

- »Geschichte von Beppo« (**M 30**): Einzelarbeit: Angenommen, ich hätte einen Luftballon – gäbe es einen (Hilfe-)Wunsch, den ich gerne dranhängen würde? »Beppo« mit »Bartimäus« (Mk 10,46–52) vergleichen. Anhand beider Geschichten das Ineinander und das Verhältnis von Eigenverantwortung und Gottes Barmherzigkeit beschreiben.

- Ausstiegshilfen – Beispiel Rauchen (**M 31**)
  In Gruppenarbeit arbeitsteilig eine der angegebenen Internet-Seiten untersuchen, nach gemeinsam definierten Kriterien bewerten und die Ergebnisse einander vorstellen.
  Weitere Informationen, Quellen und (Internet-)Adressen in der Broschüre: »Rauchfreie Schule? Na klar!« Herausgegeben vom Ministerium für Kultus, Jugend und Sport Baden-Württemberg, Schlossplatz 4, 70173 Stuttgart; 2007. → www.dhs.de

---

- Beispiele von Situationen sammeln, in denen einem geholfen wurde, und die damit verbundenen Erfahrungen und Gefühle beschreiben. Warum kann es schwer sein, Hilfe anzunehmen? (Scham, Minderwertigkeitsgefühl, Schwäche …) Welche Formen des Geholfenbekommens waren gut und angenehm, welche nicht? Daraus ableiten: »Regeln für das Helfen«.
- Situationen sammeln, in denen man selbst geholfen hat (1. Spalte einer Tabelle). Wie war das Helfen für einen selbst (2. Spalte), wie für die, denen man geholfen hat (3. Spalte)? Reflexion: Wurden die oben entwickelten »Regeln für das Helfen« beachtet? Sind sie zu ergänzen? – Was wäre anders in einer Gesellschaft ohne Hilfsbereitschaft? In welchen Situationen sollte es mehr Hilfsbereitschaft geben? In welchen Fällen kann Hilfsbereitschaft negative Folgen haben? Überlegen: Inwiefern kann das dem Franz von Assisi zugeschriebene Friedensgebet »Oh Herr, mach mich zu einem Werkzeug Deines Friedens« (**M 32**) zu negativen Formen der Hilfsbereitschaft führen?
- Partner-/Gruppenarbeit: Unter verschiedenen Projekten eines auswählen, recherchieren und Ergebnisse präsentieren.
  Aufgabenstellung: Kurzer Überblick über die Aufgabenfelder und Bedeutung für die Gesellschaft. Nach den Präsentationen: Wie sähe unsere Gesellschaft aus, wenn es die unterschiedlichen Hilfseinrichtungen nicht gäbe? – Zum Recherchieren und Berichten bieten sich u.a. an:
  - SOS-Kinderdorf (Hermann Gmeiner; www.SOS-Kinderdorf.de)
  - Die Tafeln – »Essen, wo es hingehört« (www.tafel.de)
  - Bahnhofsmission (www.bahnhofsmission.de)
  - Diakoniestation im Dorf/Stadtteil
  - Amnesty International (www.amnesty.de)
  - Vesperkirche (www.vesperkirche.de)
  - Cap Anamur (www.cap-anamur.org)
  - Plan International (www.plan-deutschland.de)
  - Wort und Tat (www.wortundtat.de)
  - Ärzte ohne Grenzen (www.aerzte-ohne-grenzen.de)
  - Schneller Schulen (über: www.ems-online.org – Suchbegriff »Schneller Schulen« eingeben)

Die Schülerinnen und Schüler können zeigen, dass Hilfsbereitschaft zu einem besseren Zusammenleben in der Gesellschaft beiträgt
→ HS 9.2.3; GY 8.2.3

- »Oh Herr, mach mich zu einem Werkzeug Deines Friedens« (**M 32**). – Klären von Begriffen wie »Friedenswerkzeug«. – Sprechmotette, Pantomime, kleines szenisches Spiel zum gesamten Text oder zu einem Teil von ihm. – Übersetzen in Jugendsprache, Gestalten eines Bild-Wort-Textes (**M 33**) (Lernkarte 9).
  Gegenpositionen zum Text formulieren und begründen, Pro- und Contra-Diskussion (nicht jedes Helfen ist sinnvoll – Co-Abhängigkeit; Helfersyndrom, Überforderungen, zu hohe Erwartungen an sich selbst. Vergleichen mit dem Doppelgebot der Liebe (Mt 22,34 ff).

Die Schülerinnen und Schüler wissen, dass diakonisches Handeln eine Grundfunktion von Kirche ist, und können dies begründen → HS 9.3.2; RS 8.6.3; GY 8.2.4; GY 8.6.2	<ul><li>Geschichte und Arbeitsfelder von Diakonie (**M 34**) bzw. Caritas (**M 35**): Gruppenarbeit und Präsentation.</li><li>Lk 10: Gleichnis vom barmherzigen Samariter als Aufforderung zu diakonischem Handeln deuten können; Gleichnis nachspielen (Pantomime), Hörspiel → Methodenkarte bei »Propheten« (Unterrichtsideen NEU 7/8, 2. Halbband), als Comic zeichnen …</li><li>Johannes 5: Heilung eines Kranken am Teich Betesda. Aufmacher: »Bild-Zeitung«, Text aktualisieren und andere befragen (»Hast du gehört, dass …?« – »Was meinst du dazu?«), Song oder Rap verfassen. Weitere Heilungsgeschichten dazu finden, Heilungsgeschichten aus heutiger Zeit – Was macht Menschen »heil«, was ist »heilsam«?</li><li>Die sechs Werke der Barmherzigkeit (Mt 25,35 f); **M 36** erarbeiten.</li><li>Bildkarten »Werke der Barmherzigkeit« (**M 37**). In Gruppenarbeit mit einem der vorbereiteten Kärtchen den aktuellen Bezug dieses bildlich dargestellten Textausschnittes zu Mt 25,35 f erläutern und als Piktogramm gestalten, Ergebnissicherung mit **M 38**. – Klassengespräch über das Ineinander von menschlichen Werken und der »Barmherzigkeit Gottes«; Gesprächsergebnisse sichern.</li><li>Herausarbeiten des Besonderen des christlichen Gottesverständnisses: Rede eines »anderen, erfundenen Gottes« entwerfen, der begründet, warum er nichts mit den in Mt 25,35 f genannten gestrandeten Existenzen einer Gesellschaft zu tun haben will. (Zum Beispiel: »Ich bin ein Gott der Macht und der Stärke. Ich habe nichts mit den schwachen und gestrandeten Existenzen zu tun, die mich nicht verehren können.«) Eine Antwortrede Jesu an den »anderen Gott« schreiben. (»Lieber Gott, den es gar nicht gibt. Wie froh bin ich, dass ich meinen Vater habe …«) Mögliche Weiterarbeit: Wenige Schülerinnen und Schüler führen ein Streitgespräch zwischen dem »anderen Gott« und Jesus. Alle anderen ziehen eine Rollenkarte (z.B. im Sport erfolgreiche Schülerin; Miss Deutschland; chronisch kranker Arbeiter; Manager, der hart arbeitet und gut verdient; Schüler, der in Mathe eine 5 geschrieben hat …), die sie gut sichtbar vor sich aufstellen. Sie hören »mit den Ohren der von ihnen gezogenen Rollen« zu und äußern hinterher ihre Eindrücke.</li></ul>
Die Schülerinnen und Schüler können die diakonische Arbeit der Kirche am Beispiel der Suchthilfe erkunden und darstellen → RS 8.2.4; GY 8.2.4; GY 8.6.2	<ul><li>Besuch in einer diakonischen oder caritativen (Suchthilfe-)Einrichtung oder Einladen eines Multiplikators einer diakonischen (Sucht-)Beratungsstelle.<ul><li>Vorbereitend Material dieser Einrichtung zusammenstellen und sichten (Flyer, Beschreibung der Aufgabenfelder, Website etc.). Fragen in Gruppenarbeit erarbeiten und gegebenenfalls bündeln. Kriterien können z.B. sein: Öffnungszeiten – Erreichbarkeit – Wartezeiten? – Zuwendung zu Menschen in leiblicher Not oder seelischer Bedrängnis? – Hilfsangebot für Einzelne und Gruppen? – Arbeit mit Angehörigen? – Prävention? – Einsatz für eine menschenwürdige Gesetzgebung (Versuch, die Ursachen von Nöten zu beheben)? – Mitarbeit und Schulung von Ehrenamtlichen? – Motivation der Haupt- und Ehrenamtlichen? – Was unterscheidet das kirchliche Angebot von Angeboten anderer Wohlfahrtsverbände? …</li><li>Dokumentation des Besuchs mit Bild, Text und evtl. Interview (z.B. Artikel in Schülerzeitung, Jahrbuch oder Homepage der Schule).</li></ul></li></ul>

– Wenn Besuch nicht möglich → Film zum Thema anschauen, z.B.:
- • DVD: »Johann Hinrich Wichern – von der Kate zum Graffiti«, 15 Min.
- • DVD: »Not sehen und handeln. Caritas« (Bezug: www.caritas.de)
– Längerfristige Partnerschaften von Caritas und Diakonie mit Unternehmen → www.gemeinsam-gewinnen.com (»Kultur der Hilfsbereitschaft«). Helfen ist in beiderseitigem Interesse. Mitschüler/innen in geeigneter Form über die Aktion »gemeinsam gewinnen« informieren. Was bieten die Unternehmen an? Um welche Unterstützungen bitten die gemeinnützigen Organisationen? Gibt es Schwerpunkte? Welche grundlegenden Ideen stehen hinter »gemeinsam gewinnen«?

■ Zum Nachdenken: Bis 1963 wurde im offiziellen Sprachgebrauch der WHO (Weltgesundheitsorganisation) der Begriff »Sucht« verwendet. Danach ersetzte man ihn durch »Missbrauch« oder »Abhängigkeit«.
Welche Gründe hierfür vermutest du? (Abhängigkeit als Krankheit, nicht als Willens- oder Charakterschwäche). Siehe **M 23**: »Co-Abhängigkeit – was ist das?«

■ Ergebnisse einer Parallelklasse präsentieren mit Hilfe der erstellten Arbeitsmaterialien.

■ Andacht vorbereiten und durchführen, z.B. mit Dorothee Sölle: »Du hast mich geträumt« (**M 16**) oder »Oh Herr, mach mich zu einem Werkzeug …« (**M 32**).

■ Klassenzimmer verwandeln in einen Informations- und Ausstellungsraum rund um das Thema oder im Zusammenhang mit einem Elternabend (Eltern früher einladen!). Schülerinnen und Schüler können die Ausstellung u.a. gestalten mit Wortbildern (→ Lernkarte 10), Übermalungen (→ Lernkarte 8), Elfchen (→ Lernkarte 5), Spaltenwörter/ABC-Liste (→ Lernkarte 6).

■ Selbst erstellte Wissenskarten nutzen für Quiz, Ausstellung oder Evaluation.

■ Rückblick: Wurden die selbst formulierten Ziele in dieser Einheit erreicht?

■ *Jeder kann …*
1. … je drei Denkgewohnheiten und Verhaltensmuster nennen, die Suchtverhalten begünstigen oder verhindern können.
2. … an einem Beispiel erläutern, dass der Glaube, von Gott erschaffen worden zu sein, Selbstverantwortung und Selbstvertrauen stärkt.
3. … die kirchliche Arbeit für Suchtkranke und deren Angehörige erläutern.

Die Schülerinnen und Schüler können darstellen, was sie gelernt haben

---

Kursbuch Religion 2000, Klasse 7/8, Stuttgart 1998, S. 164 ff; Lehrerband, Stuttgart 1999, S. 94 ff.

Das Kursbuch Religion 2, Stuttgart/Braunschweig 2005, S. 28–31; Lehrermaterialien, Stuttgart/Braunschweig 2007, S. 20–25, M 9–11.

SpurenLesen 7/8, Stuttgart 1998, S. 31–39, Werkbuch, Stuttgart 1998, S. 65–84.

SpurenLesen 2 NEUAUSGABE 7./8. Klasse, Stuttgart/Braunschweig 2008, S. 95–99. 176–178; Lehrermaterialien, Stuttgart/Braunschweig 2010, S. 145–161.

Religion entdecken – verstehen – gestalten 7/8, Göttingen 2001, S. 21 ff.

Werkbuch Religion entdecken – verstehen – gestalten 7/8, Göttingen 2001, S. 24–36.

Unterrichtsideen Religion 7/1, Stuttgart 1998, S. 171–195.

Daniel Kunz / Detlev Freigang: »Was geht? Ein Buch nur für Jungs«, München 2002.

»Ein Angebot an alle …«, Broschüre der DHS (Deutsche Hauptstelle für Suchtfragen e.V., Westenwall 4, 59065 Hamm, www.dhs.de)

»Rauchfreie Schule? Na klar!« Herausgegeben vom Ministerium für Kultus, Jugend und Sport Baden-Württemberg, Schlossplatz 4, 70173 Stuttgart, 2007.

Eingeführte Unterrichtswerke und Medien zur Unterrichtsgestaltung

Informationen allgemein

Jörg Böckem: Lass mich die Nacht überleben. Mein Leben als Journalist und Junkie, München 2005 (für ältere Schülerinnen und Schüler sowie Lehrpersonen; beschreibt ungeschönt, dass eine Sucht nicht beherrscht werden kann).

Werner Gross: Hinter jeder Sucht ist eine Sehnsucht. Alltagssüchte erkennen und überwinden, Freiburg 2002.

Christoph Müller: Jugend sucht – Ehemals Drogenabhängige berichten. Gesundheitspflege initiativ, Esslingen 2003.

www.dhs.de (neu gestalteter Internet-Auftritt, z.T. mit Videos; gut geeignet, um auch mit Klassen zu recherchieren; Hinweise auf Projekte …)

www.diakonie-baden.de

www.kmdd.de (Keine Macht den Drogen)

www.medienrecherche.lmz-bw.de/ (Landesmedienzentrum Baden-Württemberg)

www.lzg-bayern.de

Der Sucht auf der Spur

Kreuze bis zu 4 Punkte in jedem Abschnitt an, die für dich am ehesten zutreffen.

Freizeit heißt für mich ...

○ ... mich mit Freunden zu treffen.

○ ... nur zu chillen.

○ ... auch mal gerne allein zu sein.

○ ... viel Sport zu treiben.

○ ... LAN-Partys zu veranstalten.

○ ... Langweile zu haben.

○ ... fernzusehen oder am Computer zu sitzen.

○ ... Zeit zum Lesen haben.

○ ... ausgiebig zu shoppen.

○ ... Musik zu machen.

○ ... mich meinen Hobbys zu widmen.

○ ...

○ ...

Mir geht es gut, wenn ...

○ ... die Sonne scheint.

○ ... ich Ferien habe.

○ ... ich verliebt bin.

○ ... ich nichts zu tun habe.

○ ... ich etwas mit meinen Freunden unternehmen kann.

○ ... ich ein Ziel erreicht habe.

○ ... ich meine Arbeit erledigt habe.

○ ... andere nett zu mir sind.

○ ... ich zufrieden mit mir bin.

○ ... ich eine gute Note bekomme.

○ ...

○ ...

Wenn ich traurig bin, ...

○ ... ziehe ich mich zurück.

○ ... höre ich Musik (welche?).

○ ... suche ich Streit.

○ ... gehe ich unter Menschen.

○ ... rufe ich jemanden an, mit dem ich reden kann.

○ ... esse ich.

○ ... nörgle ich an allem herum.

○ ... weine ich.

○ ... lenke ich mich irgendwie ab (womit?).

○ ...

○ ...

Wenn ich in einen Konflikt gerate, ...

○ ... ziehe ich mich zurück.

○ ... suche ich nach einer Lösung.

○ ... greife ich den anderen an (wie?).

○ ... suche ich das Gespräch.

○ ... hole ich mir Hilfe.

○ ... brauche ich Schokolade.

○ ... fühle ich mich schuldig.

○ ... lasse ich »Dampf« ab (wie?).

○ ... fühle ich mich hilflos.

○ ...

○ ...

Wenn ich einen schwer erfüllbaren Wunsch habe, ...

○ ... setze ich alles daran, ihn mir selbst zu erfüllen.

○ ... setze ich alles daran, ihn erfüllt zu bekommen.

○ ... gebe ich den Wunsch auf.

○ ... bin ich unzufrieden.

○ ... frage ich mich, was mir daran so wichtig ist.

○ ... bestimmt er mein Denken.

○ ... akzeptiere ich das und denke: »Damit kann man leben!«

○ ... bin ich mürrisch.

○ ... suche ich nach anderen Lösungen (z.B. ...).

○ ...

○ ...

Wenn ich mit meiner Arbeit nicht fertig werde, ...

○ ... lege ich mich aufs Bett und höre Musik.

○ ... bitte ich meine Eltern um Mithilfe.

○ ... gehe ich zu Freunden und hänge mit ihnen rum.

○ ... mache ich mir einen Plan, der meine Arbeit strukturiert.

○ ... treibe ich Sport.

○ ... lasse ich mir nicht die Laune verderben, sondern ich schaue, wie weit ich komme.

○ ... fühle ich mich einfach nur überfordert.

○ ... gehe ich ins Internet und suche nach Hilfsmöglichkeiten.

○ ... sage ich zu mir: »Das schaffe ich ja nie!«

○ ... surfe ich ein wenig im Internet oder gehe in ICQ.

○ ... arbeite ich die Nacht durch.

○ ... lenke ich mich ab (wie? ...).

○ ...

○ ...

»Was dem Leben nützt« / »Was Leben gefährdet«

Was dem Leben nützt ...	Kritischer Bereich: ... aber es kann auch kippen.	Was Leben gefährdet ...
Ab und zu etwas Süßes essen	Manches nicht ohne Süßigkeiten machen können (Lernen auf eine Arbeit ...)	Häufig Süßigkeiten sinnlos in sich »hineinfressen«

Aufgaben:

1. Finde weitere Beispiele und trage sie in die Tabelle ein.
2. Kennst du Krankheiten, die möglicherweise aus einem gefährdenden Verhalten entstehen können? Schreibe sie mit rotem Stift zur entsprechenden Stelle in der rechten Spalte.

»Viele Menschen haben mich begleitet«

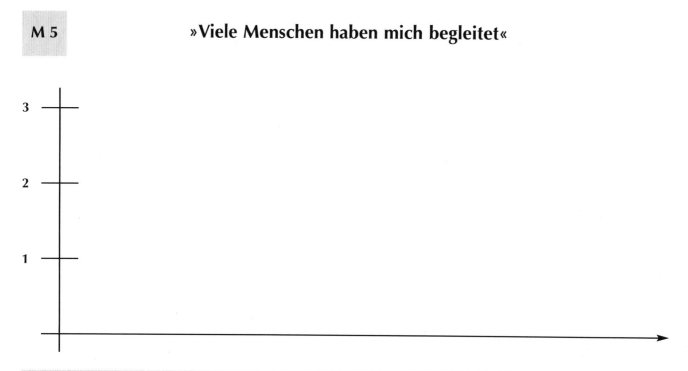

Aufgaben:

Stell dir vor, die Länge der Linie (x-Achse) ist dein bis jetzt gelebtes Leben, die Höhe (y-Achse) steht für die Intensität, in der dich Menschen begleitet haben (3 = sehr intensiv, 1 = wenig intensiv).

Überlege: Wer hat dich begleitet und wie intensiv war euer Kontakt? Nimm für jede Person eine eigene Farbe.

Gib diesem Arbeitsblatt einen Titel und schreibe ihn auf die freie Zeile unter deinen Zahlenstrahl!

→ M 2 und M 5 jeweils auf DIN A-4 quer hochkopieren

Rolling Stones: Mother's little helper

(Mick Jagger / Keith Richards)

1   What a drag it is getting old
»Kids are different today«
I hear ev'ry mother say
Mother needs something today to calm her down
5   And though she's not really ill
There's a little yellow pill
She goes running for the shelter of a mother's little helper
And it helps her on her way, gets her through her busy day

»Things are different today«
10   I hear ev'ry mother say
Cooking fresh food for a husband's just a drag
So she buys an instant cake and she burns her frozen steak
And goes running for the shelter of a mother's little helper
And two help her on her way, get her through her busy day

15   Doctor please, some more of these
Outside the door, she took four more
What a drag it is getting old

»Men just aren't the same today«
I hear ev'ry mother say
20   They just don't appreciate that you get tired
They're so hard to satisfy, you can tranquilize your mind
So go running for the shelter of a mother's little helper
And four help you through the night, help to minimize your plight
Doctor please, some more of these …

25   »Life's just much too hard today«
I hear ev'ry mother say
The pursuit of happiness just seems a bore
And if you take more of those, you will get an overdose
No more running for the shelter of a mother's little helper
30   They just helped you on your way, through your busy dying day

Aufgaben:
1. Übersetzt den Text (arbeitet arbeitsteilig!) und interpretiere den von dir übersetzten Abschnitt.
2. Text und Melodie: Unterstreiche die Textteile farbig, in denen deiner Meinung nach beides bestens zusammen-passt, und erkläre warum.
3. Welche Gründe nennt der Text für die Tablettensucht von Frauen und Müttern?
4. Entwerfe Werbeslogans für »Mother's little helper« und schreibe sie als Rahmen um den Liedtext.
Was versprechen sie? Zeige die »Fallen« auf!

Rolling Stones: Mutters kleine Helfer

(Mick Jagger / Keith Richards)

1 Altwerden ist doch so ziemlich das Letzte.
Die Jugend von heute ist ganz anders,
das höre ich von jeder Mutter.
Mutter braucht etwas, um ihre Nerven zu beruhigen,
5 und obwohl sie nicht wirklich krank ist,
hat sie doch diese kleine gelbe Tablette.
Sie braucht den Schutz von Mutters kleinem Helfer –
nur so kann sie weitermachen und den Tag überstehen.

Alles hat sich heutzutage verändert,
10 das höre ich von jeder Mutter.
Den Ehemann zu bekochen ist für sie eine Zumutung,
sie kauft lieber einen Fertigkuchen und lässt das Steak aus der Gefriertruhe anbrennen.
Sie braucht die Hilfe von Mutters kleinem Helfer.
Zwei davon schaden bestimmt nicht, und so übersteht sie auch diesen Tag.

15 Doktor bitte, ich brauch noch mehr von denen,
und kaum aus der Tür schluckt sie davon gleich weitere vier.
Altwerden ist doch so ziemlich das Letzte.

Die Männer heutzutage sind auch nicht mehr das, was sie mal waren.
Das höre ich von jeder Mutter.
20 Die verstehen überhaupt nicht, dass man auch mal die Nase voll hat.
Eigentlich kann man es ihnen nicht recht machen, du kannst dich nur betäuben.
Greif zu Mutters kleinen Helfern.
Vier davon helfen dir durch die Nacht, helfen dir, deinen Schlamassel zu vergessen.
Doktor bitte, ich brauch noch mehr von denen, …

25 Das Leben heute ist viel zu hart.
Das bekomme ich von jeder Mutter zu hören.
Die Suche nach dem Glück weicht der Langeweile,
und wenn du noch mehr von den Dingern nimmst, dann hast du eine Überdosis.
Und dann brauchst du sie nicht mehr, Mutters kleine Helfer.
30 Sie haben dir geholfen bis zu deinem Todestag.

Übersetzung: SWR1 Baden-Württemberg

M 5 siehe Seite 60

Fantasiereise

Suche dir eine bequeme Sitzposition, so dass du gut entspannen kannst. Du kannst die Hände locker in den Schoß legen. Wenn du magst, schließe die Augen, wenn du so besser auf eine innere Reise gehen kannst. (Viele Schülerinnen und Schüler können auch mit offenen Augen träumen.)

Und während dein Atem wie von alleine aus- und einfließt, gelangst du an einen Platz, an dem du dich behaglich, wohl und sicher fühlst. Ein Platz, an dem du gerne bist, wenn du für dich allein sein willst. Und während du dich dort gemütlich niederlässt, entdeckst du ein Album mit Bildern aus deinem ganzen bisherigen Leben. Es mag auch sonst von den Bildern in diesem Album Fotos geben, sie können aber auch genauso aus inneren Bildern entstanden sein. Du schlägst dieses Album ganz hinten auf. Es ist immer ein besonderes Gefühl, Bilder von sich selbst anzuschauen.

Das letzte Bild ist noch kein Jahr alt. Aufmerksam und neugierig nimmst du wahr, wie du aussiehst. Und bei allem, was du an dir vielleicht nicht so gut findest – es kann sein, dass du überrascht bist, wie wohlwollend du dich heute betrachtest.

Langsam blätterst du nach vorne, durch die Monate und Jahre.

Bilder mit Freunden – mit Klassenkameradinnen und -kameraden – Aufnahmen mit der Familie – du allein. Geburtstage – Konfirmation – Familienfeste – deine Taufe. Vielleicht auch Fotos von Tieren. Es kann sein, dass du bei einigen Bildern länger verweilst.

Viele Menschen haben dich bisher begleitet, auf ganz unterschiedliche Weise – Eltern, Geschwister, Verwandte, Freunde, Schulkameradinnen und -kameraden, Lehrerinnen und Lehrer …

Erinnerungen werden wach, lausche ihnen nach. Manchmal hörst du, was andere zu dir gesagt haben, du erinnerst dich, wie sie dich anschauten oder was du mit ihnen erlebt hast.

Immer weiter blätterst du zurück, die Einschulung in unsere Schule, das Abschlussfest deiner Grundschulzeit, erster Schultag mit Schultüte, die Jahre im Kindergarten …

Vorne angelangt blätterst du noch mal nach hinten und verweilst bei den Personen oder Tieren, die dir besonders wichtig sind. Was spürst und empfindest du, wenn du sie siehst? Und während du sie anschaust, kann (es) sein, (dass) du hörst, was sie sagen. Und du erinnerst dich vielleicht daran, was du mit ihnen zusammen erlebt hast. Mag sein, dir wird klar, was sie dir bedeuteten und vielleicht heute noch bedeuten.

Wenn du die wichtigen Bilder noch mal in Ruhe angeschaut hast, schließt du das Album. Die guten und schönen Erinnerungen nimmst du dabei wie einen Schatz mit, den du bei dir trägst.

Du kommst wieder zurück in diesem Raum, räkelst und streckst dich. Wenn du möchtest, gehe ein paar Schritte, achte darauf, die anderen nicht zu stören. Dann gehe an deinen Platz zurück.

© Andrea Bischoff / Herbert Kumpf

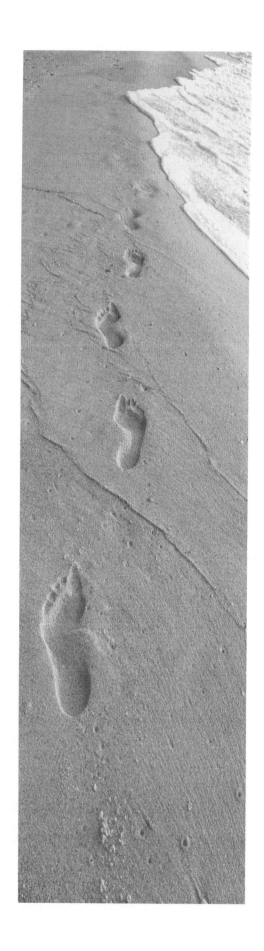

Ich träumte eines Nachts,
ich ging am Meer entlang
mit meinem Herrn.
Und es entstand vor meinen Augen,
Streiflichtern gleich, mein Leben.

Nachdem das letzte Bild an uns
vorbeigeglitten war, sah ich zurück
und stellte fest,
dass in den schwersten Zeiten
meines Lebens
nur eine Spur zu sehen war.

Das verwirrte mich sehr
und ich wandte mich an den Herrn:
»Als ich dir damals alles,
was ich hatte, übergab,
um dir zu folgen, da sagtest du,
du würdest immer bei mir sein.
Warum hast du mich verlassen,
als ich dich so verzweifelt brauchte?«

Der Herr nahm meine Hand.
»Geliebtes Kind,
nie ließ ich dich allein,
schon gar nicht
in Zeiten der Angst und Not.
Wo du nur ein Paar Spuren
in dem Sand erkennst,
sei ganz gewiss:
ICH HABE DICH GETRAGEN.«

Musterung

Aussehen, Kleidung, Figur, Essen – all das spielte bei mir zu Hause keine große Rolle. Meine Mutter meinte immer: »Der Mensch ist von innen heraus schön, das andere ist nur Maske.« Also futterte ich, wenn ich Lust hatte, und je größer die Langeweile war, desto mehr konnte ich in mich hineinstopfen. Ich zählte sicherlich nicht zu den dünnsten Mädchen in meiner Klasse, aber dafür hatte ich keinen Blick, bis wir am Ende der 8. Klasse ins Schullandheim fahren sollten. An die Nordsee! Es war das erste Mal, dass ich ans Meer kam. Meine Eltern bevorzugten das Wandern in den Bergen. Das war allerdings nicht so mein Ding, trotzdem bin ich immer mitgefahren, klaglos, versteht sich. Aber nun: Meer und dazu noch kurz vor den Sommerferien. Wir freuten uns alle aufs Baden. Und damit fingen für mich Probleme an, die ich bisher nicht kannte. Mit einem Schlag nahm ich mich und meinen Körper wahr – mit den Augen einer Fremden.

Welchen Badeanzug ich auch anprobierte, ich fühlte mich auf einmal unwohl und unförmig. So konnte ich unmöglich mitgehen. Was würden die anderen dazu sagen? Und die Blicke der Jungs für einige Mädchen in der Klasse und ihre Bemerkungen entgingen mir nicht. Heimlich musterte ich die anderen Mädchen beim Umkleiden vor und nach dem Sportunterricht. Ich fühlte mich meilenweit von ihnen entfernt. Nichts an mir erschien mir schön oder gar begehrenswert. Was würden die Jungs über mich sagen, wenn sie mich im Badeanzug sähen? Je mehr ich mich mit den anderen verglich, desto mehr schwand mein Selbstwertgefühl. Ich genügte einfach nicht – setzen, fünf!

Und so begann ein elender Kreislauf. Ich sagte zu mir: Wenn du weniger isst und deinen Hintern endlich bewegst, dann kannst du mit den anderen mithalten, du wirst schon sehen! Oder: Wenn du auf noch mehr verzichtest und dafür noch mehr Sport treibst, dann werden die anderen dich auch mögen. Immer noch mehr Verzicht, noch härtere Auflagen, noch mehr Leistung …

Innerhalb kurzer Zeit verlor ich 10 kg, aber ich konnte nicht aufhören, mich mit einem fast feindseligen Blick zu mustern, um immer noch einen weiteren Makel an mir zu finden …

© Andrea Bischoff

Dabei sein ist alles!

Oh Mist! Warum ging diese blöde Hose jetzt nicht zu? Marc versuchte verzweifelt, den Hosenknopf und das dazugehörige Knopfloch übereinander zu bringen. Er verstand die Welt nicht mehr. Dabei hatte er sich in den letzten Wochen so angestrengt: keine Burger, immer Fahrrad und beim Training nichts auslassen. Wieso passte diese blöde Hose nicht?

Jetzt war es auch schon Viertel vor! Also, ganzes Kommando rückwärts und die alten Jeans angezogen. Sonst kam er nämlich zu spät.

Er schwang sich aufs Fahrrad und trat in die Pedale. Wenn er sich ranhielt, schaffte er es noch pünktlich.

»Na, Moppel, wieder zu lange am Kiosk Pause gemacht?« Olaf war doch echt ein Idiot. Marc hasste es, wenn sie diesen Spitznamen benutzten. Dabei strengte er sich so sehr an, wenigstens nicht weiter zuzunehmen.

»Und, bleibt's bei heute Abend?« Mist! Hatte er ja völlig vergessen. Heute Abend traf sich die Clique an der Siegfriedstraße. Von da kam man leicht auf die Gleise der S-Bahn. Martin hatte vorgestern nicht weit davon eine Stelle entdeckt, die laut und deutlich danach verlangte, mit ein paar Kunstwerken aus der Spraydose verschönert zu werden. Hätte er doch letzte Woche bloß die Klappe gehalten. Aber er wollte so gerne dazugehören. Klar, malen konnte er schon. Auch mit so einer Farbbüchse. Aber alle zehn Minuten rauschte eine S-Bahn mit mindestens achtzig Sachen an einem vorbei und bevor einen die Lichter erfassten, sollte man sich besser in eine dunkle Ecke verdrücken. Wenn sie einen erwischten, wurde das nämlich teuer. Marc spürte, wie sich unbändige Lust auf einen Schokoriegel in seinem Inneren meldete.

»Was ist jetzt. Haste Schiss, oder was?« Mist, er hatte wohl einen Moment zu lange mit der Antwort gezögert. »Nö. Wann treffen wir uns noch mal?«

»Um halb acht, Siegfriedstraße. An der Brücke über den Gleisen.«

Was war das eigentlich für ein dämliches Spiel? Konnte er nicht auch so unter Beweis stellen, was er für'n cooler Typ war?! Angst hatte er nicht, echt nicht. Aber dieser Stress war echt nicht sein Ding. Und wenn die anderen dann auch noch glotzten!

»Also, dann bis heute Abend!« …

Aus: Daniel Kunz / Detlev Freigang, Was geht? Ein Buch nur für Jungs, 2002, © Kösel-Verlag, München, in der Verlagsgruppe Random House GmbH

Die Chance!?

Endlich – der erlösende Gong. So schnell er konnte, packte Thomas seine Sachen zusammen und verließ das Klassenzimmer. Heute war wirklich nicht sein Tag. Die Fünf in Mathe gab ihm noch den Rest. Seine Stimmung war auf Minus 100. Was zu essen und in Ruhe gelassen werden, höher waren seine Ansprüche nicht.

Thomas eilte die Treppe hinunter, nur raus hier. Als er um die letzte Ecke biegen wollte, rempelte er versehentlich einen anderen Schüler an. Der drehte sich um: »He, pass mal auf, hast du noch alle Tassen im Schrank?« schimpfte dieser zunächst ärgerlich. Als er Thomas erkannte, huschte ein Lächeln über sein Gesicht. »Bist du auf der Flucht oder was?« Thomas verlangsamte sein Tempo: »Ich will nur heim, Gregor. Mir reicht's heute total!« »Schade, hab mich schon gefreut, dass wir noch ein kleines Schwätzchen halten könnten. Die anderen warten am Fahrradständer auf mich. Kommst du mit?« Thomas war sehr erstaunt über diese Einladung, gehörte Gregor doch zur »Clique«, zu der alle Jungs aus seiner Klasse gerne gehören wollten – er eingeschlossen. Wer dabei war, der galt als stark und konnte mit den anderen betont lässig über den Schulhof schlendern.
»Das ist meine Chance«, schoss es Thomas durch den Kopf, essen konnte er auch noch später. Erwartungsvoll ging er mit Gregor mit.

Bei den Fahrradständern angelangt gab es ein großes Gejohle, als Freddy, Karl und Wolfgang die beiden kommen sahen. »He, Gregor, wen hast du denn mitgebracht?«, grölte Freddy schon von weitem. Gregor ging mit Thomas zu den anderen. »Hi, Thomas, wir haben was ganz Tolles vor! Wirst sehen.« Wolfgang grinste breit. In Thomas stieg die Spannung. Gemeinsam verzogen sie sich hinter die Büsche.
»Wolfgang, zeig' mal, was im Supermarkt in deine Tasche gewandert ist!« Karl spielte den Neugierigen und Wolfgang zog eine Flasche Wodka aus seinem Parka.

»Verträgst du überhaupt was?« Karl markierte den Besorgten und griff nach der Flasche. »Jetzt gibt's für jeden mal einen kräftigen Schluck. Nur so kann man die Penne überstehen. Den Stress, den der Fletterer heute wieder in Mathe gemacht hat …!« Karl setzte die Flasche an und trank. »Wodka!« Thomas schüttelte sich innerlich. Mehr als ein kleines Glas Sekt-Orange hatte er bis jetzt nicht getrunken und ganz ehrlich, geschmeckt hatte es ihm nicht. »Aber auf mich kommt's jetzt an«, da war er sich sicher. Die Flasche machte die Runde. So wie die anderen tranken, mussten sie einiges gewohnt sein. »Reiß' dich zusammen, gib hier bloß nicht den schwachen Max!« Thomas nahm Haltung an, betont locker, als wäre dies eine Kleinigkeit für ihn. »Nun gib schon her«, forderte er Freddy auf, setzte die Flasche an – wie Feuer brannte das Zeug in seinem Mund, Tränen schossen ihm in die Augen, das Schlucken fiel ihm schwer. Äußerst aufmerksam beobachteten ihn die anderen. »Na, was haben wir denn da? Tränchen? Dachte eigentlich, dass du viel härter drauf bist …«, sagte Freddy. »Ach was«, erwiderte Thomas. »Bin erkältet, sonst nichts!« Er fühlte sich wie ein Feuerschlucker, die Flasche kreiste weiter: Nach der dritten Runde stellte Thomas erstaunt fest, dass sich eine wohlige Wärme in seinem Körper breit machte. Er fühlte sich plötzlich wie in Watte gepackt. Etwas schlecht war ihm zwar auch, damit glaubte er aber umgehen zu können. Die Jungs lästerten über den vergangenen Unterricht. Thomas lachte mit, eine Spur zu laut. Als die Flasche wieder zu ihm kam, griff er beinahe daneben. »Mensch Mann«, fluchte Freddy, »lass bloß die Flasche nicht fallen! Bist wohl schon dicht oder was?« »Ach was, was denkst du denn?« Thomas setzte die Flasche an und trank, ohne abzusetzen. »Spinnst du jetzt total? Wir wollen auch noch was!« Wolfgang klang richtig sauer. Aber das registrierte Thomas nicht mehr wirklich …

© Andrea Bischoff

Informationen zur Abhängigkeit

Unterschiedliche Gründe für Sucht

Warum wird jemand süchtig? Bis heute ist es nicht gelungen, diese Frage allgemein gültig zu beantworten. *Die* Suchtpersönlichkeit, *die* Suchtfamilie, *die* Suchtursache – all das gibt es nicht. Immer sind es eine ganze Reihe von Faktoren, die in dem meist mehrere Jahre dauernden Prozess der Suchtentwicklung zusammenwirken. Warum jemand süchtig wurde – das lässt sich letztlich nur durch die intensive Auseinandersetzung mit der konkreten Lebensgeschichte der Betroffenen begreifen.

Kein offener Gefühlsausdruck

Soziale und familiäre Situation

Traumatische Erfahrungen

Spaß ...

Beispielsweise können Menschen, die nicht lernen durften, ihre Gefühle offen auszudrücken, versucht sein, ihre ungeliebten Gefühle durch Suchtmittelmissbrauch zu betäuben. Auch belastende soziale und familiäre Situationen, wie Arbeitslosigkeit, Trennung von geliebten Menschen oder Eintönigkeit des Alltags, können den Weg zu Missbrauch und Sucht ebnen. Andere Betroffene mussten in ihrer Kindheit traumatische Erfahrungen wie die des sexuellen Missbrauchs und anderer Gewalt machen, die sie nicht verarbeiten konnten. Spaß in der Gruppe, Leichtsinn und die Suche nach neuen Erlebnissen stehen am anderen Ende der Skala.

Anfangs: Suchtmittel ein Erfolg

Anfangs ist der Griff zum (späteren) Suchtmittel ein Erfolg: Je nach Wirkungsweise des jeweiligen Mittels (und persönlicher Verfassung) fühlt man sich erleichtert und entlastet, zum ersten Mal seit langem wieder richtig entspannt, ist »gut drauf«, gehört dazu. Der Alltag rückt in weite Ferne. Vielleicht erlebt man Gefühle und Stimmungen, die man niemals für möglich gehalten hätte. So oder so, man fühlt sich besser als vorher.

Wer erst einmal gelernt hat, Stimmungen und Gefühle mit Hilfe des (späteren) Suchtmittels zu steuern, gerät leicht in Versuchung, dies immer häufiger zu tun. Doch der

Der positive Effekt verfliegt

positive Effekt verfliegt in der Folgezeit immer rascher und die Fähigkeit, auf die persönlichen Schwierigkeiten angemessen zu reagieren, nimmt weiter ab. Der zugrunde liegende seelische Mangel weitet sich aus. Hinzu kommt das schale Gefühl, sich falsch zu verhalten. Der Wunsch, das Mittel zu konsumieren, ist allerdings bereits so stark geworden, dass es immer häufiger und aus völlig unterschiedlichen »Gründen«

Dosissteigerung

missbraucht wird – zunächst immer noch in der trügerischen Hoffnung, Wohlbefinden zu erreichen. Schließlich wird der Versuch, durch immer mehr des ungeeigneten Mittels eine bessere Wirkung zu erreichen, zum Verhängnis.

Seelische Abhängigkeit

Abhängigkeit entsteht. Das Suchtmittel wird zum Dreh- und Angelpunkt aller Handlungen, Gedanken und Gefühle. Nach und nach geht es nur noch darum, die tiefe Missstimmung zu vermeiden, die durch das Fehlen des Suchtmittels entsteht. Die Sucht hat die ursächlichen Probleme überlagert und neue geschaffen.

Körperliche Abhängigkeit

Neben der seelischen Abhängigkeit gibt es bei Alkohol, Nikotin, verschiedenen Medikamenten und Heroin auch eine körperliche: Der Organismus reagiert auf die ständige Zufuhr des Suchtmittels mit einer Anpassung des Stoffwechsels. Wird ihm das Suchtmittel dann abrupt entzogen, kommt es – je nach Substanz – zu unangenehmen bis schmerzhaften oder gar lebensgefährdenden Entzugserscheinungen, die bei erneuter Einnahme des Suchtmittels rasch wieder abklingen.

Seelische Abhängigkeit dagegen ist nach außen hin oft unauffällig und kaum zu bemerken. Gerade deswegen ist sie schwer zugänglich und auflösbar. Sie ist der Hauptgrund dafür, dass Abhängige immer wieder in ihr altes Verhalten zurückfallen,

Abhängigkeit – eine behandlungsbedürftige Krankheit

selbst wenn sie Tage, Wochen, mitunter sogar Jahre ohne Suchtmittel leben. Ohne fachkundige Hilfe von Sozialarbeitern, Psychologen und Ärzten gelingt es Süchtigen in aller Regel nicht, sich aus ihrer Abhängigkeit zu lösen […].

Suchtverhalten – eigener Lösungsversuch

Süchtiges Verhalten ist jedoch nicht nur eine behandlungsbedürftige Krankheit, sondern auch ein aktives Tun der Betroffenen: der immer wieder misslingende Versuch, die eigenen Probleme zu lösen und Wohlbefinden zu erlangen. Dieses Verhalten gehört zunächst einmal zu ihnen. Niemand kann es – sozusagen von außen – wegbehandeln. Genesung kann nur gelingen, wenn Abhängige selbst den Wunsch entwickeln, wieder ein (Suchtmittel-)freies Leben zu führen, und sie bereit sind, aktiv auf dieses Ziel hinzuarbeiten.

Mit freundlicher Genehmigung der Deutschen Hauptstelle für Suchtfragen. Ein Angebot an alle, die einem nahestehenden Menschen helfen möchten. Hamm 2009, 4. Auflage, 40 Seiten

Cartoon »Mr. Depend«

Cartoon aus: Kursbuch Religion 2000, 7/8, S. 164

Aufgaben (PA/EA):

1. Lest den Text (**M 11**) und entwerft ein Schaubild »Stufen der Abhängigkeit«.
2. Schaut euch die Bilder an. Schreibt in die Sprechblasen jeweils einen Satz, den »Mr. Depend« zu seinem Opfer sagen kann.
3. Abhängigkeit überwinden zu wollen, setzt aktive Mitarbeit voraus.
   Zeichne in das nächste Kästchen ein Bild, das in diese Geschichte passt. Wenn du Lust hast, kannst du auch mehrere Bilder malen!
4. Was war neu? Ergänzt euer Lexikon / eure Wissenskärtchen!

Cartoon aus Kursbuch Religion 2000, 7/8, S. 164

Aufgaben (PA/EA):

1. Lies den Text (**M 11**), dann schau dir die Bilder an. Welches Bild passt zu welchem Textabschnitt?
   Ordne zu, indem du mit unterschiedlichen Farben arbeitest:
   Gib zunächst jedem Bild eine Grundfarbe. Nun unterstreiche die entsprechende Stelle im Text (**M 11**) mit der jeweiligen Farbe.

2. Abhängigkeit überwinden zu wollen, setzt aktive Mitarbeit voraus.
   Zeichne in das nächste Kästchen ein Bild, das in diese Geschichte passt. Wenn du Lust hast, kannst du auch mehrere Bilder malen!

3. Was war neu? Ergänzt euer Lexikon / eure Wissenskärtchen!

Träume ich?

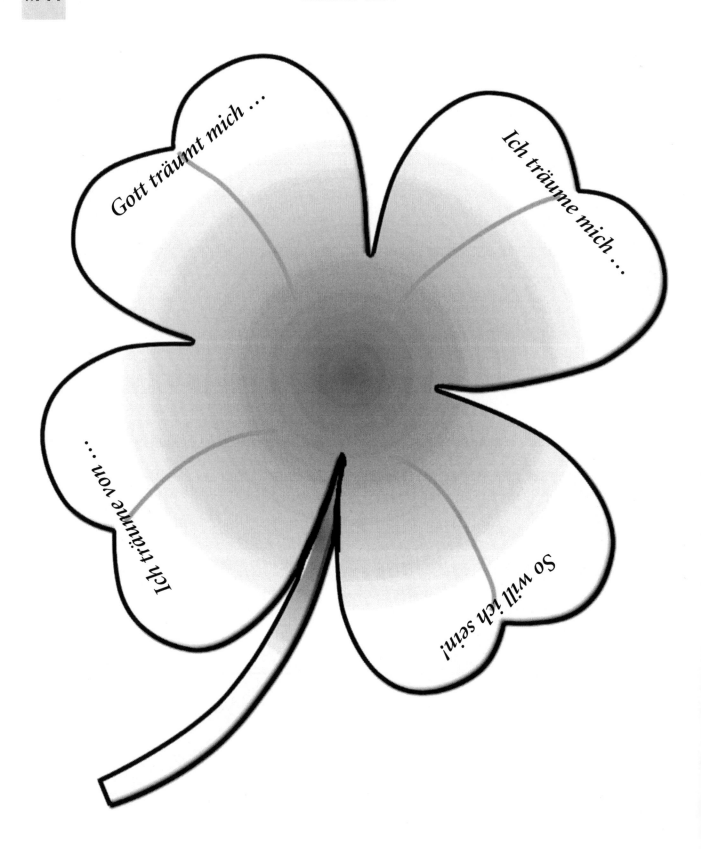

Gott träumt mich …

Ich träume mich …

Ich träume von …

So will ich sein!

Du hast mich geträumt

Du hast mich geträumt

Du hast mich geträumt gott
wie ich den aufrechten gang übe
und niederknien lerne
schöner als ich jetzt bin
glücklicher als ich mich traue
freier als bei uns erlaubt

Hör nicht auf mich zu träumen gott
ich will nicht aufhören mich zu erinnern
dass ich dein baum bin
gepflanzt an den wasserbächen
des lebens

Dorothee Sölle

Du hast mich geträumt

Du hast mich geträumt

Du hast mich geträumt gott
wie ich den aufrechten gang übe
und niederknien lerne
schöner als ich jetzt bin
glücklicher als ich mich traue
freier als bei uns erlaubt

Hör nicht auf mich zu träumen gott
ich will nicht aufhören mich zu erinnern
dass ich dein baum bin
gepflanzt an den wasserbächen
des lebens

Dorothee Sölle

Du hast mich geträumt

Du hast mich geträumt gott
wie ich den aufrechten gang übe
und niederknien lerne
schöner als ich jetzt bin
glücklicher als ich mich traue
freier als bei uns erlaubt

Hör nicht auf mich zu träumen gott
ich will nicht aufhören mich zu erinnern
dass ich dein baum bin
gepflanzt an den wasserbächen
des lebens

Dorothee Sölle

Du hast mich geträumt

Du hast mich geträumt gott
wie ich den aufrechten gang übe
und niederknien lerne
schöner als ich jetzt bin
glücklicher als ich mich traue
freier als bei uns erlaubt

Hör nicht auf mich zu träumen gott
ich will nicht aufhören mich zu erinnern
dass ich dein baum bin
gepflanzt an den wasserbächen
des lebens

Dorothee Sölle

Du hast mich geträumt

Du hast mich geträumt gott
wie ich den aufrechten gang übe
und niederknien lerne
schöner als ich jetzt bin
glücklicher als ich mich traue
freier als bei uns erlaubt

Hör nicht auf mich zu träumen gott
ich will nicht aufhören mich zu erinnern
dass ich dein baum bin
gepflanzt an den wasserbächen
des lebens

Dorothee Sölle

Du hast mich geträumt

Du hast mich geträumt gott
wie ich den aufrechten gang übe
und niederknien lerne
schöner als ich jetzt bin
glücklicher als ich mich traue
freier als bei uns erlaubt

Hör nicht auf mich zu träumen gott
ich will nicht aufhören mich zu erinnern
dass ich dein baum bin
gepflanzt an den wasserbächen
des lebens

Dorothee Sölle

Du hast mich geträumt

Du hast mich geträumt gott
wie ich den aufrechten gang übe
und niederknien lerne
schöner als ich jetzt bin
glücklicher als ich mich traue
freier als bei uns erlaubt

Hör nicht auf mich zu träumen gott
ich will nicht aufhören mich zu erinnern
dass ich dein baum bin
gepflanzt an den wasserbächen
des lebens

Dorothee Sölle

→ Entsprechend der Klassengröße auf farbiges Papier kopieren und unter das Kleeblatt kleben lassen.

»Sich und einander plagen?«

Ich plage andere …

»Zehn Gebote« gegen das Plagen:

P =

L =

A =

G =

E =

Ich plage mich …

Hilf, Herr meines Lebens …

Hilf, Herr meines Lebens,
dass ich nicht vergebens,
dass ich nicht vergebens
hier auf Erden bin.

Hilf, Herr meiner Tage,
dass ich nicht zur Plage,
dass ich nicht zur Plage
meinem Nächsten bin.

Hilf, Herr meiner Stunden,
dass ich nicht gebunden,
dass ich nicht gebunden
an mich selber bin.

Hilf, Herr meiner Seele,
dass ich dort nicht fehle,
dass ich dort nicht fehle,
wo ich nötig bin.

Hilf, Herr meines Lebens,
dass ich nicht vergebens,
dass ich nicht vergebens
hier auf Erden bin.

Hilf, Herr meines Lebens

Hilf, Herr meines Lebens,
dass ich nicht vergebens,
dass ich nicht vergebens
hier auf Erden bin.

Hilf, Herr meiner Tage,
dass ich nicht zur Plage,
dass ich nicht zur Plage
meinem Nächsten bin.

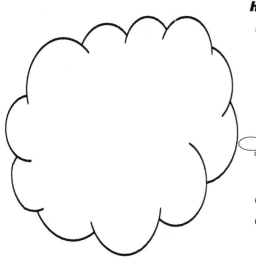

Hilf, Herr meiner Stunden,
dass ich nicht gebunden,
dass ich nicht gebunden
an mich selber bin.

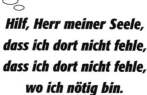

Hilf, Herr meiner Seele,
dass ich dort nicht fehle,
dass ich dort nicht fehle,
wo ich nötig bin.

Aufgaben:

Arbeitet in kleinen Gruppen! Lest zuerst den Liedtext und bearbeitet dann die Aufgaben. Stellt eure Ergebnisse der Klasse vor.

1. Wie hört ein 14-jähriger Jugendlicher – ein 30-jähriger Familienvater – eine 35-jährige allein stehende Frau – eine 60-jährige Oma – ein 90-jähriger pflegebedürftiger Mann die einzelnen Strophen dieses Liedes? Wo würden sie zustimmen, wo Anstoß nehmen?
   Sucht **eine** Person aus und schreibt deren Gedanken in die Gedankenblasen.
2. Schreibt oben stehendes Lied, das zugleich ein Gebet ist, so um, dass eure Überlegungen aus Aufgabe 1 berücksichtigt sind.
3. Notiert zu zwei der folgenden Sätze Situationen, zu denen die Aussage passt:
   Es ist gut, sich helfen zu lassen. / Es ist gut, selbst etwas in die Hand zu nehmen. / Es ist gut, anderen zu helfen. / Es ist gut, anderen nicht zu helfen.

Geschaffen mit Leib und Seele

Ich glaube an Gott den Vater, den Allmächtigen, Schöpfer des Himmels und der Erden.

Was heißt das?

Ich glaube, dass mich Gott geschaffen hat samt allen Kreaturen, mir Leib und Seele, Augen, Ohren und alle Glieder, Vernunft und alle Sinne gegeben hat und noch erhält; dazu Kleider und Schuh, Essen und Trinken, Haus und Hof, Frau und Kind, Acker, Vieh und alle Güter; mit allem, was Not tut für Leib und Leben, mich reichlich und täglich versorgt, in allen Gefahren beschirmt und vor allem Übel behütet und bewahrt; und das alles aus lauter väterlicher, göttlicher Güte und Barmherzigkeit, ohne alle mein Verdienst und Würdigkeit.

Für das alles ich ihm zu danken, zu loben, zu dienen und gehorsam zu sein schuldig bin.

Das ist gewisslich wahr.

Aus: Martin Luther »Kleiner Katechismus«, 2. Hauptstück (Glaubensbekenntnis), 1. Artikel (Die Schöpfung)

So verstehe ich den Text:

Diese Bilder passen dazu! (malen oder ausschneiden und kleben!)

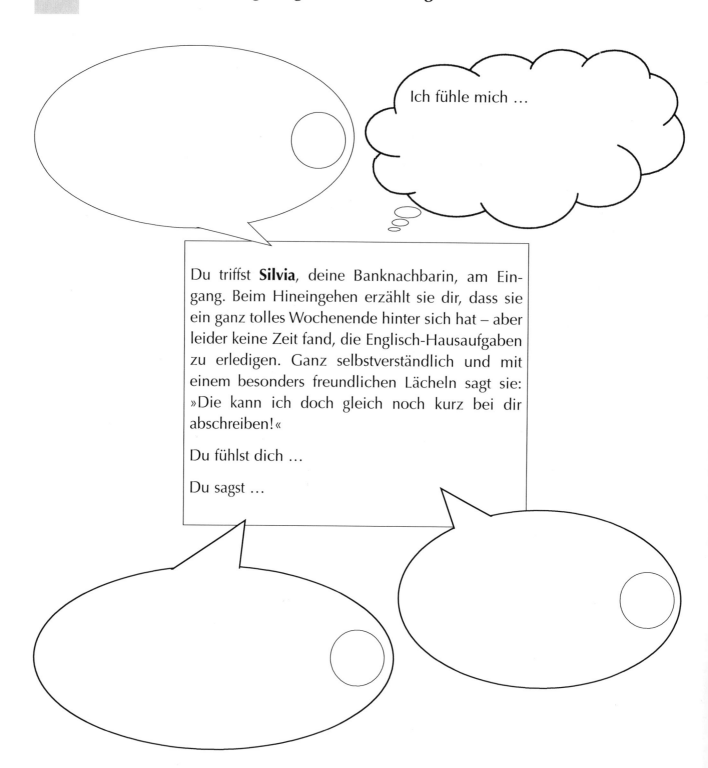

Ich fühle mich …

Du triffst **Silvia**, deine Banknachbarin, am Eingang. Beim Hineingehen erzählt sie dir, dass sie ein ganz tolles Wochenende hinter sich hat – aber leider keine Zeit fand, die Englisch-Hausaufgaben zu erledigen. Ganz selbstverständlich und mit einem besonders freundlichen Lächeln sagt sie: »Die kann ich doch gleich noch kurz bei dir abschreiben!«

Du fühlst dich …

Du sagst …

Aufgabe:

Beschreibe kurz, wie es dir nach dieser Ankündigung »Die kann ich doch gleich noch kurz bei dir abschreiben!« geht. Schreibe in die Sprechblasen jeweils eine Möglichkeit, wie du dich verhalten könntest, und bewerte (Kreis), ob dieses Verhalten für Silvia hilfreich ist.

(+++ = sehr hilfreich; - - - = überhaupt nicht hilfreich). Sprecht anschließend in der Klasse darüber.

Auf dem Sportplatz

Ich fühle mich …

Tolles Wetter – optimal zum Kicken!
Du triffst dich mit **Dieter**, mit dem du auch in die Schule gehst. Du findest ihn nett, ein Kamerad eben. Du weißt, dass Dieter, obwohl erst 14 Jahre alt, schon ziemlich viel raucht. Da du anschließend noch etwas besorgen willst, hast du Geld dabei.

Dieter: »Super, dass du kommst. Dich schickt der Himmel! Kannst du mir mal 4 Euro leihen, wenn ich nicht sofort 'ne Kippe krieg', fall ich um!«

Du fühlst dich …

Du sagst …

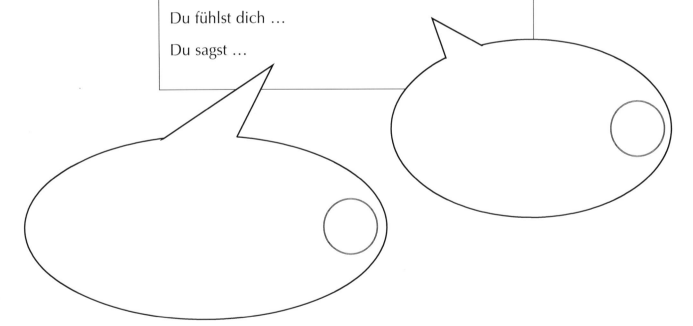

Aufgabe:
Beschreibe kurz, wie es dir nach dieser Ankündigung »Kannst du mir mal 4 Euro leihen, …?« geht.
Schreibe in die Sprechblasen jeweils eine Möglichkeit, wie du dich verhalten könntest, und bewerte (Kreis), ob dieses Verhalten für Dieter hilfreich ist.
(+++ = sehr hilfreich; - - - = überhaupt nicht hilfreich). Sprecht anschließend in der Klasse darüber.

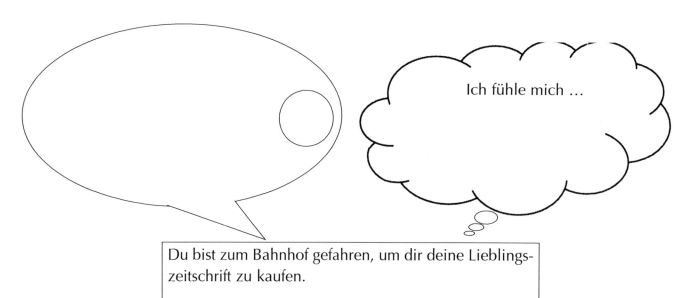

Du bist zum Bahnhof gefahren, um dir deine Lieblingszeitschrift zu kaufen.

Du triffst **Conny** und ihren Freund beim Kiosk. Beide haben eine Bierflasche in der Hand und scheinen nicht mehr ganz fit zu sein. Du kennst beide aus der Nachbarschaft. Sie sind ein Jahr älter als du.

Auf dem Heimweg kommt dir Connys Mutter entgegen und fragt dich: »Hast du Conny gesehen? Sie wollte nur kurz weg und nun sind es schon wieder über drei Stunden. Ich mach' mir solche Sorgen!«

Du fühlst dich …

Du sagst …

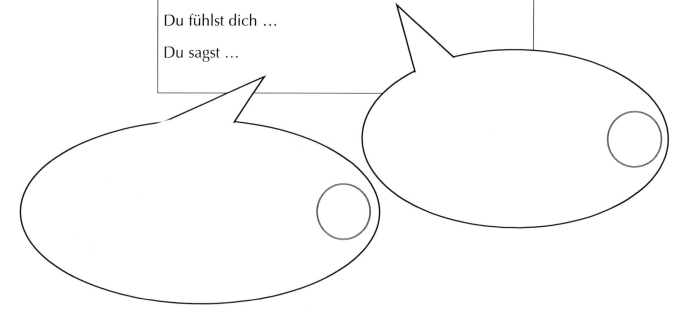

Aufgabe:

Beschreibe kurz, wie es dir mit dieser Frage geht.

Schreibe in die Sprechblasen jeweils eine Möglichkeit, wie du dich verhalten könntest, und bewerte (Kreis), ob dieses Verhalten für Conny hilfreich ist.

(+++ = sehr hilfreich; - - - = überhaupt nicht hilfreich). Sprecht anschließend in der Klasse darüber.

Co-Abhängigkeit – was ist das?

Als »Co-Abhängige« werden die Menschen bezeichnet, die in einer besonderen Beziehung zum Suchtkranken stehen, weil sie seine Abhängigkeit vertuschen, entschuldigen oder verschleiern (siehe Grafik; Beispiel Alkohol).

Zum Co-Abhängigen kann jeder werden: Familienangehörige, Arbeitskollegen, Vorgesetzte, Freunde …

Durch ihr besonderes Verhalten ermöglichen sie es dem Süchtigen nicht, das ganze Ausmaß seiner Sucht zu erfahren und die Konsequenzen aushalten zu müssen.

Mit der Zeit wird das Suchtproblem immer mehr zum Problem des Co-Abhängigen und immer weniger zum Problem des Abhängigen. Durch die Sucht sind beide aneinander gebunden.

Wichtig ist zu wissen, dass nicht jeder, der in einer engeren Beziehung zu Suchtkranken steht, in eine Co-Abhängigkeit rutscht, aber dass jeder, der sich in einer Co-Abhängigkeit befindet, professionelle Hilfe für sich in Anspruch nehmen sollte.

Hilfe bei Co-Abhängigkeit – was kann ich tun?

- Sich im Klaren sein, dass Sucht eine Krankheit ist, durch die der Abhängige oftmals die Kontrolle über sich verliert.
- Bei Suchtproblemen in der Familie vertraute Personen wie den Vertrauenslehrer, Schulpsychologen etc. ansprechen oder Beratungsstellen um Hilfe bitten. Denn oft ist es einfacher, sich an Außenstehende als an Verwandte zu wenden.
- »Hilfe durch Nichthilfe« heißt nicht, den Suchtkranken im Stich zu lassen. Aber erst wenn der Leidensdruck beim Süchtigen groß genug ist, kann dies dazu führen, dass er selbst etwas ändern will. Denn den Willen zur Abstinenz kann nur der Betroffene selbst aufbringen.

(Aus: Keine Macht den Drogen; weitere Informationen unter: www.kmdd.de und www.lzg-bayern.de)

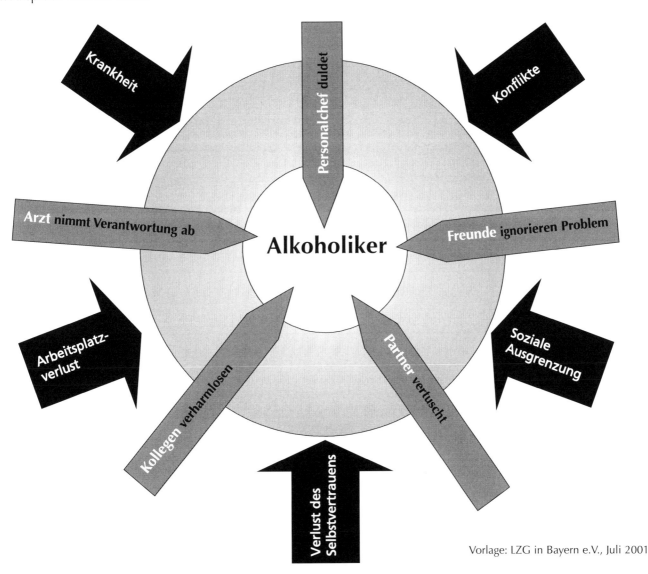

Vorlage: LZG in Bayern e.V., Juli 2001

»Wir halten als Familie zusammen!«

Am Anfang war Herrn B. gar nichts aufgefallen, nur so ein komisches Gefühl. Und dann der blitzartige Gedanke: Hoffentlich merken die Kinder nichts. Ganz aufgekratzt war seine Frau vom letzten Betriebsausflug zurückgekehrt. Es war ja eigentlich eine gute Idee, mit den ganzen Mitarbeiterinnen von der Steuerberatung einen gemeinsamen Ausflug ins nahe gelegene Spielkasino zu unternehmen. Sogar der Chef war mit dabei, und alle hatten viel Spaß.

Doch schon kurz darauf fing dieses komische Gefühl an: Als Frau B. immer häufiger länger im Büro bleiben musste – so sagte sie jedenfalls. Und dass Sie das Auto brauchte, obwohl sie doch sonst immer mit dem Fahrrad hingefahren ist. Doch dann kam der Kontoauszug von der Bank. Erschrocken und ratlos fragte Herr B. seine Frau, warum plötzlich 3.000 € fehlten, und das am Monatsanfang! Sie sagte etwas von einer Überraschung und dass das Geld bald wieder da sei, wahrscheinlich sogar viel mehr als vorher. Wie das? Nun, das sei eben die Überraschung. Doch dann ging es Schlag auf Schlag. Das Geld fürs Schullandheim für Tobias wurde nicht überwiesen. Peinlich, dass die Schule bei Herrn B. im Betrieb anrief. Im Auto lag ein Parkschein aus der Nachbarstadt. Dort, wo das Spielkasino ist.

Als Herr B. seine Frau zur Rede stellte, war es schon fast zu spät: Kleinlaut gab sie zu, dass sie ›immer mal wieder‹ Geld verzockt habe. Nein, nein, sie habe auch immer wieder kleine Gewinne gemacht. – Aber dann kamen die noch viel größeren Verluste. Sie hatte sich schon Geld geliehen, damit das Familienkonto nicht belastet wird, aber nun müsse sie immer mehr zurückzahlen. Besorgt fragte Herr B., wer denn alles Bescheid wisse. Entsetzt erfuhr er, dass die Schwester und der Schwager, sogar die Schwiegereltern schon ausgeholfen hätten. Aber sie wüssten nichts!

Herrn B. blieb nichts anderes übrig, als seine Lebensversicherung zu kündigen. Verabredungen mit Freunden wurden vorerst gestoppt, denn man könnte sich ja verplappern. Und gut gemeinte Ratschläge kann man jetzt am allerwenigsten gebrauchen. Das Amt als Elternbeirätin legt Frau B. nieder, sie wollte jetzt auch Überstunden im Büro anbieten. Doch der Chef kam ihr mit der Kündigung zuvor. Sie hatte inzwischen zu häufig auch während der Arbeitszeit gespielt. Dabei war das Gehalt von Frau B. doch fest eingeplant, um die Raten fürs Haus abzuzahlen. Die Bank zog einen Schlussstrich, Familie B. musste ausziehen. Den Kindern sagte man, man müsse eine neue Arbeitsstelle suchen. »Der Urlaub muss leider ausfallen«, erklärte Herr B. etwas hilflos, »weil wir doch im Sommer umziehen. Aber wir sind doch eine Familie, die fest zusammenhält, oder?«

© Gerhard Ziener

Aufgabe:
1. Von welcher Sucht erzählt diese Geschichte?
2. Beschreibe die Stufen der Abhängigkeit von Frau B.
3. Welche Rolle spielt der Ehemann bei der Sucht von Frau B.?
   Hätte er sich anders verhalten können – oder müssen?
4. Überprüfe, ob es ähnliche Verhaltensweisen wie die von Herrn B. auch bei anderen Süchten gibt.

Alles in Gottes Hand legen ...

Wenn ich in Mathe gut sein will, ...

Ich lern' nicht so viel! Ich leg' alles in Gottes Hand ...

Es gibt doch mindestens noch eine weitere Möglichkeit ...

Meine:

Diese Möglichkeiten wurden von meinen Mitschülern gefunden:

- _____
- _____
- _____
- _____
- _____

Mit der Sucht durch den Alltag

> **Halt an,**
> **wo läufst Du hin,**
> **der Himmel ist in Dir,**
> **suchst Du ihn**
> **anderswo,**
> **fehlst Du ihn**
> **für und für!**
>
> Angelus Silesius

(Saskia, 17 Jahre, berichtet)

Alles fing ganz harmlos an. Am Wochenende ab und zu mal eine Rauchen, das war ganz normal. Doch es dauerte nicht lange, da entwickelte sich mein scheinbar harmloser Drogenkonsum zu einem Problem der nicht ganz angenehmen Art. Abhängen und Kiffen prägten den Tag. Jeden Tag dasselbe! Hasch reichte irgendwann nicht mehr aus. Der gewünschte Rauschzustand trat nicht mehr ein. In dieser Zeit wurde mein Vater krank und starb. Ich beschloss aufzuhören. Ich musste für meine Familie da sein, musste jetzt stark sein. Ein Wochenende habe ich es geschafft. Ein Wochenende, als ich in einer anderen Stadt bei meiner Cousine war. Hasch nervte mich an. Doch mit Ecstasy und Amphetaminen, so lernte ich schnell, kann man besser drauf sein. Haschisch war nur noch Sinn und Zweck des »Runterkommens«.

Zwei Jahre habe ich mit Hasch, Ecstasy und Amphetaminen meinen Alltag durchlebt. Geradeso kam ich mit der Schule, meiner Familie und meinem Geld noch zurecht. Schon bald machten sich aber körperliche sowie seelische Beschwerden in meinem Leben breit. Ich verblödete langsam aber sicher an den Pillen und dem ganzen Mist. Außerdem nervte es mich, nach jeder Party nicht schlafen zu können. Cannabis brachte mich nicht mehr runter. Ich hasste den Blick in den Spiegel, wenn ich drauf war. Ich sah nur noch große schwarze Pupillen, die nichts aussagten. Sie waren einfach leer! Es machte mich fertig!

Ich versuchte mit Hilfe eines Suchtmittels meinen Alltag zu bewältigen und ihm zu entfliehen. Irgendwann war ich meinem Suchtmittel ausgeliefert und sah mich machtlos ihm gegenüber. Ich war unfähig, mein Leben aktiv zu gestalten, und verlor die Hoffnung. Warum ich süchtig wurde? Das lässt sich letztlich nur durch die intensiven Auseinandersetzungen mit meiner Lebensgeschichte begreifen. Es war die Trennung von geliebten Menschen, die mich dazu führte, mich mit Suchtmitteln zu betäuben. Ich denke, Leichtsinn, Spaß in der Gruppe und die Suche nach neuen Erlebnissen stehen am anderen Ende. Irgendwann ging es nur noch darum, mein Verlangen nach Drogen zu stillen. Die Sucht hat ursprüngliche Probleme zwar überlagert, aber dafür neue geschaffen.

Aus: Christoph Möller, Jugend sucht, © Vandenhoeck & Ruprecht GmbH & Co. KG, 3. Auflage, Göttingen 2007

Aufgaben:

1. Markiere mit grüner Farbe die Stellen, an denen Saskia ihre Drogenlaufbahn hätte unterbrechen können.
2. Familie und Freunde spielen in Saskias Bericht eine unbedeutende Rolle. Markiere mit roter Farbe, an welchen Stellen ein klares »Nein« hilfreich gewesen wäre.
3. Für Angelus Silesius (1624–1677) liegt »der Himmel« in jedem Menschen selbst. Wie stehst du dazu?

Vollrausch inklusive

Dieses Mal erwischt es zuerst Katja*, 16. Es ist Freitagnacht gegen halb eins, als sie im hessischen Rüsselsheim in einem Hauseingang zwischen Billigkaufhaus und Diskothek liegt und sich in plätschernden Schwällen auf dem Gehweg erbricht. Eine Freundin hält ihr das Haar aus dem Gesicht, ein Kumpel steht davor und spielt mit einem Autoschlüssel. »Fährst Du sie nach Hause?«, fragt die Freundin. »Glaube ja«, antwortet der Kumpel, »ich hab' zwar keinen Führerschein, aber Thomas ist auch schon dicht.«

Sie helfen Katja auf, drinnen in der Disco holt sich der Rest der Clique gerade Bier-Nachschub. Denn Abstürze wie Katjas passieren den Jugendlichen hier nicht versehentlich, sie sind geplant – mehrmals fuhr schon die Notambulanz vor.

Viel hat die Provinzdisco nicht zu bieten: Die Tanzfläche ist klein, die Musik lieblos ausgewählt, für die Partymottos interessiert sich kaum ein Besucher. Frankfurt, Wiesbaden und Mainz sind nah und haben angesagtere Läden. Also lockt der Club mit einem Spezialangebot: Einmal acht Euro zahlen – und dann Bier oder Apfelwein trinken, so viel man will. Oder kann. Das reizt vor allem Schüler und Azubis. »Woanders würde mein Taschengeld kaum reichen, um betrunken zu werden«, lallt Sascha. Der 16-Jährige trägt ein rosafarbenes Armband, an dem die Barfrauen erkennen: Er kriegt

Nachschub ohne zu zahlen. »Wenn ich hierher komme«, sagt der Realschüler, »dann denk' ich mir: Jetzt hab' ich für den ganzen Abend bezahlt, dann saufe ich auch für den ganzen Monat.«

Das Angebot der Rüsselsheimer Disco ist weder originell noch neu. [...] Etliche Veranstalter bieten ein- bis dreimal pro Woche »Flatrate-Partys«: Wie beim Internet-Anschluss zahlen die Besucher einmal und können dann runterladen, so viel sie wollen. Mittlerweile etablieren sich solche Veranstaltungen im ganzen Land. [...]

Die Deutsche Hauptstelle für Suchtfragen (DHS) in Hamm kritisiert die Veranstalter als verantwortungslos: »Mit diesen Lockangeboten wollen sie möglichst viele Gäste möglichst früh in die Clubs holen«, sagt Sprecherin Christa Merfert-Diete. »Oft gilt die ›Flatrate‹ nur für eine bestimmte Zeit und man hofft, dass die Gäste danach bleiben.«

Immer öfter ist der Notarzt im Einsatz. Die Zahl der Klinik-Einlieferungen 15- bis 25-Jähriger nach Alkoholmissbrauch stieg deutlich stärker als bei jeder anderen Gruppe: Wurden im Jahr 2000 noch 16 731 Jugendliche behandelt, waren es 2004 bereits 24 810.

*Namen der Jugendlichen geändert
Steven Geyer, in: Frankfurter Rundschau vom 27. Februar 2007, S. 3 (Artikel stark gekürzt).

Aufgaben:
1. Schreibe einen Tagebucheintrag über diesen Abend aus Katjas Sicht. Überlege auch, was sie veranlasst haben könnte, so viel Alkohol zu trinken.
2. Sprecht in der Gruppe über eigene Erfahrungen im Umgang mit Alkohol und befragt eure Mitschüler dazu.
3. Informiert euch über die gesetzliche Lage (Jugendschutz-Gesetz) und über die aktuelle politische Diskussion. Flatrate-Partys sind mittlerweile verboten. Hat sich damit an der Problematik etwas verändert?
4. Wie gehen Erwachsene mit gesetzlichen Vorgaben um?
5. Wie werdet ihr eure Kinder erziehen?

Dieser Weg

Also ging ich diese Straße lang.
Und die Straße führte zu mir.
Das Lied, das du am letzten Abend sangst,
spielte nun in mir.
Noch ein paar Schritte und dann war ich da
mit dem Schlüssel zu dieser Tür.

Dieser Weg wird kein leichter sein.
Dieser Weg wird steinig und schwer.
Nicht mit vielen wirst du dir einig sein.
Doch dieses Leben bietet so viel mehr.

Es war nur ein kleiner Augenblick.
Einen Moment war ich nicht da.
Danach ging ich einen kleinen Schritt.
Und dann wurde es mir klar.

Dieser Weg wird kein leichter sein …

Manche treten dich.
Manche lieben dich.
Manche geben sich für dich auf.
Manche segnen dich.
Setz' dein Segel nicht,
wenn der Wind das Meer aufbraust. (Wdh.)

Dieser Weg wird kein leichter sein …

Xavier Naidoo

Aufgaben:
1. Gestalte dieses Blatt so, dass es zum Text passt.
   Du kannst auch Bilder und Texte suchen und mit diesen das Blatt gestalten.
2. Hast du Lust, einen eigenen Text zu schreiben oder zu Xavier Naidoos Lied eine Geschichte zu erzählen?
3. Verhindert oder begünstigt die im Lied besungene Einstellung, dass das Leben ein harter, steiniger Weg ist, Suchtverhalten? Begründe.

Alles ist erlaubt!?

1. Korinther 10,23 und 24

Ist alles erlaubt, ist alles für Gott okay, auch das, was verboten ist? (*Schreibe deine Meinung dazu auf; denke dabei auch an den Umgang mit Drogen*)

Gibt der Text eine Antwort vor?

So sage ich den Text meiner Freundin oder meinem Freund weiter (*wenn du Lust hast, schreibe mit deiner Lieblingsfarbe*):

Diese Regeln für ein gutes Miteinander finde ich im Text (*ergänze auch die Einfälle deiner Mitschüler!*):

Welcher Text ist dein Favorit? Lege die Reihenfolge fest und schreibe den jeweiligen Platz in die »Sonne«.

Dieser Text gefällt mir am besten, weil …

Alles ist erlaubt, aber nicht alles dient zum Guten. Alles ist erlaubt, aber nicht alles baut auf. Niemand suche das Seine, sondern was dem andern dient.

Lutherbibel

»Alles ist erlaubt« – aber nicht alles nützt. »Alles ist erlaubt« – aber nicht alles baut auf. Denkt dabei nicht an euch selbst, sondern an die anderen.

Einheitsübersetzung

Alles steht mir frei – aber nicht alles fördert. Alles steht mir frei, aber nicht alles baut auf. Niemand sollte auf den eigenen Vorteil aus sein, sondern auf den der Mitmenschen.

Bibel in gerechter Sprache

»Alles ist erlaubt«, (jawohl) Aber nicht alles dient zum Guten! »Alles ist erlaubt«, (jawohl) Aber nicht alles baut auf. Niemand suche das Seine, sondern was für den anderen gut ist.

Wilckens

»Ihr lebt nach dem Motto: »Alles ist für Gott okay!« Dazu gehört meiner Meinung nach: »Es ist aber nicht alles gut für mich.« Fahrt nicht die ganze Zeit nur den Egofilm, denkt auch mal dran, wie es den anderen geht und was man für die machen kann, so dass es ihnen auch gut geht.

Volx-Bibel

Beppo

Alle Kinder waren in der Schule. Nur Beppo, acht Jahre alt, stand mutterseelenallein auf einem Hügel und starrte angestrengt zum Himmel hinauf. Dort oben war ein winziger, roter Punkt. Seinetwegen hatte Beppo die Schule geschwänzt. Es war ein roter Luftballon. Beppo hatte zwanzig Lire* geopfert, um ihn kaufen zu können. Das war eine Menge Geld für Beppo! Trotzdem hatte er den Luftballon gekauft – nur so, zum Davonfliegen?

Beppo hatte niemandem erzählt, was er damit anfangen wollte. Heimlich hatte er einen Brief geschrieben und ihn an der Schnur des Luftballons angebunden. Und als alle Kinder in der Schule waren, hatte er sich fortgeschlichen, um auf dem Hügel seinen Luftballon steigen zu lassen. Hoffentlich würde der Wind die Botschaft nicht abreißen!

»Lieber Gott«, stand mit großen Buchstaben auf dem Zettel geschrieben, »in ein paar Wochen bekomme ich einen kleinen Bruder. Wir sind sechs Kinder, und meine Eltern haben wenig Geld. Der Kleine muss mit Pedro und mir zusammen schlafen, weil wir nicht genug Bettzeug haben. Bitte, lieber Gott, mach doch, dass ich dem kleinen Bruder einen Strohsack mit Bettzeug zurechtmachen kann! Es darf ruhig etwas Gebrauchtes sein! Ich wohne in Arcole in Italien. Dein Beppo Sala.«

So hatte Beppo geschrieben, und er hoffte, dass der, für den der Zettel bestimmt war, ihn würde lesen können. Und als der kleine rote Punkt in der Höhe verschwunden war, trottete Beppo voll Zuversicht nach Hause: Gott wird helfen.

Die nächsten Tage waren für Beppo nicht leicht zu ertragen. Er wartete voll Spannung. Aber nicht das geringste geschah. Es war, als ob es seinen roten Luftballon niemals gegeben hätte. Das einzige, was sich ereignete, war, dass er nachsitzen musste, weil er die Schule geschwänzt hatte.

Aber dann geschah doch etwas. Es war am vierten Tag, nachdem er den Luftballon losgelassen hatte. Schon von weitem erkannte Beppo den Paketkarren des Postboten vor seinem Elternhaus. Aufgeregt stürmte er ins Haus. Drinnen fand er die ganze Familie in der Küche versammelt. Mitten auf dem Tisch lag ein Paket. Vater Sala zankte sich mit dem Postboten. Aus dem Stimmengewirr hörte Beppo den Bass seines Vater heraus. »Du willst Postbote sein, Antonio, und begreifst nicht einmal, dass dieses Paket unmöglich für uns sein kann?« Der Briefträger rollte die Augen. »Du Dummkopf!« schrie er. »Kannst du nicht lesen? Sala, – Familie Sala! Da steht es!« »Jawohl, so heißen wir. Aber wir kennen niemand in Rovigo. Und geschenkt nehme ich nichts, das weißt du! Nimm das Paket wieder mit!« Und damit versetzte der Vater dem Paket einen Hieb, dass die zwei kleinen Sala-Kinder, die munter auf dem Fußboden herumkrochen, erschreckt unter den Tisch flüchteten.

Beppo hielt es nicht länger aus. »So macht das Paket doch auf!« schrie er, außer sich vor Erregung, »dann werden wir sehen, ob es für uns ist oder nicht!« Der Lärm verstummte. Unter den buschigen Brauen hervor warf der Vater einen finsteren Blick auf den vorlauten Sohn und überlegte. »Also los!« fuhr er den Postboten an. »Du hörst es doch, öffne!« Hastig riss der Mann die Schnüre auf. Als er den Deckel zurückschlug, wurde es ganz still in der Küche. Und alle sahen, wie es weiß aus dem Karton herausleuchtete: Windeln; Bettzeug und winzige Kinderwäsche! Nicht gerade nagelneu, aber heil und sauber. Ein Schatz für die Familie Sala! Die Augen der Mutter leuchteten.

War es nicht wie ein Wunder, dass Gott ausgerechnet in Rovigo, fast hundert Kilometer von Arcole entfernt, ein Paket für die Familie Sala zur Post gab?

Ein Glück, dass wenigstens kein Absender angegeben war, dachte Beppo. Nun konnte der Vater das Paket nicht zurückschicken!

Und während der Inhalt des Paketes von Hand zu Hand ging, schlich Beppo sich leise hinaus. Sein Herz war übervoll. Rasch, rasch eilte er zu dem Hügel, wo er vor vier Tagen den roten Luftballon zum Himmel geschickt hatte, und dankte dem gütigen Geber.

Barbara Imgrund

(in Orientierung Religion 5/6, Diesterweg 1975)

---

* frühere italienische Währung

Aufgaben:
Arbeite für dich alleine. Vergleiche deine Ergebnisse erst danach mit einer Partnerin oder einem Partner (in kleinen Gruppen; Klassengespräch).
1. Angenommen, du hättest einen Luftballon. Gäbe es einen (Hilfe-)Wunsch, den du gerne dranhängen würdest?
2. Vergleiche »Beppo« mit »Bartimäus« (Mk 10,46–52). Findest du Parallelen? Erkläre anhand beider Geschichten das Ineinander und das Verhältnis von Eigenverantwortung und Gottes Barmherzigkeit.

Ausstiegshilfen – Beispiel Rauchen

Gerade im Zusammenhang mit dem Rauchen können sich Jugendliche eher vorstellen, den Konsum zu reduzieren, als völlig auf die Zigarette zu verzichten. Eine zeitgemäße Plattform, an Informationen und Tipps auch auf vergnügliche Weise zu kommen, bietet das Internet.

Bietet dir alles, was du brauchst, um vom Nikotin wegzukommen – ein auf dein Profil zugeschnittenes Ausstiegsprogramm und sogar einen Vertrag!

Klick mal rein!

www.rauch-frei.info

Weißt du über dein individuelles Rauchverhalten Bescheid? Nein? Dann nichts wie rein!

Mach dich schlau unter

www.justbesmokefree.de

> Zieh' Leine!

> Na, dann kann ich ja gehn!

Hier kannst du dein eigenes Programm wählen – egal zu welchem (Sucht)Thema! Du bekommst aber auch Argumente geliefert, warum du z.B. Nichtraucher bleiben möchtest ... (ist manchmal gar nicht schlecht, wenn die Clique »Druck« macht!)

www.feelok.de

Übrigens:
Sind Alkohol oder Drogen im Spiel, reicht der Internet-Kontakt ganz sicher nicht aus! Hier muss auf jeden Fall professionelle Hilfe vor Ort aufgesucht und in Anspruch genommen werden! Aber zur Information findest du im Internet ganz pfiffige Seiten. Mach dich doch mal auf die Suche!

Alle Informationen aus: »Rauchfreie Schule? Na klar!« Herausgegeben vom Ministerium für Kultus, Jugend und Sport Baden-Württemberg, Schlossplatz 4, 70173 Stuttgart.

Aufgaben für die Gruppenarbeit:
1. Jede Gruppe besucht eine Internetseite. Informiert die anderen über den Aufbau und das Angebot der Seite.
2. Nehmt mit dem Betreiber der Internetseite Kontakt auf und gebt ihm ein qualifiziertes Feedback.

Friedensgebet

Oh Herr, mach mich zu einem Werkzeug Deines Friedens,

dass ich Liebe übe, wo man sich hasst,

dass ich verzeihe, wo man sich beleidigt,

dass ich verbinde, da, wo Streit ist,

dass ich die Wahrheit sage, wo der Irrtum herrscht,

dass ich den Glaube bringe, wo der Zweifel drückt,

dass ich die Hoffnung wecke, wo Verzweiflung quält,

dass ich ein Licht anzünde, wo die Finsternis regiert,

dass ich Freude mache, wo der Kummer wohnt.

Herr, lass mich trachten:

nicht, dass ich getröstet werde, sondern dass ich tröste;

nicht, dass ich verstanden werde, sondern dass ich verstehe;

nicht, dass ich geliebt werde, sondern dass ich liebe.

Denn, wer da hingibt, der empfängt:

wer sich selbst vergisst, der findet;

wer verzeiht, dem wird verziehen;

und wer stirbt, erwacht zum ewigen Leben.

Souvenir Normad, 1912, dem Hl. Franziskus zugeschrieben

Friedensgebet gezeichnet

Oh Herr, mach mich zu deinem   . Lass mich
(Friedenswerkzeug)

schaffen, wo   herrscht. Lass mich

(Frieden)   (Hass)

anregen, wo nur   zu hören

(Vergebung)   (Beleidigungen)

sind. Lass mich   aufzeigen, wo

(Verbindendes)   (Streit)

das Wort führt. Lass mich die   sagen, wo

(Wahrheit)

der   herrscht und dein   anzünden,

(Irrtum)   (Licht)

wo die   regiert. Lass mich

(Finsternis)   (Freude)

ausbreiten, wo   zuhause ist.

(Kummer)

Aufgabe:
Zeichne die in Klammer stehenden Begriffe in die Lücken. Verwende nur dort Farben, wo es nötig ist. Legt eure Ergebnisse aus und vergleicht eure Ideen!

Diakonie – ohne sie geht's nicht!

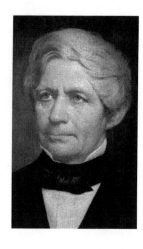

Klar: Bekenntnis und gemeinsames Feiern des Gottesdienstes, das gehört zur Kirche. Aber Diakonie – das bedeutet: Dienst – gehört das auch dazu? Und wem und womit soll man dienen?

Schon im Alten Testament treten Bedürftige ins Blickfeld. »Verweigert Fremden und Waisen nicht ihr Recht und nehmt nicht das Oberkleid einer Witwe zum Pfand« (5. Mose 24,17). An den Rand Geschobene, Verarmte, Kranke, Witwen, Waisen und Fremde brauchen besonderen Schutz. Gott sorgt sich um sie.

Auch im Neuen Testament stehen diese Menschen immer wieder im Mittelpunkt. Jesus holt einen Menschen mit verkrüppelter Hand (Lk 6,8), den schreienden, blinden Bartimäus (Mk 10,49) oder kleine Kinder (Mk 10,14) in die Mitte. Und alle Menschen sollen und können ihn entdecken in den Hungernden, Durstigen, Fremden, Nackten, Kranken und Gefangenen (Mt 25, 35 f).

In der Geschichte der ersten christlichen Gemeinden nimmt der Dienst an den Bedürftigen der Gemeinden, den Witwen und Waisen eine zentrale Stellung ein. Diakone werden eingesetzt, die sich um das Wohlergehen der Armen kümmern.

Auch im weiteren Verlauf der Kirchengeschichte spielt die Diakonie immer eine Rolle. Neuen Schwung und eine klar umrissene Beschreibung a!s zentrale Aufgabe christlichen Handelns bekommt die diakonische Arbeit auf dem Kirchentag in Wittenberg 1848. Johann Hinrich Wichern, ein junger Pastor, hat nach dem Tod seines Vaters am eigenen Leib Armut, aber auch Zuwendung und Förderung durch wohlhabende Bürger erfahren. Sein eigenes Schicksal veranlasst ihn, sich für verwahrloste Kinder und Jugendliche einzusetzen. 1833 gründet er in Hamburg das »Rauhe Haus«. Hier werden Jungs ohne Zuhause und oft mit krimineller Karriere in einer Heim-»Familie« aufgenommen. Sie werden ausgebildet und befähigt, als Erwachsene in einer Gemeinschaft ohne fremde Hilfe zu leben.

Wicherns flammende Rede auf dem Kirchentag, in der er nicht nur Worte, sondern vor allem auch Liebestaten fordert, führt zur Gründung der »Inneren Mission«, einer Dachorganisation vieler evangelischer Hilfsvereine. Später wurde die Organisation umbenannt in »Diakonie«, die heute in Deutschland in unterschiedlichsten Einrichtungen 430 000 hauptamtliche Mitarbeiterinnen und Mitarbeiter beschäftigt.

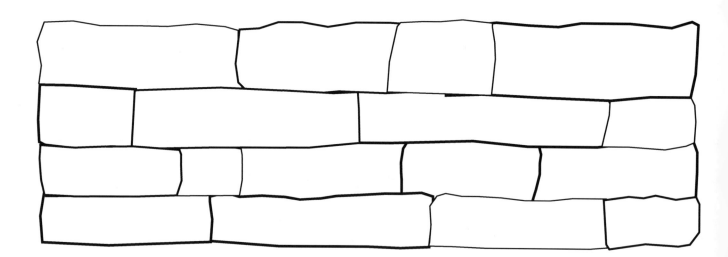

Aufgaben:
1. Wurzeln der Diakonie – Lest in der Apostelgeschichte den Bericht über die Anfänge der Diakonie in den ersten christlichen Gemeinden (Apg 6,1–7). Schreibt als Journalisten der damaligen Zeit einen kurzen Artikel über diese Vorkommnisse.
2. Informiert euch (z.B. im Internet) über die Aufgaben der Diakonie heute.
3. Tragt die unterschiedlichen Arbeitsbereiche möglichst vollständig zusammen und schreibt sie in die Steine der Mauer. Findet eine passende Unterschrift für das Bild.

Caritas: Hilfe für und mit Menschen

© akg-images

Der Gründer der Caritas ist Lorenz Werthmann (1858–1921), katholischer Priester und Sozialpolitiker.

Mit der Gründung des »Caritas-Verbandes für das katholische Deutschland« am 9. November 1897 wollte er den sozialen Nöten und dem Elend seiner Zeit entgegentreten. Für ihn gab es drei zentrale Aufgaben:

- »Organisieren«: Er erkannte, dass viele Hilfeleistungen zentral geplant und vorbereitet werden müssen.
- »Studieren«: Nicht nur das Handeln (warmherzig und engagiert), sondern auch die Weiterbildung ist wichtig.
- »Publizieren«: Veröffentlichungen von Schriften, um die Idee der Caritas aktuell zu halten zu verbreiten.

Heute umfasst die international arbeitende Caritas mehr als 160 Organisationen. Eine davon ist der Deutsche Caritas-Verband. Seine evangelische Entsprechung ist das Diakonische Werk.

Und heute?

Die Caritas handelt dort, wo Menschen in Not sind. Sie engagiert sich für sozial Benachteiligte, Obdachlose, Suchtkranke, arme und kranke Menschen. Sie betreibt viele ambulante und stationäre Einrichtungen, die ihre Dienste anbieten, dazu gehören Krankenhäuser, Alters- und Pflegeheime, Heime für Menschen mit Behinderungen oder mit psychischen Problemen, aber auch Kindertagesstätten, Kinderheime, Mutter- und Kind-Einrichtungen sowie Dienste und Einrichtungen der Jugend- und der Familienhilfe. Darüber hinaus hilft sie bei Katastrophen und in anderen Notsituationen.

Im politischen Bereich wirkt sie bei der sozialen Gesetzgebung mit.

Das Selbstverständnis des Deutschen Caritas-Verbandes:

- vielfältige Hilfe mit und für Menschen aus christlicher Verantwortung
- wirkt an der Gestaltung des kirchlichen und gesellschaftlichen Lebens mit
- Grundlage für die Tätigkeit ist der Anspruch des Evangeliums und der Glaube der Kirche

Aufgaben:

1. Informiere dich über die Arbeitsgebiete der Caritas vor Ort.
2. Gestaltet in Gruppenarbeit ein Plakat: Aufgaben der Caritas oder gestaltet einen Flyer, der die Aufgaben der Caritas darstellt. Informiert euch dazu auch im Internet!

	Wie ich den Satz beende	Mt 25,35–37a
Ich hatte Hunger …	und …	
Ich hatte Durst …	und …	
Ich war ein Fremdling …	und …	
Ich war nackt …	und …	
Ich war krank …	und …	
Ich war gefangen …	und …	

Aufgaben:

1. Lies dir die Satzanfänge in Spalte 1 durch und schreibe spontan in Spalte 2 auf, wie du den Satz beenden würdest.
2. Tausche mit deinen Mitschülern die Ergebnisse aus.
3. Lies Mt 25,35–37a und ergänze Spalte 3. Gibt es Unterschiede zu deinen Sätzen?
4. Gib dem Blatt eine Überschrift.

Werke der Barmherzigkeit
(Matthäus 25,35–37a)

Mt 25,36

Mt 25,37

Mt 25,36

Mt 25,35

Mt 25,35

Mt 25,35

Hinweis: Apfel in der Mitte kann farbig gestaltet werden

Vorlage für Gruppenarbeit → kopieren, laminieren und schneiden

Werke der Barmherzigkeit

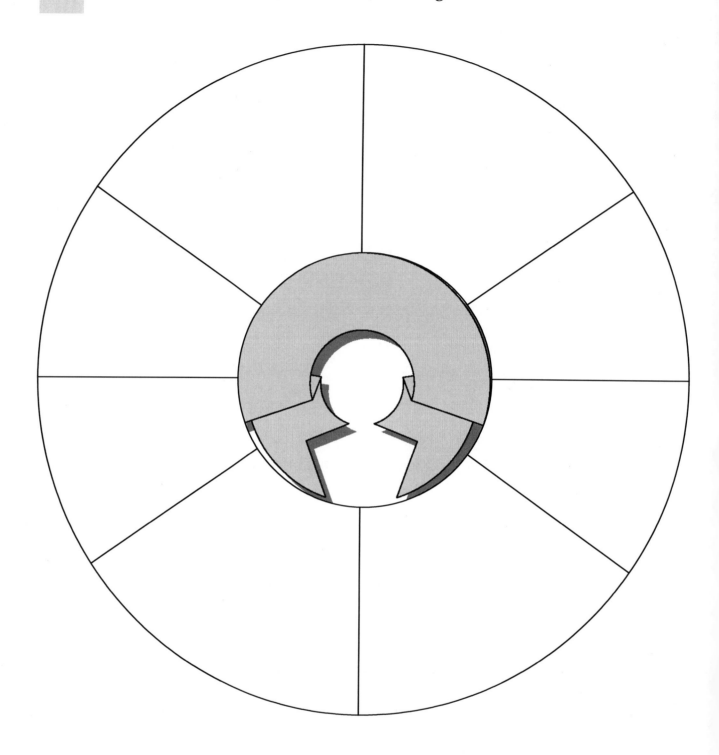

Aufgaben:

1. Trage in den äußeren Bereich die »Werke der Barmherzigkeit« ein und übernimm die von deinen Klassenkameraden entworfenen Piktogramme.
2. Ordne jedem Kreisausschnitt eine passende Farbe zu.
3. Welches Motto könnte auf dem Banner in der Mitte des Kreises stehen?
   Sammelt Ideen – dann schreibe die hinein, die dir am passendsten scheint.
4. Diskutiert in der Klasse, ob in diesen menschlichen »Werken der Barmherzigkeit« Gottes Barmherzigkeit sichtbar wird, und schreibt die Ergebnisse eures Gesprächs in kurzer Form auf.

Glauben erleben – Diakonie praktizieren

Bildungsstandards Hauptschule / Realschule

Die Schülerinnen und Schüler

- **wissen, dass sie immer Teil einer Gemeinschaft und mit ihrem Handeln für sich und andere verantwortlich sind. Sie sind in der Lage, sich in andere Menschen einzufühlen. Sie sehen Möglichkeiten, anderen Menschen zu helfen (Projekte) (HS 2.3)**
- **kennen Möglichkeiten, am kirchlichen Leben teilzunehmen (HS 6.3)**
- entwickeln Ideen zur Gestaltung ihres Lebens, schätzen ihre Möglichkeiten realistisch ein und sind sich der Veränderbarkeit ihrer Lebensentwürfe bewusst (HS 1.4)
- wissen, dass Leib und Seele verletzbar sind, können Gefahren benennen und negative Folgen für ihr Leben abschätzen (HS 1.2)
- kennen Weisungen der jüdisch-christlichen Tradition für das Handeln der Menschen (die Goldene Regel, Zehn Gebote, das Doppelgebot der Liebe) und können sie auf aktuelle Problemfelder beziehen (HS 2.2)
- sind in der Lage, gemeinsam mit anderen hilfreiche Regeln des Zusammenlebens zu entwickeln, und verfügen über Möglichkeiten, Konflikte gerecht und friedlich anzugehen (HS 2.4)
- können eigene Gedanken zu biblischen Aussagen äußern und durch vielfältige kreative Auseinandersetzung die Bedeutung für sich klären (HS 3.2)
- wissen um das vielfältige Angebot religiöser Gruppierungen und können mithilfe von Kriterien diese beurteilen (HS 7.3)

Die Schülerinnen und Schüler

- **können Kontakte zu Menschen in ausgewählten sozial-diakonischen Bereichen herstellen und über Erfahrungen berichten (RS 2.4)**
- **kennen Beispiele aus der diakonischen Arbeit der Kirche und deren biblische Begründung (RS 6.3)**
- sind in der Lage, gemeinsam mit anderen hilfreiche Regeln zu entwickeln und durch ihr Verhalten gemeinschaftliches Leben in ihrem Umfeld zu förden (RS 2.2)
- verfügen über gewaltfreie, partnerschaftliche Formen der Konfliktlösung (RS 2.3)
- sind in der Lage, Konsequenzen aus Jesu Umgang mit Menschen im Blick auf gegenwärtige Lebenssituationen zu formulieren (RS 5.4)
- können die Vielgestaltigkeit der evangelischen Kirche als Institution an Beispielen darstellen (RS 6.2)
- kennen (christliche) Normen für das Handeln der Menschen (zum Beispiel »Doppelgebot der Liebe«, Zehn Gebote) und können sie auf Alltagssituationen beziehen (RS 2.1)
- wissen, dass Geschlechtlichkeit und Partnerschaft dem Menschen zum verantwortlichen Umgang anvertraut sind (RS 1.3)

Die Schülerinnen und Schüler

- sind in der Lage, eigene soziale Fähigkeiten erkennen und für andere einsetzen
- können durch ihr Verhalten gemeinschaftliches Leben in ihrem Umfeld fördern
- können ihre Klassen- und Schulgemeinschaft als soziales Gefüge begreifen und lernen förderliche Einwirkungs- und Gestaltungsmöglichkeiten für die Gemeinschaft kennen und einzusetzen
- sind in der Lage, Konflikte partnerschaftlich lösen
- erkunden soziale Einrichtungen und können diese darstellen (Lerngang, Exkursion)

> - können über ihr soziales Engagement reflektieren und es dokumentieren
> - sind in der Lage, für andere verlässlich Verantwortung im ehrenamtlichen Bereich (in der Schule, in Vereinen, in Kirchen und als [Junior-]Mentorinnen) zu übernehmen
> - können zu sozialem Engagement einen eigenen Standpunkt einnehmen und darüber reflektieren

Zur Lebensbedeutsamkeit

Soziales Lernen von Kindern, Jugendlichen und Heranwachsenden genießt in Schule und Gesellschaft höchste Akzeptanz. Der Bildungsplan 2004 hat den Erwerb sozialer Kompetenzen ausdrücklich im allgemeinen Bildungsauftrag der Schulen verankert, was sich auch in den Bildungsstandards der verschiedenen Fächer und Fächerverbünde – und vor allem in den Fächern evangelische und katholische Religionslehre – spürbar niederschlägt. Soziales Lernen berührt sowohl die Schule als Lebensraum als auch das außerschulische Umfeld der Schülerinnen und Schüler. Es lässt sich aber auch mit den Kompetenzen und Inhalten des Bildungsplans selbst auf vielfältige Weise verknüpfen. Dahinter verbirgt sich die eigentliche didaktische Herausforderung, die darin besteht, Soziales Lernen in den regulären Fachunterricht so zu integrieren, dass es zu einer wechselseitigen Befruchtung kommt: an fachbezogenen Standards wird soziale Kompetenz erworben und der Erwerb sozialer Kompetenz kommt der Fachlichkeit des Unterrichts zugute.

Nach biblischer Überzeugung will der Glaube in der Liebe tätig werden (Gal 5,6). Dies geschieht im Raum der Kirchen exemplarisch auf dem Feld der gemeindlichen und übergemeindlichen Diakonie und Caritas. Diakonie und Caritas als Formen organisierter Nächstenliebe wurzeln in der biblischen Grundstruktur von Evangelium und Gesetz, von Zuspruch und Anspruch, von Glaube und Ethos. Gleichzeitig belegen Jugendstudien das Bedürfnis von Kindern und Jugendlichen, gebraucht zu werden. Deshalb erfordert Soziales Lernen immer auch Anteile praktischer Erfahrung, die aber Kenntnisse, Fähigkeiten, Einstellungen und Haltungen benötigt, um Erlebtes und Praktiziertes zu reflektieren.

Der vorliegende Unterrichtsentwurf ist sowohl für eine ›herkömmliche‹ Unterrichtseinheit »Diakonie« im Klassenzimmer gedacht als auch als Vorbereitung, Begleitung und Vertiefung eines Sozialpraktikums bzw. als Baustein des Religionsunterrichts für ein Themenorientiertes Projekt Soziales Engagement (TOP SE Realschule). Die entsprechenden Bausteine sind am Rand mit »TOP SE« gekennzeichnet. Geht man davon aus, dass von den insgesamt ca. 70 Wochenstunden für das TOP SE etwa je ein Drittel auf die Vor- und Nachbereitung der Praxiserfahrungen im Unterricht entfallen, so kann sich der Religionsunterricht mit einem wesentlichen Anteil daran beteiligen. Ein solcher integrativer Unterricht hat deutliche Anteile an projektförmiger Arbeit. Soll die Einheit ohne Praxisanteile durchgeführt werden, können die entsprechenden Bausteine modifiziert oder weggelassen werden. Im Anhang (**M 10**) findet sich eine Auswahl aus Bildungsstandards anderer Unterrichtsfächer, die bei integrierter Projektarbeit in den Blick genommen werden können.

Ein Blick auf katholische Bildungsstandards

Die Schülerinnen und Schüler

- wissen, dass zur Identitätsfindung Selbstwertschätzung, soziales Verhalten und Beziehung zu Gott gehören (RS 1.1)
- sind bereit, auf die Stimme ihres Gewissens zu hören und sich an den Weisungen der Bibel zu orientieren (RS 2.8)
- können Ungerechtigkeit wahrnehmen und sich für Gerechtigkeit einsetzen (RS 2.9)
- sind bereit, sich für sozial Schwache und Unterdrückte einzusetzen und für eine »Kultur der Barmherzigkeit« einzutreten (RS 2.10)
- wissen, dass Gott besonders auf der Seite der Schwachen und Unterdrückten steht (RS 4.1)

- werden sensibel für den Ruf Gottes in der Not der Mitmenschen (RS 4.7)
- kennen Lebensgeschichten von Menschen, die Jesus Christus nachfolgen und anderen in ihren Nöten beistehen (RS 5.3)
- wissen, dass die ›Diakonia‹ als Grunddienst der Kirche Not leidenden Menschen die Gegenwart Jesu Christi vermittelt (RS 6.1)
- können caritative Einrichtungen am Ort erkunden (RS 6.3)
- sind bereit, sich in die Lebenssituation von Menschen, die Hilfe brauchen, einzufühlen und sich persönlich zu engagieren (RS 6.4)

- Wandzeitung: Was Menschen brauchen – wie Glaube lebt (**M 1**)
- Lerntagebuch / Dokumentation (Praxisanteil)

Leitmedien

- Die Schülerinnen und Schüler erstellen anhand einer Umrissskizze eines Menschen eine ›Bedürfnislandkarte‹: Was Menschen brauchen (**M 1**).
- Weiterarbeit (**M 1**): Die Schülerinnen und Schüler tragen auf Metaplan-Karten zusammen, wodurch das Leben eines Menschen beeinträchtigt sein kann (körperliche, seelische, soziale Beeinträchtigungen). Folgende Schritte können sich anschließen: Welche Hilfen benötigen Menschen mit entsprechenden Beeinträchtigungen? Welche (lokalen) Formen der (institutionalisierten) Unterstützung entdecken wir? Welche biblischen Texte / Geschichten lassen sich jeweils zuordnen?
- Recherchieren mithilfe einer Konkordanz / einer Bibel-CD-ROM / einer Internetbibel zum Stichwort ›Nächstenliebe‹. Weiterarbeit (wenn z.B. Belegstellen nicht gefunden werden): Wonach können wir alternativ suchen, wenn wir Belege für ›Nächstenliebe‹ finden wollen? (›Liebe deinen Nächsten‹ ergibt bei www.bibleserver.com neun Fundstellen; unter http://www.bibel-konkordanz.de finden sich zwei Stellen).
- Assoziieren (Suchen/Auffinden) biblischer Geschichten / Aussagen / Botschaften zum Stichwort: »Gott wendet sich den Menschen zu« oder »Menschen erleben die Nähe Gottes« oder »Gott hilft in der Not« und stellen sie einander vor. Gegebenenfalls ›Nacharbeit‹ mit Hilfe einer Konkordanz, eines Bibellexikons.
- Arbeit mit vorliegenden Gemeindebriefen: das Engagement lokaler Kirchengemeinden zugunsten von Menschen mit Unterstützungsbedarf.
- Recherchieren in einer Tageszeitung: Unterstützungsangebote für Schwache, Beeinträchtigte und Bedürftige innerhalb unserer Kommune.
- Gemeinsames Erstellen eines ›Warenkorbs‹ für Jugendliche ihres Alters (und Summieren der Kalkulation für eine Woche, einen Monat, ein Jahr).

Die Schülerinnen und Schüler können zeigen, was sie bereits wissen und können
→ RS 6.2; RS 6.3; HS 7.3

- Die Schülerinnen und Schüler führen Kooperationsspiele durch (**M 2**) und reflektieren Gruppenprozesse (**M 3**).
- Die Schülerinnen und Schüler führen paarweise Interviews (**M 3**) zu ihren Spielerfahrungen durch und leiten daraus Regeln ab: Kooperation gelingt besser, wenn wir … oder wenn alle … Aus den Aussagen ein Plakat entwickeln.
- Die Gruppe entwickelt Kriterien, an denen sich die Besonderheiten der jeweiligen Individuen einer Lerngruppe feststellen lassen (Herkunft, Wohnort, Familienverhältnisse, Hobbys, Musikrichtungen [Hörgewohnheiten, Vorlieben], Freizeitbeschäftigungen, Vereinsmitgliedschaft, Ehrenamt usw.). Anschließend Visualisierung: »Was uns verbindet, was uns unterscheidet, was uns zur Gruppe macht.« Unterschiede, die wir wahrnehmen und die unsere Gruppe bereichern …
  Variante: Selbstvorstellung: Was jede(r) von mir weiß – was wahrscheinlich niemand von mir weiß – was ich ganz für mich behalte (wird nicht ausgefüllt!) – was ich nur im Vertrauen sagen kann (nicht ausgefüllt!) – was ich nur Gott sagen kann (dito!).

Die Schülerinnen und Schüler nehmen sich als Gruppe wahr und können Vorgänge und Verhalten in der Gruppe reflektieren und daraus Regeln ableiten
→ HS 1.2; HS 2.3; HS 2.4; RS 2.2; RS 2.3

- Regeln, Tabus und Verlässlichkeiten: Worauf wir uns untereinander verlassen können müssen (Vertrauensschutz, Wertschätzung, niemand wird verächtlich gemacht usw.) – u.U. in Verbindung mit der ›Goldenen Regel‹, den Zehn Geboten (s.u.)! Versuchsweise können die Schülerinnen und Schüler eine ›Grundregel‹ entdecken, die der ›Goldenen Regel‹ gleicht (»Wenn du meine Grenzen nicht verletzt, will ich auch deine respektieren« o.ä.).

Die Schülerinnen und Schüler können Kontakte zu Menschen herstellen, die in der sozial-diakonischen Arbeit tätig sind und deren Arbeitsfeld erkunden
→ **RS 2.4; HS 7.3**
→ **TOP SE**
	- Vorbereiten eines Fragebogens für eine Erstbegegnung mit Vertreter/innen sozialdiakonischer Arbeit:
	  a) Schülerinnen und Schüler überlegen in Kleingruppenarbeit, was sie wissen wollen und wie sie danach fragen könnten (wörtliche Frageformen ausarbeiten).
	  b) Einen Fragebogen erstellen (**M 4**).
	  c) ›Übersetzungs-Arbeit‹ am Fragebogen (**M 4**): wie formulieren wir die Frage für die entsprechenden items?
	- Interviewtechniken: Fragebogen wie oben. Antworten dokumentieren: schriftlich (auf dem Fragebogen)? Tonbandmitschnitt, Verschriftlichung? Videoaufzeichnung?
	- Gruppen bilden: Nach welchen Kriterien? Interessen feststellen (Arbeit mit Jugendlichen, mit Familien, mit Menschen mit Behinderung …). Auf individuelle Bedürfnislagen, Vorkenntnisse, Vorerfahrungen, aber auch Befürchtungen, Skepsis, Ängste achten!
	- Übungen zu: Ich stelle mich vor …: Rollenspiel im Klassenzimmer.

Die Schülerinnen und Schüler entdecken in einer biblischen Jesusgeschichte Jesu besondere Zuwendung zu Schwachen und Ausgegrenzten
→ **HS 3.2; RS 5.4**
	- Arbeit in arbeitsteiligen Gruppen bzw. im Gruppenpuzzle zu folgenden Themengruppen (›Expertengruppen‹):
	  – »Jesus befreit von Schuld«: Ehebrecherin (Joh 8). Schülerinnen und Schüler erstellen eine Mindmap mit den vorgegebenen Positionen »Schuld« (am Beispiel der Ehebrecherin) – »Vergeltung« (Pharisäer, Schriftgelehrte, das Volk) – »Vergebung« (Jesu Umgang mit Verfehlungen). Ziel ist die Beantwortung folgender Fragen: Welche Regeln hat die Frau verletzt? Was ist ›gerecht‹? – Welche Regeln hat Jesus verletzt?
	  – »Jesus heilt Gebrechen«: Teich Bethesda (»Zu kurz gekommen«): Schülerinnen und Schüler ›erfinden‹ eine Institution (bzw. institutionelle Bedingungen), die dafür sorgen, dass der zu kurz Gekommene zu seinem Recht kommt. Welche Anhaltspunkte bietet das Verhalten Jesu?
	  – »Jesus ist die Liebe«: Nachfolge und Reichtum (Mk 10,17–27); Vergleich mit Nachfolge und Lebensgewinn (Mk 8,34–38). Schreibspiel zum Stichwort ›Nachfolge‹.
	  – »Jesu neue Gerechtigkeit«: Arbeiter im Weinberg.
	  – »Jesus macht Hungernde satt«: Speisung der 5000 (Mk 6,30–44). Internetrecherche: Wo auf der Welt gibt es heute noch Hunger? Welche Ausmaße hat der Hunger? Arbeit von »Brot für die Welt« / »Misereor«. Schülerinnen und Schüler versuchen, das Speisungswunder zu ›übersetzen‹: Was wäre nötig, damit »alle essen und satt werden« (Mk 6,42)?
	  – »Jesus ermöglicht Umkehr«: Der barmherzige Vater (Lk 15,11–32).
	- Variante 1: Schülerinnen und Schüler bilden gleich große Kleingruppen, eignen sich den dort angebotenen Text an und tragen gemeinsam eine Nacherzählung zusammen, in der deutlich wird, wie an der Geschichte beteiligte Personen das Handeln und die Haltung Jesu erleben. Gegebenenfalls ist der Text bereits mit der oben genannten Überschrift versehen. Aufgabe: Die Geschichte so erzählen, dass die Überschrift von der Klasse zugeordnet werden kann. D.h.: Tafelanschrieb bzw. Plakat, auf dem nach jeder Schülererzählung die entsprechende Geschichte ergänzt wird.
	- Variante 2: Gruppenpuzzle: Schülerinnen und Schüler bilden gleich große Kleingruppen (›Stammgruppen‹; Gruppengröße je nach Anzahl der angebotenen

Themen). Nach kurzer Einführung arbeitet je ein Gruppenmitglied für 30 Minuten in einer ›Expertengruppe‹ jeweils zu einem Thema. Danach treffen sich neue Gruppen, in denen nun Experten zu jedem Thema sitzen und sich gegenseitig informieren. Anschließend sucht die Gruppe die für jede biblische Geschichte passenden Überschriften. Vorgabe: Jede Überschrift beginnt mit »Jesus ...« Letzter Schritt: Zusammenführung der Einzelüberschriften bzw. Auswahl der treffendsten Überschrift (Tafelbild / Plakat, s.o.)

- Variante 3: Beschränkung auf vier biblische Geschichten mit Arbeitsaufgaben (**M 5**). Start: Jede Station ist mindestens mit einem Schüler bzw. einer Schülerin besetzt. Alle Schüler/innen wechseln ein- bis zweimal.

  Auswertung im Kreisgespräch. Vorbereitung: Sammlung der Überschriften an der Tafel: ein Schüler/eine Schülerin beginnt, Klasse ordnet Überschriften, die sich (vermutlich) auf dieselbe Geschichte beziehen, zu. So entstehen vier Gruppen von Überschriften. – Nächster Schritt: das jeweils Besondere / Überraschende der Geschichten wird nacherzählt. Frage 4 (Arbeitsblatt **M 5**) kann herangezogen werden, um das Überraschende zu verdeutlichen: eigentlich hätte man erwartet, dass ... – Abschluss: Gemeinsame Findung einer Überschrift, die das besondere Handeln Jesu charakterisiert: »Jesus als ...« bzw. »Jesus ... (Verb)«

- Dilemmageschichten

  Dilemma-Geschichten finden sich verstreut in der einschlägigen Literatur sowie im Internet (www.uni-konstanz.de/ag-moral; www.lernvisionen.ch u.v.a.m.). Zu erwägen ist, ob solche Geschichten nicht von der Lehrperson jeweils passend für die Lerngruppe neu erfunden werden sollten. Wichtig ist der semi-reale Charakter: Geschichten sollen möglichst nahe an der Vorstellungswelt der Jugendlichen angesiedelt sein und echte Entscheidungssituationen bereithalten.

- Eine Dilemmageschichte mit Jesus: Die Vollmachtsfrage (Mk 11,27–33 par.)

  Anmerkung: In Mk 11,32 bricht der Vers, der die Abwägung der Gegner Jesu wiedergibt, mitten im Satz ab: »Sagen wir aber, von Menschen, ...« (Zürcher Bibel, 2007). Mt 21,26 / Lk 20,6 bieten den vollständigen Satz. Können die Schülerinnen und Schüler den Satzanfang in Mk 11,26 sinngemäß ergänzen? Der synoptische Vergleich ermöglicht die Kontrolle!

- Spielidee: Die Lehrkraft hat Karten mit knapp geschilderten Entscheidungssituationen vorbereitet (**M 6**). Schülerinnen und Schüler sitzen im Kreis, jede(r) liest zunächst die eigene Karte still durch. Alle Schülerinnen und Schüler verfügen zusätzlich über eine Ja- und eine Nein-Karte (**M 7**). Nun liest die erste Schülerin der linken Nachbarin ihre Karte laut vor. Die Gruppe spekuliert, ob die Antwort der betreffenden Schülerin Ja oder Nein lauten wird. Haben sich alle entschieden (Ja- oder Nein-Karte wird verdeckt auf den Tisch gelegt), gibt die betreffende Schülerin ihre eigene Entscheidung bekannt. Rückfragen sind erwünscht; Schülerinnen und Schüler können Strichlisten führen, mit denen sie ihre ›Trefferquote‹ feststellen.

- Ausgewählte Jesusgeschichten in den eigenen Lebenszusammenhang ›übersetzen‹ z.B.:
  - nach Bekanntschaft mit Dilemmageschichten (s.o.) erfinden die Schüler/innen zu einzelnen Jesus-Geschichten moderne Dilemma-Situationen. Am Beispiel der Ehebrecherin (Joh 7,35–8,11): der Konflikt zwischen Gesetzesnorm (verbotene Handy-Benutzung in der Schule) und begründetem Regelverstoß (Anruf bei einer kranken Schülerin während des Schulvormittags). Oder: Ährenraufen am Sabbat (Mt 12,1–8 par.) und die Frage nach Sonntagsarbeit (in diakonischen Einrichtungen!).

- Biblisch-ethische Normen sind als bekannt vorauszusetzen bzw. in Erinnerung zu rufen (Zehn Gebote, Doppelgebot der Liebe, Goldene Regel).

  Anhand von ausgewählten Jesus- und/oder Dilemmageschichten (s.o.) bestimmen die Schülerinnen und Schüler, welche dieser Regeln jeweils zueinander in Konkurrenz treten können bzw. im Ethos Jesu an erster Stelle stehen.

Die Schülerinnen und Schüler können das Verhalten Jesu gegenüber Schwachen in eigene Lebenszusammenhänge übertragen und Konsequenzen aus Jesu Umgang mit Menschen im Blick auf gegenwärtige Lebenssituationen formulieren
→ RS 5.4

Die Schülerinnen und Schüler können anhand eines Textes/Christusbildes erspüren und formulieren, inwiefern jeder mit seinen / ihren Fähigkeiten und Stärken gebraucht wird, und theologisch nachdenken über Macht und Ohnmacht Gottes in Jesus Christus	▪ »Christus hat keine Hände …« (Gebet aus dem 14. Jahrhundert): Schülerinnen und Schüler erstellen bzw. suchen zu dem Gebet »Christus hat keine Hände, nur unsere Hände, um seine Arbeit heute zu tun. Er hat keine Füße, nur unsere Füße, um Menschen auf seinen Weg zu führen. Christus hat keine Lippen, nur unsere Lippen, um Menschen von ihm zu erzählen. Er hat keine Hilfe, nur unsere Hilfe, um Menschen an seine Seite zu bringen« einen Kruzifixus-Torso (vgl. **M 8**). ▪ – Arbeit am Text: wie können unsere Hände das Werk Christi weiterführen? Was können unsere Hände? Prädikate suchen: jemanden bei der Hand nehmen, einen Weg zeigen, tragen helfen, streicheln, etwas aufbauen …). – Bildbetrachtung: welches Christusbild wird durch den Torso des Gekreuzigten vermittelt? UG über Schwachheit / Macht Christi. Vgl. Dietrich Bonhoeffer (**M 9**). – Collage: wie könnte man die fehlenden Gliedmaßen des Christus-Torsos ergänzen? ▪ Theologisieren: Christusbild und Mt 28,18f: Ambivalenz (Dialektik) der Allmacht / Ohnmacht des »gekreuzigten Gottes« (Jürgen Moltmann). Impuls: »Gott ist allmächtig – er kann …« – »Gott ist ohnmächtig – er kann nicht …« – »Gott ist menschlich – er verzichtet auf …«. Biblischer Impuls: 2. Kor 12,9 Christi Kraft ist in den Schwachen mächtig. Theologisieren über den »Ruhm der Schwachheit«: Kann man stolz sein auf Schwachheit? Kann man Gott dafür rühmen, dass er schwach sein kann?
Die Schülerinnen und Schüler können ausgewählte sozial-diakonische Einrichtungen und Werke auf biblisch-christliche Wurzeln zurückführen → RS 6.3 → TOP SE	*Internetrecherche anhand von Namen sozial-diakonischer Einrichtungen:* Krankenhaus Bethesda / Elisabethenstift / Samariterstift / Augustinusstift / Sarepta-Klinik / Wichern-, Oberlin-, Gustav-Werner-Haus / und andere mehr ▪ Was bedeutet der jeweilige Name? ▪ Auf Homepages der betreffenden Einrichtungen recherchieren: Wie begründen diese ihre Namensgebung? ▪ Einen Prospekt (bzw. Bausteine für einen Prospekt) für die betreffende Einrichtung bzw. deren Namensgebung entwerfen
Die Schülerinnen und Schüler können zeigen, in welchen institutionellen Formen Kirche heute versucht, das Ethos Jesu gegenüber Hilfsbedürftigen und Schwachen zu praktizieren → RS 6.2 → TOP SE	▪ Lebensbild aus der Diakonie: Internet-Recherche zu ausgewählten Personen (vgl. entwurf 1/2009) ▪ Diakonische Arbeitsfelder: ›Körperkarte‹ / Diakonisches Werk Auf dem Boden liegt der lebensgroße Umriss eines Menschen aus kräftigem Papier (Packpapier). Die Schülerinnen und Schüler beschriften die Formen von Bedürftigkeit, denen ein Mensch ausgesetzt sein kann (Sehbehinderung, Demenz, chronische Krankheit …) und suchen beispielsweise im Internet (vgl. http://www.diakonie.de/arbeitsbereiche) nach den entsprechenden diakonischen Arbeitsfeldern. Gibt es Beispiele (Einrichtungen) im Nahbereich der Schule?
Die Schülerinnen und Schüler wissen, welche Kompetenzen es in einem diakonisch-sozialen Projekt zu erwerben gilt, und können ihren Lernweg mitgestalten → TOP SE	Vorbereitung auf einen kommenden Praxiseinsatz der Schülerinnen und Schüler: ▪ Die Schülerinnen und Schüler recherchieren in ihrem Umfeld (ihrer Kommune), welche sozialen Einrichtungen es gibt, worin deren besondere Aufgabe besteht, und erfragen gegebenenfalls, ob es in den betreffenden Einrichtungen die Möglichkeit eines ca. 20-stündigen Sozialpraktikums gibt. ▪ Die Schule eröffnet innerschulische Angebote (Pausenmentoren, Tutoren, Hausaufgabenhilfe, Schulsanitätsdienst, Streitschlichter, Mediatoren usw.), die von Schülerinnen und Schülern, die sich in diesen Aufgabenfeldern bereits engagieren, vorgestellt werden. ▪ Die Schule bietet in Kooperation mit außerschulischen Partnern ein Schülermentorenprogramm an.

- Soziale Einrichtungen werden zu einem ›Markt der Möglichkeiten‹ für die Schülerinnen und Schüler in die Schule eingeladen und präsentieren sich. Die Schülerinnen und Schüler informieren sich und formulieren Prioritäten, die anschließend abgeglichen werden.
- Die Lehrkräfte bieten Einsatzmöglichkeiten an.
- Was kann man, wenn man helfen kann?
  Mindmap / Brainstorming zum Begriff »Helfen«; gegebenenfalls Gliederung anbieten: Voraussetzungen / Bedingungen / Was kann ich tun? / Was brauche ich? / Wo werde ich gebraucht? / Wo werden andere (Profis) gebraucht?
- Eine »Kompetenzlandkarte« zum Begriff des Helfens erstellen:
  Ich kann Menschen in Not helfen, das heißt: Ich kann:
  - erkennen, wo Menschen auf Hilfe angewiesen sind;
  - erfragen, wo und wie ich behilflich sein kann;
  - Hilfe anbieten;
  - Hilfe vermitteln;
  - …

Der Bildungsplan 2004 für die Realschule in Baden-Württemberg formuliert knapp, aber unmissverständlich: »Die Schülerinnen und Schüler dokumentieren den gesamten Prozess in einer individuellen Projektmappe.« Die Erstellung von (Sach-)Texten und Protokollen, adressaten- und situationsbezogenes Schreiben (berichten, beschreiben, argumentieren), schriftliche Ausdrucksformen für persönliche Gefühle und Stimmungen sowie Strategien zur Überarbeitung von Texten sind ausdrücklich Kompetenzen und Inhalte des Deutschunterrichts (vgl. Bildungsstandards Klasse 8, Bildungsplan S. 52 sowie »Synopse« **M 10**).

Die Schülerinnen und Schüler können über eigenes Soziales Engagement berichten und – unter Einschluss der Gender-Perspektive – eigene Erfahrungen reflektieren → TOP SE

Die folgenden Anregungen bedürfen deshalb der Integration ins Fach Deutsch:
- Wie dokumentiert und reflektiert man eigene Erfahrungen (**M 11**)?
- Selbst- und Fremdeinschätzung (**M 12b**)
- Gender-Perspektive (**M 12a**)
- Vorbereitung der Präsentation
- Worauf es ankommt: Was ist eine gute Präsentation? (Niveaustufen **M 14**).
- Selbstevaluation »Verantwortung« siehe Literaturverzeichnis

Weiterführende Fragen an das Schulcurriculum:
- Gibt es eine »Methodenwerkstatt Präsentationstechniken«?
- Wann und wie lernen die Schülerinnen und Schüler das freie Sprechen? Mediennutzung?
- Gibt es an der Schule erarbeitete und für die verschiedenen TOP / GFS / Projektprüfung / RS-Abschlussprüfung … verabredete Kriterien für die Leistungsmessung? (**M 13**)

U. Böhm: Soziales Lernen und Soziales Engagement. Verantwortungsübernahme Jugendlicher im schulischen Kontext, Baltmannsweiler 2006.

Dietrich Bonhoeffer: Widerstand und Ergebung. Briefe und Aufzeichnungen aus der Haft, Gütersloh 2005.

W. Keppler / G. Leitmann / J. Ripplinger: Das Soziale Lernen, Stuttgart 1999; vgl. auch www.agentur-mehrwert.de.

B. Kopp-Engel / M. Engel: Ökumenisches Sozialpraktikum. Handbuch für Pädagog/innen, Stuttgart 2003.

Sozial – aber wie?! Themenorientiertes Projekt Soziales Engagement, zu beziehen unter www.bildung-staerkt-menschen.de/service/downloads.

Literatur zur Unterrichtsgestaltung

Wandzeitung: Was Menschen brauchen – wie Glaube lebt

[»Bedürfnislandkarte«]   *[Metaplan]*

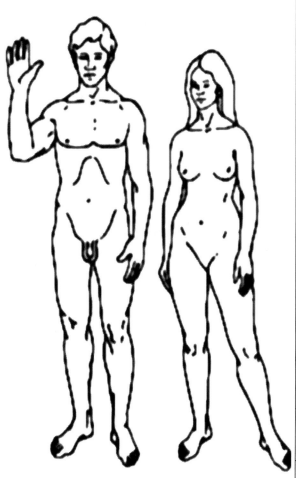

Bedürfnisse	Gefährdungen	Hilfen*	Biblische Geschichten**
Freunde	Einsamkeit	Beratung, Kontakt	Berufungs-geschichten
Arbeit	Arbeitslosigkeit	›Neue Arbeit‹	Arbeiter im Weinberg
Nahrung	Hunger, Durst	Tafelladen	Speisungs-geschichte
Liebe	Einsamkeit		Verlorener Sohn
Kleidung	Armut	Sozialhilfe	Mt 25
Freizeit		Jugendarbeit	
Wohnung	Obdachlos	Wohnungshilfe	Mt 25
Sport		Eichenkreuz	
Fortbewegung	Behinderung	Rollstuhl	Heilungs-geschichten
Kultur	Blind	Operation	"
…	Schwerhörig		"
	Gelähmt		"
	Flüchtlinge	Asylzentrum	Mt 25
	Sucht	Beratung	

Aufgaben:
* Konkrete örtliche Beispiele aus der Erkundung einfügen!
** Platzhalter für eigene Formulierungen.

New Games in Auswahl

1. Brücken bauen

Die Gruppe wird halbiert, beide Gruppenhälften sitzen sich auf Stühlen in zwei Reihen im Abstand von etwa 2,5 m gegenüber. Am Ende jeder Reihe befindet sich ein leerer Stuhl, in einer Entfernung von etwa 5 m zum anderen Ende wird eine Ziellinie auf den Boden gezeichnet.

Auf ein Startsignal der Lehrperson beginnen die beiden Reihen den leeren Stuhl zum anderen Ende hin durchzugeben. Sobald dieser fest auf der Erde steht, darf die letzte Spieler/in loslaufen und sich auf den Stuhl setzen. Sobald sie sitzt, darf der nunmehr freigewordene letzte Stuhl nach vorne gereicht werden.

Die Gruppe, die als erste über die Ziellinie kommt, gewinnt.

Tipps: Anstelle der Stühle können auch Bierkisten o.ä. verwendet werden.
Die Spieler/innen können auch im Stehen spielen; dann sollte aber darauf geachtet werden, dass Stühle ohne Lehnen verwendet werden.

Hinweis: Im Eifer des Spiels wird es immer wieder vorkommen, das Spieler/innen zu früh starten, dass neue Stühle zu früh weitergereicht werden und dass der Abstand zwischen den Stühlen immer größer wird. Um berechtigten Einsprüchen der Verlierer/innengruppe zuvorzukommen, sollte sich die Lehrperson vorab überlegen, wie sie damit umgehen will.
Es muss unbedingt auf ausreichenden Abstand zwischen den beiden Reihen geachtet werden, damit es beim schnellen Weitergeben der Stühle nicht zu Verletzungen kommt.

2. Atomspiel

Die Schülerinnen und Schüler laufen kreuz und quer durch den Raum, eventuell mit Musikbegleitung.
In Abständen ruft die Lehrperson eine Zahl in den Raum, worauf hin sich alle Spieler/innen schnellstmöglich zu Gruppen dieser zahlenmäßigen Größe zusammenfinden müssen. Am Besten fassen sich die Spieler/innen dabei an den Händen, um zu demonstrieren, dass eine Gruppe komplett ist.
Wenn alle (oder auch nicht alle) in den entsprechenden Gruppen zusammenstehen, löst die Lehrperson das

Ganze wieder auf und ruft nach kurzer Zeit die nächste Zahl.

Tipps: Das Atomspiel eignet sich auch dazu, um in einer Spielekette ohne großen Aufwand zu einer neuen Gruppengröße zu kommen. Die Gruppengröße entscheidet darüber, ob die Atomgruppen in der Regel aufgehen oder nicht.

3. Gegenstände an die Wand legen

Die Gruppe stellt sich an einer (gedachten) Linie in etwa 4 m Entfernung von einer Wand auf. Jede Spieler/in erhält einen Gegenstand.
Der Reihe nach gehen die Spieler/innen mit geschlossenen Augen auf die Wand zu und versuchen, ihren Gegenstand so nah wie möglich an der Wand auf den

Boden zu legen. Wer die Augen öffnet oder die Wand berührt, wird disqualifiziert. Wer seinen Gegenstand am nächsten zur Wand ablegen konnte, gewinnt.

Variante: Es werden Paare gebildet, wobei die Partner sich gegenseitig per Zuruf steuern.

4. Ein Ei verpacken

Die Schülerinnen und Schüler erhalten als Material ein rohes Ei und Zeitungspapier, eventuell auch Tesafilm oder Schnur.

Die Aufgabe besteht darin, das Ei (in begrenzter Zeit) so zu verpacken, dass es anschließend vom Rand der Tafel, vom Kartenständer o.ä. fallen kann, ohne zu zerbrechen.

5. Eine Stange schweben lassen

Gruppen von je 4–6 Schüler/innen erhalten jeweils einen Stab (Besenstiel). Sie stehen Schulter an Schulter oder auch gegenüber in einer Reihe und balancieren den Stab auf dem ausgestreckten Zeigefinger.

Auf Zuruf müssen sie den Stab auf den Boden legen oder über ihre Köpfe halten und darauf achten, dass kein Finger den Kontakt zum Stab verliert. Gleichzeitig soll der Stab so waagerecht wie möglich ›schweben‹.

6. Rohrbruch (auf dem Schulhof!)

Die Gesamtgruppe wird aufgeteilt in Kleingruppen zu ca. 5 Schülerinnen und Schülern. Jede Gruppe erhält ein Rohrstück (Baumarkt), einen Eimer mit Wasser und eine Henkeltasse oder Schöpfkelle. Das Rohrstück von ca. 50 cm Länge ist unten verschlossen und weist ca. 20 Bohrungen in unterschiedlicher Höhe (Durchmesser ca. 10 mm) auf. Die Zahl der Löcher entspricht etwa der Zahl der Gruppenteilnehmer mal fünf. Die Gruppe muss die Löcher mit den Fingern schließen und gleichzeitig innerhalb vorgegebener Zeit (z.B. eine Minute; Stoppuhr!) so viel Wasser wie möglich schöpfen und im Rohr behalten.

7. Goofy

Die Gruppe bewegt sich in einem abgedunkelten Raum durcheinander.
Jedes Mal, wenn sich zwei Spieler/innen treffen, berühren sie sich kurz und fragen sich gegenseitig »Goofy?«. Da sich beide »Goofy« fragen, wissen beide natürlich, dass keine/r von ihnen Goofy sein kann, denn Goofy würde ja kaum einen anderen fragen, ob er/sie Goofy sei.

Zuerst laufen alle durcheinander und wiederholen immer nur dieselbe Frage. Nach gewisser Zeit nimmt die Lehrperson eine beliebige Spieler/in zur Seite und flüstert ihr ins Ohr, dass sie ab sofort Goofy sei. Diese Spieler/in antwortet ab jetzt nicht mehr, wenn sie »Goofy« gefragt wird, woraufhin die Frager/in weiß, dass sie Goofy vor sich hat. Sie sucht sich eine freie Hand von Goofy und hängt sich an. Ab jetzt ist auch sie Goofy und antwortet nicht mehr. Jetzt wird es immer stiller im Raum, einige Unentwegte suchen immer noch nach »Goofy«, bis auch sie sich schließlich bis zu einer der beiden noch freien Hände Goofys durchgetastet haben.

8. Gruppenburg

Die Spieler/innen teilen sich in zwei gleichgroße Gruppen auf. Während die eine Gruppe den Raum verlässt bzw. sich außer Hörweite begibt, bildet die andere einen engen Kreis, indem die Spieler/innen die Arme auf die Schultern ihrer Nachbar/innen legen.

Gemeinsam machen sie ein Zeichen aus, das anderen den Einlass in die Burg ermöglicht. Je nach Gruppe kann dieses Zeichen sehr einfach sein (zum Beispiel mit dem Finger über den Nasenrücken streichen) oder kompliziert (mit einer Hand den Rücken, mit der anderen den Bauch streicheln). Nachdem sich die Gruppe auf ein gemeinsames Zeichen geeinigt hat, wird die andere Gruppe gerufen. Deren Spieler/innen stellen sich um die Gruppenburg auf und versuchen, durch Versuch und Irrtum das Zeichen herauszufinden. Erfolgreiche Spieler/innen werden in die Burg eingelassen und bilden einen neuen Teil der Burgmauer. Es ist nicht erlaubt, sich während des Spiels zu unterhalten, aber natürlich können sich die Spieler/innen der hinzugekommenen Gruppen beim Ausprobieren zusehen.

Wenn alle Spieler/innen Teil der Burg sind, werden die Rollen getauscht.

Hinweis: Das Herausfinden des richtigen Zeichens kann mitunter ziemlich lange dauern. In diesem Fall sollte die Lehrperson anregen, die Außenstehenden mit Lauten darauf hinzuweisen, ob sie sich auf dem richtigen Weg befinden oder ob sie ganz falsch liegen.

Name: _____ Spiel: _____

❏ Worauf es bei dem Spiel ankommt

_____

_____

_____

❏ Worauf ich besonders achten musste

_____

_____

_____

❏ Wie kamen wir gemeinsam am besten zum Ziel?

_____

_____

_____

❏ Was hat beim Spielen nicht so gut geklappt

_____

_____

_____

❏ Was ich an mir selbst beobachtet habe

_____

_____

_____

❏ Was ich an anderen Gruppenteilnehmer/innen beobachtet habe

_____

_____

_____

❏ Veränderungsvorschläge

Wenn wir das Spiel noch einmal spielen, dann sollten wir …

_____

_____

_____

❏ Bewertung der Spielidee

_____

_____

Auch als Interviewbogen verwendbar!

Fragebogen zur Kontaktaufnahme
mit einer sozial-diakonischen Einrichtung

Name der Einrichtung:

_____

_____

_____

Stempel, Logo

Name des Gesprächspartners/der Gesprächspartnerin _____

Er/sie arbeitet dort als _____

Aufgaben der Einrichtung _____

_____

Welche Menschen kommen zu der Einrichtung? _____

_____ Wie viele? _____

Für welches Gebiet (Stadtteil, Ortschaft …) ist die Einrichtung zuständig? _____

_____

Woher kommt das Geld für die Einrichtung? _____

Wer kann bei Ihnen arbeiten? _____

Können wir bei Ihnen ein Praktikum durchführen? _____

Mit welcher Aufgabe? _____

Weitere Informationen: _____

_____

_____

_____

_____

Eine Geschichte aus der Bibel (Muster)

Von Jesus wird erzählt (Markus 6,30–44):

[30]Die Apostel kehrten zu Jesus zurück und berichteten ihm, was sie alles in seinem Auftrag getan und den Menschen verkündet hatten. [31]Jesus sagte zu ihnen: »Kommt jetzt mit, ihr allein! Wir suchen einen ruhigen Platz, damit ihr euch ausruhen könnt.« Denn es war ein ständiges Kommen und Gehen, sodass sie nicht einmal Zeit zum Essen hatten. [32]So stiegen sie in ein Boot und fuhren an eine einsame Stelle. [33]Aber die Leute sahen sie abfahren und erzählten es weiter. So kam es, dass Menschen aus allen Orten zusammenliefen und noch früher dort waren als Jesus und die Zwölf. [34]Als Jesus aus dem Boot stieg, sah er die vielen Menschen. Da ergriff ihn das Mitleid, denn sie waren wie Schafe, die keinen Hirten haben. Darum sprach er lange zu ihnen. [35]Als es Abend wurde, kamen die Jünger zu Jesus und sagten: »Es ist schon spät und die Gegend hier ist einsam. Schick doch die Leute weg! [36]Sie sollen in die Höfe und Dörfer ringsum gehen und sich etwas zu essen kaufen!« [37]Jesus erwiderte: »Gebt doch ihr ihnen zu essen!« Die Jünger sagten: »Da müssten wir ja losgehen und für zweihundert Silberstücke Brot kaufen!« [38]Jesus fragte sie: »Wie viele Brote habt ihr denn bei euch? Geht, seht nach!« Sie sahen nach und sagten: »Fünf, und zwei Fische.« [39]Da ließ er die Jünger dafür sorgen, dass sich alle in Tischgemeinschaften im grünen Gras niedersetzten. [40]So lagerten sich die Leute in Gruppen zu hundert und zu fünfzig. [41]Dann nahm Jesus die fünf Brote und die zwei Fische, sah zum Himmel auf und sprach das Segensgebet darüber. Er brach die Brote in Stücke und gab die Stücke den Jüngern, damit sie sie an die Leute verteilten. Auch die zwei Fische ließ er an alle austeilen. [42]Und sie aßen alle und wurden satt. [43]Sie füllten sogar noch zwölf Körbe mit dem, was von den Broten übrig blieb. Auch von den Fischen wurden noch Reste eingesammelt. [44]Fünftausend Männer hatten an der Mahlzeit teilgenommen.

Aufgaben:

1. Lies die Geschichte aufmerksam durch. Überlege dir eine passende Überschrift!

_____

_____

_____

2. Was ist Jesus in dieser Geschichte wichtig?

_____

_____

_____

3. An welcher Stelle ist die Geschichte überraschend?

_____

_____

_____

4. Wie hätte die Geschichte anders ausgehen können?

_____

_____

_____

_____

_____

Am Fahrradständer wurde dir schon zum dritten Mal die Fahrradpumpe vom Rad weg geklaut. Neben deinem Rad steht schon seit Tagen ein altes, bei dem noch eine Pumpe dran ist. Würdest du die Pumpe mitnehmen?

Ein Mitschüler verspricht dir, ›ganz billig‹ an Marken-T-Shirts heranzukommen, die irgendwie nachts vom LKW fallen; mit 5 € bist du dabei. Würdest du ihm ein T-Shirt abkaufen?

Deinem Freund wurde die Lederjacke gestohlen. Plötzlich siehst du im Bus einen fremden Jungen, der genau diese Jacke anhat. Würdest du ihn ansprechen?

Das Klassentagebuch fehlt. Ein Mitschüler, der schon drei Einträge hat, hat es weggeworfen. Würdest du die Klassenlehrerin informieren?

Deine beste Freundin (bester Freund) ist mit einem Dritten in heftigem Streit. Du merkst, dass deine Freundin (Freund) eigentlich im Unrecht ist. Würdest du dich einmischen und auch gegen deine Freundin (Freund) Position beziehen?

Die neue Klassenlehrerin fragt: Gibt es hier etwa auch welche, die schon mal in dem frommen Schülerbibelkreis waren? Du müsstest dich eigentlich melden, weil du manchmal hingehst. Traust du dich?

Bei der Klassenparty deiner Freundin waren die Eltern nicht zu Hause. Am Ende der Party war ein großer Saftfleck auf dem Teppich. Die Eltern wollen jetzt, dass alle Anwesenden sich mit 10 € an den Reinigungskosten beteiligen. Du weißt sicher, dass du nur Sprudel getrunken hast. Würdest du trotzdem bezahlen?

Hältst du dich – rein statistisch – für intelligenter als der Durchschnitt der Bevölkerung?

In der U-Bahn reden fremde Jugendliche abfällig über ›Kanaken‹. Würdest du dich irgendwie ins Gespräch einmischen?

Du hast mit dem Fahrrad einen Strafzettel bekommen, weil du in der Fußgängerzone nicht abgestiegen bist. Der Vater deines Nebensitzers ist Polizist. Würdest du deinen Nebensitzer bitten, seinen Vater zu fragen, ob man da nicht etwas machen kann?

Du bist schlecht vorbereitet auf die Mathearbeit und kannst die Aufgaben schlecht lösen. Neben dir wird unbemerkt abgeschrieben. Am Ende bekommst du eine 4, neben dir bekommen beide eine 1–2. Würdest du dem Mathelehrer im Vertrauen etwas vom Abschreiben deiner Mitschüler/innen sagen?

Eine ziemlich unbeliebte Mitschülerin bietet für ein tolles Konzert eine Freikarte an. Du würdest zu gerne auf das Konzert gehen (gratis!); die Bedingung ist aber, dass du mit der Mitschülerin hingehst. Würdest du die Karte annehmen?

In der U-Bahn wird ein gleichaltriges Mädchen blöde angemacht. Würdest du dich einmischen?

Deiner Nebensitzerin fehlen teure Lederhandschuhe; vielleicht sind sie geklaut worden. Ein halbes Jahr später findest du sie in deinem Sportbeutel: du hattest sie doch ausgeliehen! Aber wie sieht das jetzt aus? Am besten: wegschmeißen!?

Der Klassenlehrer sagt: »Alle, die am Wochenende Konfirmation haben, dürfen scheinbar am Montag darauf Schule schwänzen. Da würde ich mich auch konfirmieren lassen.«
Meldest du dich und sagst, dass du dich nicht wegen des freien Tages konfirmieren lässt?

Neben dir in der Bankreihe ist ein heftiger Streit ausgebrochen. Jetzt fangen sie auch noch an, sich zu schlagen. Greifst du ein?

Während der Mathestunde ist draußen an der Garderobe etwas weggekommen. Du warst zufällig auf dem WC und bist dort einer Mitschülerin begegnet. Würdest du ihren Namen nennen?

Im Schullandheim haben zwei Schüler geraucht. Der Klassenlehrer hat die Kippen gefunden. Es war ausgemacht: Wer erwischt wird, muss nach Hause fahren. Aber es könnten einfach alle sagen: »Wir haben alle mitgemacht.« Du auch?

Du hast das Bild für Kunst von deinem älteren Bruder zu Hause anfertigen lassen. Beim Abgeben bezweifelt deine Lehrerin, dass du das Bild alleine gemalt hast. Du könntest ja sagen: »Es hat mir jemand geholfen.« Ja oder Nein?

Im Kaufhaus in der Schlange ist Kindergeschrei. Eine Mutter ist zornig und schlägt ihr Kind ins Gesicht. Dabei hat das Kind gar nichts gemacht. Man müsste eigentlich sagen: »He, hören Sie mal!« Traust du dich?

Du hast ein Computerspiel ausgeliehen und müsstest es schon lange zurückgeben. Jetzt ist der Freund, dem es gehört, weggezogen. Würdest du ihm das Spiel nachschicken?

Deine Mutter hatte während des Schullandheims Geburtstag und du hast es vergessen. Nach dem Schullandheim sagst du: »Ich hab dran gedacht, aber es gab kein Telefon im Haus.« Ja oder nein?

Nach der Schuldisko werden Getränke abgerechnet. Du hast für deine Cola noch nicht bezahlt, aber es heißt: es ist genug Geld zusammengekommen. Würdest du trotzdem noch bezahlen?

Am letzten Schultag vor Weihnachten ist Schulgottesdienst. Viele sagen: »Da gehe ich nicht hin, nur, wenn ich muss.« Du würdest eigentlich ganz gerne hingehen: die Lieder, die Kerzen ... Traust du dich, das in der Klasse zuzugeben?

Ja!

Nein!

Christus-Torso

Kruzifix aus Sankt Georg, Köln (um 1017). Foto: Rheinisches Bildarchiv, Köln

Dietrich Bonhoeffer

»Gott lässt sich aus der Welt herausdrängen ans Kreuz, Gott ist ohnmächtig und schwach in der Welt und gerade und nur so ist er bei uns und hilft uns.

Es ist (...) ganz deutlich, dass Christus nicht hilft kraft seiner Allmacht, sondern kraft seiner Schwachheit, seines Leidens!

Hier liegt der Unterscheid zu allen Religionen. Die Bibel verweist den Menschen an die Ohnmacht und an das Leiden Gottes; nur der leidende Gott kann helfen.«

Dietrich Bonhoeffer in einem Brief aus dem Gefängnis in Tegel, am 16. Juli 1944. Am 9. April 1945 wurde Bonhoeffer im KZ Flossenbürg hingerichtet.

Aufgabe:

Lies Matthäus 8,14–17
Frage: Wenn Jesus kein mächtiger Zauberer und Wunderheiler ist – wie könnte man ihn dann beschreiben?

Dein Vorschlag: _____

_____

_____

_____

Lies Jesus vor Pilatus, Johannes 18,33–38
Frage: Was für ein König ist Jesus? Versteht Pilatus die Antwort Jesu? Wie könnte man Jesu Antwort verstehen?

Dein Vorschlag: _____

_____

_____

_____

Foto aus: Christian Gremmels / Renate Bethge (Hg.), Dietrich Bonhoeffer – Bilder eines Lebens, © 2005 Gütersloher Verlagshaus, Gütersloh, in der Verlagsgruppe Random House GmbH

M 10

Erstellung eines Curriculums für TOP SE (Themenorientiertes Projekt Soziales Engagement) – mögliche Anknüpfungspunkte im Bildungsplan RS Klasse 7/8

TOP SE	ev. Religion	kath. Religion	Ethik
Die Schülerinnen und Schüler können	Die Schülerinnen und Schüler	Die Schülerinnen und Schüler	Die Schülerinnen und Schüler können
• eigene soziale Fähigkeiten erkennen und für andere einsetzen • durch ihr Verhalten gemeinschaftliches Leben in ihrem Umfeld fördern • ihre Klassen- und Schulgemeinschaft als soziales Gefüge begreifen und lernen förderliche Einwirkungs- und Gestaltungsmöglichkeiten für die Gemeinschaft kennen und einzusetzen • Konflikte partnerschaftlich lösen • soziale Einrichtungen erkunden und darstellen (Lerngang, Exkursion) • über ihr soziales Engagement reflektieren und es dokumentieren • für andere verlässlich Verantwortung im ehrenamtlichen Bereich (in der Schule, in Vereinen, in Kirchen und als (Junior-) Mentorinnen) übernehmen • zu sozialem Engagement einen eigenen Standpunkt einnehmen und darüber reflektieren.	• sind in der Lage, über eigene Begabungen und Stärken, aber auch Grenzen und Schwächen zu sprechen und über Konsequenzen für den Umgang miteinander nachzudenken • kennen christliche Normen für das Handeln der Menschen (zum Beispiel ...) und können sie auf Alltagssituationen beziehen • sind in der Lage, gemeinsam mit anderen hilfreiche Regeln zu entwickeln und durch ihr Verhalten gemeinschaftliches Leben in ihrem Umfeld zu fördern • können Kontakte zu Menschen in ausgewählten sozial-diakonischen Bereichen herstellen und über Erfahrungen berichten • kennen die Geschichte eines Menschen, der sein Leben im Vertrauen auf Gott gestaltet hat • wissen, wie sich Jesus den Menschen, insbesondere den Ausgegrenzten, zugewandt hat, und sehen an seinem Beispiel, wie Menschen miteinander umgehen können • sind in der Lage, Konsequenzen aus Jesu Umgang mit den Menschen im Blick auf gegenwärtige Lebenssituationen zu formulieren • können die Vielgestaltigkeit der evangelischen Kirche als Institution an Beispielen darstellen • kennen Beispiele aus der diakonischen Arbeit der Kirche und deren Begründung	• wissen, dass zur Identitätsfindung Selbstwertschätzung, soziales Verhalten und Beziehung zu Gott gehören • wissen, dass jeder Mensch Stärken und Schwächen hat und immer zur Weiterentwicklung fähig ist • sind in der Lage, qualifizierte Hilfe anzunehmen und zu vermitteln (...) • können Ungerechtigkeit wahrnehmen und sich für Gerechtigkeit einsetzen • sind bereit, sich für sozial Schwache und Unterdrückte einzusetzen und für eine »Kultur der Barmherzigkeit« einzutreten • sind bereit, sich mit den ethischen Weisungen der Bibel auseinanderzusetzen • wissen, dass Gott besonders auf der Seite der Schwachen und Unterdrückten steht • werden sensibel für den Ruf Gottes in der Not der Mitmenschen • kennen Lebensgeschichten von Menschen, die Jesus Christus nachfolgen und anderen in ihren Nöten beistehen • wissen, dass die Diakonia als Grunddienst der Kirche Not leidenden Menschen die Gegenwart Jesu Christi vermittelt • können caritative Einrichtungen am Ort erkunden • sind bereit, sich in die Lebenssituation von Menschen, die Hilfe brauchen, einzufühlen und sich persönlich zu engagieren	• die natürliche und soziale Bedürftigkeit und die Abhängigkeit des Menschen von Natur, Geschichte und Gesellschaft nachvollziehen • sich über den Alterungsprozess und die Lebenssituation älterer Menschen informieren • erkennen, dass Sterben und Tod zur Lebenswirklichkeit der Menschen gehören • den Anspruch auf Befriedigung der Grundbedürfnisse erläutern • institutionalisierte und andere Formen des Zusammenlebens beschreiben Außerdem entwickeln die Schülerinnen und Schüler Einfühlungsvermögen, Hilfsbereitschaft und soziales Engagement

Deutsch	EWG	Musik	Bildende Kunst	MuM	Fremdsprachen	NWA
Die Schülerinnen und Schüler können	**Die Schülerinnen und Schüler können**	**Die Schülerinnen und Schüler können**	**Die Schülerinnen und Schüler können**	**Die Schülerinnen und Schüler können**		
(Sprechen)	• Medien kritisch hinterfragen, gesellschaftlich einordnen und deren Wirkung reflektieren	• Lieder und Songs aus verschiedenen Themenbereichen und Kulturen richtig singen	• die eigene Person und deren Stellung im sozialen Gefüge bildnerisch darstellen	• Institutionelle Hilfe für Menschen in Notsituationen nennen und haben eine Einrichtung erkundet	• kommunikative Fähigkeiten wie in Deutsch	• gesamter Bereich der Teamarbeit
• sich sachlich und sprachlich angemessen mit Argumenten anderer auseinandersetzen	• Medien zur Gewinnung aktueller Informationen situationsangemessen nutzen	• ihre Lieder begleiten und gestalten	• innere Einstellungen und Überzeugungen bildnerisch ausdrücken	• einen Erkundungsbogen am PC entwickeln, erstellen und auswerten		sowie
• gezielt Fragen zu Gehörtem stellen	• Konflikte sprachlich angemessen mit Hilfe von Strategien der Streitschlichtung lösen	• mehrstimmig singen und musizieren	• alltägliche Gegenstände, Erinnerungsstücke, Bilder und Artefakte zusammentragen, bearbeiten und präsentieren	• ausgewählte Regeln zur Küchenhygiene erkennen und berücksichtigen		• der selbständigen Durchführung und Anleitung von Experimenten
• Konflikte sprachlich angemessen mit Hilfe von Strategien der Streitschlichtung lösen	• erfassen, dass die Rechtsordnung in unserem Staat das Zusammenleben freier Menschen ermöglicht und Freiheit nur im Raum anerkannter und geschützter Rechte existieren kann	• eine Tanzbeschreibung in rhythmisch präzise Bewegungen zur Musik umsetzen	• druckgrafische und aleatorische Verfahrensweisen experimentell einsetzen	• verschiedene textile Gestaltungstechniken ausführen		und
• sich selbst vorstellen	• Informationen aus Lerngängen und Projekten sachbezogen präsentieren		• konventionelle oder digitale Fotografie einsetzen			• der Dokumentation und Präsentation
• eigene Gedanken, Wünsche und Meinungen deutlich und verständlich artikulieren			• mit Software zur Bildbearbeitung und mit digitalen Bilddateien umgehen			
• Informationen zusammenfassen und an andere weitergeben			• ihr Repertoire der grafischen Mittel erweitern und diese auf ihre Wirkung untersuchen			
(...)			• Kriterien der Bildkomposition erkennen			
• Kurzreferate frei vortragen						
(Schreiben)						
• sich ein Schreibziel setzen						
• adressaten- und situationsbezogen schreiben (berichten, beschreiben, argumentieren)						
• Informationen auswerten						

Reflexionsbogen

Über eigene Erfahrungen berichten – über eigene Erfahrungen nachdenken

Erfahrungsbericht im TOP SE	
	Datum: _____
Dauer des praktischen Einsatzes Beginn: _____	Ende: _____

Was ich an diesem Tag zu tun hatte (Aufgabengebiet, Ort, beteiligte Personen):

Was ich selbst tun konnte:

Was ich dabei erlebt habe:

Nachdenken über eigene Erfahrungen (am besten am selben Tag ausfüllen!)

Ich erinnere mich an folgende Erwartungen / Befürchtungen:

Wie ich andere (Hauptamtliche, Ehrenamtliche) an meinem Praxisort erlebt habe:

Mein Fazit:

• Das hat mich besonders bewegt (beeindruckt, nachdenklich gemacht):

• Das würde ich beim nächsten Mal anders machen:

• Das nehme ich mir fürs nächste Mal vor (das würde ich anderen empfehlen):

Für den Einsatz des nachfolgenden Bogens empfehlen sich drei Zeitpunkte:
- Beginn der Praxiseinsatzes: Erwartungen
- Halbzeit: ein erstes Resümee
- Ende: Abschlussreflexion

Mein Name _____ Praxisort _____

Im Rahmen unseres TOP SE* sammeln wir Erfahrungen im Umgang mit Menschen, die Hilfe brauchen, und mit Menschen, die Hilfe anbieten. Ich beobachte mich selbst und meine Mitschülerinnen und Mitschüler und wir tauschen uns darüber aus.

Ich finde, ich kann:	++ das kann ich gut!	+ das kann ich einigermaßen	- da fühle ich mich nicht so sicher	- - das kann ich fast gar nicht
• auf fremde Menschen zugehen;				
• Fremden begegnen, ein Gespräch beginnen und am Laufen halten;				
• mich an meinem Praxisort orientieren und nachfragen, was ich wissen muss;				
• Anweisungen umsetzen;				
• mir selbst Aufgaben ausdenken und sie in Angriff nehmen;				
• darüber nachdenken, wie ich als Junge / als Mädchen auf andere wirke;				
• beobachten, was es an meinem Praxisort bedeutet, eine Frau (Mädchen) oder ein Mann (Junge) zu sein;				
• Unterschiede benennen, welche Rolle Frauen und welche Rolle Männer an meinem Praxisort spielen;				
• mich in die Rolle des anderen Geschlechts hineinversetzen;				
• über meine eigenen Beobachtungen und Erfahrungen mit anderen reden;				
• auf andere hören und ihre Beobachtungen mit meinen eigenen vergleichen;				
• gegenüber Mitschülerinnen und -schülern Beobachtungen (auch Kritik) äußern;				
• Hilfestellungen und/oder Kritik von anderen annehmen;				

Zusammenfassung / Schlussfolgerungen

❑ Was ich gerne noch besser können würde:

_____

_____

❑ Was ich mir für die nächste Zeit vornehmen will:

_____

_____

* bzw. Sozialpraktikums

Reflexionsbogen
für den Vergleich von Selbst- und Fremdeinschätzung

Mögliche Zeitpunkte für den Einsatz dieses Fragebogens: Halbzeit oder Abschluss der Praxisphase

Name einer Mitschülerin / eines Mitschülers, dem ich meine Beobachtungen mitteilen will	Mein Name			
Ich gebe einer Mitschülerin / einem Mitschüler eine Rückmeldung. So beobachte ich dich: Ich finde, du kannst:	++ das kann ich gut!	+ das kann ich einigermaßen	- da fühle ich mich nicht so sicher	- - das kann ich fast gar nicht
• auf fremde Menschen zugehen;				
• Fremden begegnen, ein Gespräch beginnen und am Laufen halten;				
• dich an meinem Praxisort orientieren und nachfragen, was du wissen musst;				
• Anweisungen umsetzen;				
• dir selbst Aufgaben ausdenken und sie in Angriff nehmen;				
• darüber nachdenken, wie du als Junge / als Mädchen auf andere wirkst;				
• beobachten, was es an unserem Praxisort bedeutet, eine Frau (Mädchen) oder ein Mann (Junge) zu sein;				
• Unterschiede benennen, welche Rolle Frauen und welche Rolle Männer an meinem Praxisort spielen;				
• dich in die Rolle des anderen Geschlechts hineinversetzen;				
• über deine eigenen Beobachtungen und Erfahrungen mit anderen reden;				
• auf andere hören und ihre Beobachtungen mit deinen eigenen vergleichen;				
• gegenüber Mitschülerinnen und -schülern Beobachtungen (auch Kritik) äußern;				
• Hilfestellungen und/oder Kritik von anderen annehmen;				

Zusammenfassung / Schlussfolgerungen

❑ Wir haben uns über unsere Beobachtungen ausgetauscht und dabei festgestellt:

_____

_____

_____

* bzw. Sozialpraktikums

Bewertungsbogen zum TOP SE (I) – am Beispiel Präsentation

I. Beteiligte Fächer und Fachstandards

Fach	Fachstandard(s): *Die Schülerinnen und Schüler*	Niveau A	Niveau B	Niveau C
Deutsch	• können …			
EvRel	• können …			
KathRel	• können …			
EWG	• können …			
BK	• können …			

II. Gewichtung der Fächer / Fachstandards*

Fächer	Deutsch	EvRel / KathRel	EGW	BK
Anteil in %	30	20	30	20

III. Notenfindung

Datum _____

Beteiligte Lehrkraft/-kräfte _____

Name d. Schülers/ d. Schülerin		Thema der Präsentation		
Fächer Niveaustufe	Deutsch	KathRel	EWG	BK
			Gesamtnote	_____

* Bei den Prozentangaben handelt es sich lediglich um einen Vorschlag; es sind auch andere Gewichtungen denkbar.

Niveaustufen in der Anwendung auf TOP SE (II) – Erläutert anhand von Praxisbeispielen

⇨ Geht es bei der Dokumentation, Reflexion und Präsentation des Sozialen Engagements um Vollzüge aus dem Bereich:

I: wahrnehmen, wissen, verstehen, durchdringen und beurteilen, so wird von den Schüler/innen erwartet:

Beispiel: Dokumentation des Streitschlichterprogramms

Grundzüge wiedergeben können ⟶	Hintergründe benennen können ⟶	Transfer leisten können
Beschreibung: – können die im Unterricht erhaltenen Informationen in wesentlichen Grundzügen reproduzieren	*Beschreibung:* – können die im Unterricht u.U. auch zu unterschiedlichen Zeitpunkten erhaltenen Informationen mit einander verknüpfen und Bezüge herstellen	*Beschreibung:* – können Informationen selbstständig reorganisieren und in einen neuen Zusammenhang einordnen
»Im Streitschlichterprogramm lernt man, dass man zum Beispiel bei einem Streit auf dem Schulhof • auf Regeln hinweist, an die man sich halten muss; • so lange miteinander redet, bis es keine Gewalt mehr gibt.«	»Im Streitschlichterprogramm lernt man, dass ein Streit • meistens nach dem gleichen Muster entsteht; • immer durch verschiedene Interessen entsteht, die man nicht einfach ausgleichen kann.«	»Im Streitschlichterprogramm lernt man, dass ein Streit auf dem Schulhof nur ein Beispiel dafür ist, wie Konflikte auch in unserer Gesellschaft entstehen. In unserer Gesellschaft gibt es dafür: • Gerichte • Schiedsstellen • Anwälte, Mediatoren.«

⇨ Geht es im Unterricht um Vollzüge aus dem Bereich:

II: sprechen und Auskunft geben, so wird von den Schüler/innen erwartet:

Beispiel: Bericht von Praktikumserfahrungen

Gegenstandsbezogene Äußerung ⟶	Adressatenbezogenes Reden ⟶	Diskursive Reflexion
Beschreibung: – können eigene Gefühle, Einsichten oder Eindrücke für sich formulieren	*Beschreibung:* – können eine eigene sprachliche Äußerung in den Dialog mit anderen Äußerungen bringen	*Beschreibung:* – können von der eigenen Position aus auch andere Positionen wahrnehmen und in ihrer Äußerung berücksichtigen
»Bei unserem Projekt im Pflegeheim mussten wir immer die Bettpfannen leeren. Das fand ich erst unangenehm, aber dann ging es.«	»Bei unserem Projekt im Pflegeheim mussten wir immer die Bettpfannen leeren. Wir haben die Pfleger gefragt, wie man das den ganzen Tag aushält, und sie haben uns erklärt, dass man sich daran gewöhnt.«	»Bei unserem Projekt im Pflegeheim mussten wir immer die Bettpfannen leeren. Die Menschen, die das als Beruf machen, werden dafür ausgebildet, aber das Pflegepersonal ist immer knapp.«

⇨ Geht es im Unterricht um Vollzüge aus dem Bereich:

III: erarbeiten und gestalten, so wird von den Schüler/innen erwartet:

Beispiel: eine Plakatwand zur Erkundung einer Einrichtung erstellen

Reproduktion (Vorlage wiederholen) ⟶	Rekonstruktion (Durchdringung) ⟶	Transformation (Übertragung)
Beschreibung: – können identische Aufgaben mit veränderten Variablen durchführen	*Beschreibung:* – können strukturverwandte Aufgaben bearbeiten	*Beschreibung:* – können fremde Aufgaben selbstständig bearbeiten
Prospekte, Stadtplan, Anfahrtsweg, Logo der Einrichtung aufkleben und sachgerecht beschriften	Anhand von Material (Texte, selbst erstellte Bilder, Prospekte) eine strukturierte Darstellung des besonderen Profils der Einrichtung erstellen	Die Einrichtung in ihrem besonderen Profil im Verhältnis zu anderen / ähnlichen Einrichtungen darstellen und die Darstellung erklären

⇨ Geht es im Unterricht um Vollzüge aus dem Bereich:

IV: planen und zusammenarbeiten, so wird von den Schüler/innen erwartet:

Beispiel: ein Interview mit dem Lehrer einer Förderschulklasse entwerfen und durchführen

reaktiv zu handeln ⟶	aktiv zu handeln ⟶	konstruktiv zu handeln
Beschreibung: – können sich auf Aufforderungen an Problem- und Aufgabenlösungen beteiligen	*Beschreibung:* – können selbst Initiativen zur Bearbeitung von Aufgaben und Problemen übernehmen	*Beschreibung:* – können eigene Beiträge zur Bearbeitung von Aufgaben und Problemen mit anderen Beiträgen koordinieren
Fragen für das Interview einzeln formulieren und in der Gruppe zusammenführen und das Interview (mit Hilfe von Erwachsenen) durchführen	Ein gemeinsam entworfenes Interview einleiten und durchführen sowie die Ergebnisse dokumentieren	Die Antworten aus dem Interview dokumentieren und gemeinsam interpretieren

Nach Gott fragen, Gott begegnen und dem Geheimnis Gottes auf die Spur kommen

Bildungsstandards für die Hauptschule

Schwerpunktkompetenzen und weitere Kompetenzen

Die Schülerinnen und Schüler

- **können Auskunft geben, wie Christen von Gottes Wirken in dieser Welt reden, und entdecken an Menschen der Bibel, wie diese durch ihren Glauben gestärkt und ermutigt werden (HS 9.4.1)**
- wissen, dass Menschen von Gott nur in Bildern reden können, und kennen verschiedene Gottesbilder (HS 9.4.2)
- wissen, dass die Bibel von Gott und den Erfahrungen der Menschen mit Gott erzählt und deshalb für Menschen wichtig wurde, weil sie ihre Fragen und Erfahrungen dort immer wieder entdeckt haben (HS 9.3.1)
- verfügen über Möglichkeiten, Gott in unterschiedlichen Lebenssituationen anzusprechen und ihre Erfahrungen in spirituellen Formen auszudrücken (HS 9.4.3)

Bezüge zu den Themenfeldern:
Glaube konkret: Wer ist mein Gott?

Zur Lebensbedeutsamkeit

1. *Jugendliche:* Mit Beginn der Pubertät wandelt sich für die Heranwachsenden die Vorstellung von Gott und der Welt. Gott wird – wie alle Autoritäten (Eltern, Lehrer ...) – einer kritischen Prüfung und Analyse unterzogen. Der mystische Begleiter der Kindheit wird in Frage gestellt und ganz pragmatisch auf seine Alltagstauglichkeit getestet. Durch den Übergang zum formal-operativen Denken werden in der Jugendphase neue Weltzugänge möglich. Das Gottesbild wird sowohl subjektiver als auch abstrakter.

Wissenschaftliche »Gottesbeweise« gewinnen an Interesse. Gleichzeitig wächst die Sehnsucht nach Spiritualität. In einem Prozess sich scheinbar auflösender Normen und Werte steht die Suche nach Orientierung, Sinn, Zuverlässigkeit und Halt im Mittelpunkt. Wer bin ich? – Wo komme ich her? – Wo gehe ich hin? Die zentralen Fragen unseres Daseins schlechthin rücken für junge Menschen mehr und mehr ins Bewusstsein. Aber auch: Wer steht mir Rede und Antwort? Die Begegnung mit Menschen, die zu ihrem Glauben stehen und von ihm erzählen, kann auf Seiten der Schülerinnen und Schüler Zustimmung, aber auch Widerspruch erzeugen.

2. *Gesellschaft:* Andererseits sehen sich Jugendliche heute konfrontiert mit einem schier unerschöpflichen Angebot religiöser und transzendentaler Möglichkeiten. Durch Internet, multikulturelle Gesellschaft und Globalisierung erhalten Jugendliche faszinierende Einblicke in fremde Kulturen und Religionen. Der christliche Gott, der Gott unserer Väter, ist nicht mehr zwangsläufig die einzige religiöse Option. Er hat scheinbar vielfältige Konkurrenz erhalten. Die unüberschaubare Fülle religiöser Angebote macht eine Orientierung – zumal für junge Menschen – jedoch extrem schwierig.

3. *Kirche:* Was christliche Kirche, christliche Gemeinschaft, letztendlich durch all die Zeiten getragen hat, was Christen Hoffnung und Zuversicht gibt, nämlich dass Gott es ist, der seine Begleitung in allen Lebenssituationen anbietet – dies steht im Zentrum dieses Unterrichtsmoduls.

Elementare Fragen	Wieso glauben Menschen an Gott, obwohl er für sie nicht erfassbar ist? / Gibt es Gott überhaupt? / Ist Gott bei mir? / Kann ich Erfahrungen mit Gott machen? / Kann ich auf Gott vertrauen? / Hat Gott Pläne mit mir – mit uns – mit der Welt? / Greift Gott heute noch in die Welt ein? / Warum lässt der gute Gott all das schreckliche Leid in der Welt zu? / Ist Gott gerecht?

Leitmedien	■ Gottes-Bilder und Sprachbilder für Gott (**M 4**; **M 6**) ■ Vorstellungen von Jugendlichen über Gott in Bildern (**M 2**) ■ Gott der Vater, DVD 147, Deutschland 2007. Grünwald: FWU Institut für Film und Bild, 2007 ■ Gottesglaube, Gottesbilder, ein Versuch: digitales Material, religionspädagogische Impulse, Gestaltungsspielräume, Michael Kress, Ralf Heinrich, Deutschland 2004 Die Produktion bietet digitales Arbeitsmaterial, religionspädagogische Impulse und Gestaltungsspielräume zu den Themenbereichen Gott/Gottesvorstellungen, Glaube, Religion: fünf Kurzspielfilme (Mistertao, Ernst und das Licht, Herr im Haus, Gottes Besuch, Take now your son), 90 Bildmotive, Tonsequenzen, Arbeitstexte, Unterrichtsideen. Dazu werden Grundlagentexte, thematische Bezüge und Querverweise angeboten, die sich an den Anforderungen eines erweiterten Lernbegriffs orientieren. ■ Film: »Ein Zug nach Manhattan« (siehe **M 22**)

Ein Blick auf katholische Bildungsstandards	Die Schülerinnen und Schüler ■ kennen biblische Geschichten, die von Gottes Wirken erzählen und Gottesbilder vermitteln (HS 9.4.1) ■ kennen Beispiele, wie Menschen von Gott in Bildern und Symbolen sprechen, und können diese deuten (HS 9.4.2) ■ kennen in Grundzügen das christliche Bekenntnis zu Gott als dem dreieinen Gott: Vater, Sohn und Heiliger Geist (HS 9.4.4) ■ setzen sich mit der Frage nach eigenen Gottesbildern auseinander (HS 9.4.5) ■ erfahren an Lebensbildern, dass Christen sich an Gott wenden und aus dieser Gottesbeziehung Kraft schöpfen (HS 9.4.6) ■ wissen um die Möglichkeit, sich in Lebenssituationen, die geprägt sind von Freude, Dankbarkeit, aber auch von Enttäuschung, Leid und Trauer, Gott anvertrauen zu können und sich in eigenen spirituellen Formen auszudrücken (HS 9.4.7)

Die Schülerinnen und Schüler können zeigen, was sie schon können und kennen	■ Schülerinnen und Schüler nennen die Namen von Menschen, Orten, Geschichten, Ereignissen der Bibel, die sie bereits kennen, und beschreiben, welche Rolle Gott in ihrer Geschichte spielt. Wandbild / Plakat: »Gott« steht in der Mitte, wie Strahlen gehen verschiedene Sätze von Gott aus: »… begleitet Abraham«; »… erschafft Adam und Eva«; »… ist der Vater von Jesus«; »… hilft durch Not hindurch«. ■ Schülerinnen und Schüler erzählen von Menschen der Bibel, die sich in Krisensituationen auf Gott verlassen haben (Hiob; Josef im Brunnen; Petrus im Gefängnis; Jesus in Gethsemane …) ■ Schülerinnen und Schüler stellen auf einer Pinnwand zusammen, was sie von Gott wissen: Bilder (auch gemalt), Eigenschaften, Handlungsweisen … ■ Schülerinnen und Schüler stellen die eigenen Vorstellungen und Bilder von Gott dar (künstlerisch, kurze Texte: »Gott ist für mich …«; biblische Sprachbilder für Gott, …) ■ Schülerinnen und Schüler punkten in einer »Glaube an Gott-Zielscheibe« (**M 1**) die vier angebotenen Glaubenspositionen, vergleichen ihre Positionierung mit denen ihrer Mitschüler sowie denen der 15. Shellstudie 2006 (**M 1**, unten) und diskutieren die verschiedenen Positionierungs-Ergebnisse.

- Schülerinnen und Schüler besprechen miteinander und entscheiden darüber, was »man« unbedingt über Gott wissen sollte und wie man sich die erforderlichen Informationen über Gott beschaffen kann (Nachschlagwerke, Internet, Fragebogen, Bibel, ...) Arbeitsaufträge erteilen: wie recherchiert man in der Bibel? Was findet man im Internet?
- Schülerinnen und Schüler formulieren ihre Warum-Fragen an Gott (kann mit Satzanfängen unterstützt werden: »Lieber Gott, ich muss dich einmal fragen, warum ...«) und wählen die (Warum-)Fragen an Gott aus, die bearbeitet werden sollen.
- Wie redet jemand über Gott, der nicht an ihn glaubt? Interviews mit Mitschüler/innen oder: Sich in jemanden hineinversetzen, der nicht an Gott glaubt. Variante: alle Schülerinnen und Schüler erhalten zwei verschieden farbige Zettel (DIN A4) und schreiben auf, was jeweils ein gläubiger/nichtgläubiger Mensch über Gott aussagen könnte. Vergleich im UG. Impuls: (Wie) kann man andere von der Existenz Gottes überzeugen?
- Kartenabfrage zum Impuls: Was Menschen in Bezug auf Gott tun / nicht tun können. Kartenangebot: »über Gott reden«, »von Gott sprechen« und »mit Gott sprechen«, »ihn fragen« »über ihn nachdenken«, »verstehen«, »zweifeln«, »anklagen«, »nicht berühren«, »nicht sehen«, »nicht fotografieren«; »...«. Schülerinnen und Schüler verteilen die Karten so, wie es ihrer Einschätzung entspricht. Die Schülerinnen und Schüler überlegen und entscheiden, was davon im Unterricht gelernt werden sollte.
- Schreibgespräch zum Impuls: Was Gott für die Menschen tut bzw. auch nicht tun kann.

Die Schülerinnen und Schüler wissen, welche Kompetenzen es zu erwerben gilt, und können ihren Lernweg mitgestalten

---

- Aus einer (thematisch offenen) Bildkartei ein Bild auswählen, das »etwas von Gott zeigt« bzw. mit dem sich etwas von Gott zeigen und erzählen lässt.
- Die Bilder Jugendlicher, in denen sie ihre Vorstellungen von Gott zum Ausdruck bringen (**M 2**), betrachten, beschreiben, Gemeinsamkeiten und Unterschiede der Gottesvorstellungen erarbeiten und mit den eigenen Vorstellungen über Gott vergleichen. Die Schülerinnen und Schüler drücken ihre Zustimmung bzw. Ablehnung zu in den Bildern zum Ausdruck gebrachten Vorstellungen von Gott durch Plus oder Minus aus, geben den Bildern passende Überschriften und beschreiben, welche Erlebnisse und Erfahrungen hinter der jeweiligen Gottesvorstellung stehen könnten.
- Angeregt durch die Gottesbilder anderer bringen die Schülerinnen und Schüler in einem eigenen Bild ihre Vorstellungen über Gott zum Ausdruck, erläutern ihre Vorstellungen und vergleichen diese mit den Vorstellungen ihrer Mitschüler/innen.
- Metapherübung: Für mich ist Gott wie ... Die Schülerinnen und Schüler formulieren biblische und außerbiblische Sprachbilder für Gott.
- Das Bild (**M 3**) »Ein Künstler malt vier Bilder von Gott« betrachten und den Wandel des Gottesbildes im Leben und Schaffen des Künstlers von Bild zu Bild beschreiben: 1. anthropomorph, 2. bildhaft-gegenständlich, 3. abstrakt, 4. die Komplexität der Wirklichkeit Gottes lässt sich nicht auf bestimmte Vorstellungen und Erwartungen festlegen und in einem Bild zum Ausdruck bringen.
- Impuls: Wenn es Gott nicht gäbe ..., müsste man ihn erfinden. Wie müsste er dann deiner/eurer Meinung nach sein? Die Schülerinnen und Schüler sammeln auf einem großen Plakat ihre Vorstellungen und Wünsche von/an ›Gott‹ und sprechen darüber.
- Aus biblischen Texten (**M 4**) weitere Bilder, Bildworte von Gott und Vorstellungen über Gott sammeln, vergleichen, bewerten und um die eigenen Gottesbilder ergänzen.
- Theologisieren: Warum gibt es so verschiedene Bilder von Gott? Warum können sich die Menschen, die an Gott glauben, nicht auf ein Bild einigen?
- Bildgestütztes Nachdenken über die Unzulänglichkeit bzw. das Fragmentarische allen Sprechens von Gott (Kursbuch Religion *elementar* 5/6, S. 82, Die Blinden und der Elefant ...; **M 5**).
- Zusammenschau und Darstellung der verschiedenen Gottesbilder auf einem Plakat.

Die Schülerinnen und Schüler kennen unterschiedliche Gottesbilder, können diese auf ihre eigenen Gottesbilder beziehen und wissen um die Unzulänglichkeit allen Sprechens von Gott in seiner Unverfügbarkeit

	■ In Gottesbildern von Künstlern deren Vorstellungen von Gott (König, Schöpfer, ...) entdecken und beschreiben.
	■ Schreibwerkstatt: In kleinen eigenen Texten (z.B. Elfchen) über Gott nachdenken.
	■ Für eine Umfrage fünf Fragen zum Thema Gott formulieren, Menschen dazu auf der Straße, in der Schule und im Bekanntenkreis interviewen und die Interviews in der Klasse vorstellen und auswerten.
Die Schülerinnen und Schüler können an ausgewählten Psalmen Gottesvorstellungen darstellen und gestalterisch umsetzen	■ **Psalm 8** lesen und in einzelne Abschnitte einteilen; zu jedem Abschnitt ein Bild gestalten.
	■ In einer Tabelle festhalten, was in Psalm 8 über Gott und was über den Menschen ausgesagt wird.
	■ Den Psalm mit einfachen Musikinstrumenten (Rassel, Tamburin, Glöckchen ...) vertonen; einen Rap zum Psalm ausdenken und vorführen.
	■ **Psalm 146** einzeln, dann gemeinsam lesen und vortragen; Klasse in Gruppen einteilen und die neun Tätigkeiten Gottes (V. 5–9) auf Karten schreiben lassen: Welche Tätigkeiten Gottes werden im Psalm genannt?
	■ Aus den beiden Psalmen Antworten finden zu der Überschrift »Wie erzählen Menschen von Gott – wie loben Menschen Gott?« und diese aufschreiben.
	■ Biblische Sprachbilder für Gott in Psalmtexten entdecken (**M 6**) unter der Fragestellung: »Welche Erfahrung mit Gott könnte ein Mensch gemacht haben, der Gott als Burg (...) bezeichnet?« bearbeiten und zu ausgewählten Psalmtexten (siehe **M 6**) eigene Bilder gestalten.
	■ Die Schülerinnen und Schüler wählen ihren Lieblingsspruch aus, schreiben ihn auf eine Karte und gestalten diese.
	■ Schülerinnenn und Schüler bekommen zwei Bibelstellen zu Selbstaussagen Gottes genannt: Brennender Dornbusch (Ex 3,14), 1. Gebot (Ex 20,2–3). Sie schlagen diese Textstellen in der Bibel nach und schreiben sie auf buntes Tonpapier. Sie gipsen ein paar kahle Zweige in einen großen Blumentopf ein und hängen die beschriebenen Tonpapiere wie Blätter eines Baumes an die Zweige des Sprüche-Baumes.
	■ Das Erste Gebot in der Auslegung Martin Luthers (**M 7**) lesen und erkennen, wie Gott sich hier selbst beschreibt (in einzelne Forderungen untergliedern): Du sollst a) ... b) ...
	■ Aus der Liste der 99 schönsten Namen Gottes (**M 8**) wählen die Schülerinnen und Schüler fünf Gottesnamen aus, die sie selbst am schönsten finden (Variante: die sie nicht für geeignet halten) und begründen ihre Wahl (vgl. Kursbuch Religion elementar 5/6, S. 85).
Die Schülerinnen und Schüler können darstellen, wie Jesus uns mit seinen Worten und Taten zeigt, wie Gott ist und wie Gott an den Menschen handelt	■ Die in **M 9** enthaltenen Begriffskarten werden im Kreis ausgelegt. Die Schülerinnen und Schüler wählen zu zweit ein Begriffspaar aus und erzählen hierzu eine Geschichte, eine Situation, ein eigenes Erlebnis ...
	■ Das Gleichnis vom gütigen Vater (Lk 15,11–32) lesen (**M 10a**), die Handlungsträger identifizieren und deren Bedeutung bestimmen: Vater → Gott; verlorener Sohn → der schuldig gewordene und umkehrbereite Mensch ...
	■ Die Schülerinnen und Schüler beziehen die Themen der Begriffskarten (**M 9**) auf die Geschichte vom verlorenen Sohn (**M 10a**) und erzählen die biblische Geschichte entsprechend den Begriffspaaren nach.
	■ Das Gleichnis als Comic, Streitgespräch der Brüder oder als Fotostory gestalten.
	■ Die Schülerinnen und Schüler schreiben eine Aktualisierung der Geschichte und/oder eine Gegengeschichte mit anderem Ausgang.
	■ Die Schülerinnen und Schüler lesen die Gegengeschichte vom »Verlorenen Vater« (**M 10b**), vergleichen diese mit der biblischen Geschichte und ihren eigenen Gegengeschichten, tragen die Unterschiede zwischen dem Bibeltext »Der verlorene Sohn« und der Gegengeschichte »Vom verlorenen Vater« in eine Tabelle ein, klären für sich selbst, welche der beiden Geschichten ihnen besser gefällt, begründen ihre Wahl und tauschen sich darüber miteinander aus.

- In zwei weiteren Gleichnissen, dem »Gleichnis von den Arbeitern im Weinberg« (Mt 20,1–16) und dem »Gleichnis vom Schalksknecht« (Mt 18,21–35), entdecken und beschreiben die Schülerinnen und Schüler, wie Gott ist und an den Menschen handelt, z.B.: gerecht, barmherzig …
- In Gruppenarbeit die (unterschiedlichen) Texte »Von Gott und mit Gott sprechen« (**M 11**) bearbeiten und die Ergebnisse auf Merkkärtchen festhalten.
- Aus allen Texten eine Themenwand gestalten unter der Überschrift: »Wie ist Gott?«

- Zur Vorbereitung auf ein Expertengespräch lesen die Schülerinnen und Schüler **M 12** »Esther – eine Frau rettet ihr Volk« und führen im Anschluss daran das Gespräch: z.B. ein Jude erklärt einem Nichtjuden die Genese des Purimfestes / zwei Perser unterhalten sich über die neue Königin am Hofe Ahasveros / …
- Eine Zeitleiste gestalten: Arbeitsteilig erarbeiten die Schülerinnen und Schüler einen der folgenden Bibeltexte:

Abraham empfängt die Verheißung (Gen 12)	Josef wird mit Gottes Hilfe zum Retter seiner Familie [= Stämme Israels] (Gen 50,20)	Moses, wird von Gott beauftragt, sein Volk aus Ägypten zu führen (Gen 3)
David bedankt sich bei Gott für seine Hilfe (Ps 23)	Rückkehr aus dem babylonischen Exil (Ps 126)	Ergänzung: Martin Luther King sieht das Gelobte Land (**M 13**)

Sie malen ein Bild zur beschriebenen Situation und ordnen die sechs Bilder mit den Texten auf einer Zeitleiste chronologisch an. Die Klasse erarbeitet die Fragen: Welcher Weg Gottes mit seinem Volk wird hier sichtbar und mit welchen Verben lässt sich Gottes Handeln beschreiben: verheißen, segnen, begleiten, beschützen, retten, sich verbergen …? Wann war Gott aus Sicht der Israeliten abwesend?
- Die Geschichte von Elisabeth Fry (**M 14**) lesen und anhand von Leitfragen klären, wie Gott Menschen zum Handeln veranlasst. 1. Beschreibt die Zustände im Gefängnis. 2. Was und wer müsste sich ändern, um die herrschenden Zustände im Gefängnis zu verbessern? 3. Wie kam es zu den Veränderungen im Gefängnis? Was veränderte sich äußerlich und bei den Menschen selbst? 4. Was und wer gab den Menschen die Möglichkeit, sich und ihr Leben grundlegend zu ändern?
- Die Schülerinnen und Schüler entwerfen eine Rede Elisabeths, die Elisabeth vor den Gefangenen hält und in der sie die Häftlinge zu den notwendigen Veränderungen im Gefängnis auffordert.
- Die Schülerinnen und Schüler lesen das Gedicht »Gott hinterlässt Spuren« von Christine Reents (**M 15**), setzen eine der Szenen pantomimisch um, die von den Mitschüler/innen erraten wird, und schreiben weitere Beispiele zum Satzanfang »Manchmal geschieht es, …« und gestalten zu einem ausgewählten Aspekt der Hilfe (z.B. Hilfe für Leute im Altenheim, Nachbarschaftshilfe, …) eine Fotostory.
- Impuls: Gott braucht mich, mit meinen Händen … mit meinem Verstand … und mit meinem Herzen …, um seine Liebe zu uns Menschen zu zeigen. Die Schülerinnen und Schüler formulieren konkrete Beispiele dafür, anderen mit ihren Händen, ihrem Verstand und ihrem Herzen etwas Gutes zu tun, und lesen ergänzend zum Gesprächsgang das Gedicht »Gott hat keine Hände als unsere Hände …«
- Die Schülerinnen und Schüler gestalten ein Plakat oder eine Collage mit dem Slogan »Gott hat nur unsere Hände«. Um den Slogan platzieren die Schülerinnen und Schüler Abbildungen von (helfenden) Händen, die sie mit Aufgaben beschriften, die Menschen für andere übernehmen können: »Traurige trösten«; »Schwache aufrichten«; »Kranke pflegen« …
- Die Schülerinnen und Schüler sammeln Informationen (Lexikon, Internet …) über die Krankheit Lepra, stellen ihre Ergebnisse vor und informieren über Schwere und Auswirkung dieser Krankheit. Die Ergebnisse werden auf einem Plakat zusammengestellt. Aus **M 16** entnehmen die Schülerinnen und Schüler die Informationen über Damian Deveuster und seinen Einsatz für die Todkranken und fassen diese in einer Kurzbiographie zusammen.

Die Schülerinnen und Schüler können das Lebenswerk von Menschen darstellen, die sich motiviert durch ihren Glauben an Gott für andere eingesetzt haben, und beschreiben, wie Gott Menschen durch Menschen hilft

- Im Atlas suchen die Schülerinnen und Schüler Molokai. Außerdem recherchieren sie nach Informationen zur geografischen Lage, zum Klima, den geologischen Bedingungen (z.B. Vulkanismus), zu den Lebens- und Arbeitsbedingungen und tragen die Ergebnisse ihrer Recherchearbeiten in einem gemeinsamen Info-Plakat über Molokai ein.
- Im Internet sammeln und erarbeiten die Schülerinnen und Schüler arbeitsteilig Informationen über Menschen, die motiviert durch ihren Glauben an Gott sich für andere eingesetzt haben (z.B. Martin Luther King, Maximilian Kolbe, Corrie ten Boom, Albert Schweitzer, Janani Luwum …).
- Die Schülerinnen und Schüler gestalten mit ihren erarbeiteten Ergebnissen zu einer Person eine Wandzeitung zum Thema »Gott wirkt durch Menschen«.
- Mit dem Titel: »Im Auftrag Gottes« gestalten die Schülerinnen und Schüler ein Büchlein mit Lebensbildern von Menschen, die am Nächsten Gutes getan und gewirkt haben.
- Die Schülerinnen und Schüler erinnern sich an das Dasein Gottes und dessen Wirkung im eigenen Leben, erzählen von erfahrenen Helfer-Tröster-Situationen und tragen die Spuren Gottes in den eigenen Lebensweg ein.
- Die Schülerinnen und Schüler entwerfen ein »Plakat für Gott«, das für Gott wirbt und dabei unterschiedliche Zielgruppen wie z.B. Kinder, Jugendliche, junge Erwachsene, ältere Menschen, Menschen in Not / im Glück) ansprechen soll. Die einzelnen Plakate werden in der Klasse präsentiert und miteinander geklärt, was Gott für die jeweilige Zielgruppe attraktiv macht.

Die Schülerinnen und Schüler können am Beispiel Dietrich Bonhoeffers darstellen, dass das Vertrauen auf Gott in Krisensituationen Halt, Mut und Kraft geben kann	<ul><li>Eine Befragung auf der Straße, in der Familie oder in der Schule durchführen: »Was fällt Ihnen / dir zum Namen Dietrich Bonhoeffer ein?«</li><li>Die Ergebnisse zusammentragen und auswerten, z.B. unter den Stichpunkten a) Name völlig unbekannt, b) Name schon mal gehört, c) der Kirche zugeordnet, d) der Zeit des Dritten Reichs / des Nationalsozialismus zugeordnet, e) hat irgendetwas mit Widerstand zu tun, …</li><li>Einen ersten Überblick über Bonhoeffers Leben verschaffen: Internetrecherche, Auswertung von Lexikonartikeln … (**M 17a**).</li><li>Das Gedicht »Von guten Mächten …« (**M 17b**) lesen. Die Schülerinnen und Schüler erfahren etwas über den historischen Hintergrund des Gedichts (Gefängnis Tegel, 1944). Unterrichtsgespräch, z.B. unter den Aspekten: a) Positive (z.B. … behütet und getröstet wunderbar) und negative (z.B. … noch drückt uns böser Tage Last) Redewendungen farblich verschieden markieren und einander gegenüberstellen, b) Wer oder was ist gemeint, wenn Bonhoeffer von »Guten Mächten« spricht? (Schutzengel? Kraft Gottes? …), c) Die Stellen herausschreiben, wo Bonhoeffer sich direkt an Gott wendet → Gebet.</li><li>»Lebensweg« Bonhoeffers mit Bildern, Texten, Ereignissen und Daten für die wichtigsten Lebensstationen erstellen; die letzte Strophe des Gedichts ans Ende setzen, um zu zeigen, welche Kraft Bonhoeffer aus seiner Gottesgewissheit gezogen hat.</li></ul>

- Impuls: Warum kann man nicht nur über, sondern auch mit Gott reden?
- Das Vaterunser chorisch lesen und singen.
- Die einzelnen Bitten des Vaterunsers auf Stoffstreifen schreiben lassen und im Schulhaus an besonderer Stelle aufhängen; die Bitten inhaltlich klären, zum Beispiel: Was wird in dieser Bitte gewünscht? Welche Wünsche vermisst ihr?
- Die einzelnen Bitten des Vaterunsers auf einzelne Schuhkartons schreiben, farblich ausgestalten und einen Turm daraus bauen; finden die Schülerinnen und Schüler eine eigene Anordnung? Wie hört sich das Gebet in veränderter Reihenfolge an?
- Den Kontext des Vaterunsers miteinander klären: Jesu Anweisungen für »richtiges« Beten (Mt 6,5–8).
- Situationen nennen, in denen Menschen beten (in denen man selbst gebetet hat).
- Was ich Gott schon immer mal mitteilen wollte: Die Schülerinnen und Schüler schreiben an Gott, wie sie an einen guten Freund, an eine gute Freundin, ihre Mutter oder ihren Vater schreiben würden.
- Rahmenbedingungen, die das Beten erleichtern, in einer Liste zusammenstellen (wenn ich alleine bin; wenn ich ungestört bin; wenn ich mich nicht genieren muss; …).
- Einer Uhr und / oder Situationen Gebete zuordnen (**M 18**) und mit eigenen Gebeten vervollständigen.
- Gebetsanliegen (z.B. für den Frieden, für mehr Mitmenschlichkeit, für Gesundheit, für mehr Toleranz, für Verständnis zwischen Jung und Alt …) formulieren und eine »Gebetskette« damit gestalten (z.B. auf einer Schnur im Klassenzimmer oder im Schulhaus aufhängen).
- Liturgische Elemente zum Thema »Beten« gestalten (z.B. unter dem Titel: »Rufe mich an in der Not« oder »Ein Gebet für Dich«). Spielszene: »Ein Mensch in Not erinnert sich an Gott«; Fürbitten, Lieder, Texte auswählen …
- Die Szene »Jesus betet im Garten Gethsemane« (Mt 26,36 ff) lesen und in einer Tabelle Jesu Worte des Zweifels an Gott und Worte des Vertrauens in Gott gegenüberstellen. Die Schülerinnen und Schüler formulieren in eigenen Gebetsanliegen Worte des Zweifels an Gott und Worte des Vertrauens in Gott. Zum Beispiel: »O Gott, manchmal bin ich mir ganz unsicher, ob … / Guter Gott, ich hoffe, dass …, ich vertraue auf …«
- Aus einer Auswahl von Segenssprüchen (**M 19**) einen eigenen Lieblings-Segenswunsch bestimmen, als Spruchkarte gestalten und einer Schülerin / einem Schüler als Segenswort zusprechen und ihr / ihm die Spruchkarte überreichen.
- Die Schülerinnen und Schüler ordnen verschiedenen Lebenssituationen – Abschied, Ferienbeginn, Reise, Prüfung, neuer Lebensabschnitt, Hochzeit … – passende Segenssprüche zu.
- Die eigenen Konfirmations- (oder Taufsprüche) mitbringen und einander vorstellen.

Die Schülerinnen und Schüler wissen um die Bedeutung des Gebets und wie man mit Gott ins Gespräch kommen kann, können die einzelnen Bitten des Vaterunsers verstehen und gestalten, Gebete verschiedenen Anlässen zuordnen und eigene Gebete formulieren

---

- Die Geschichte »Von der Unkenntnis …« (**M 20**) lesen und entdecken, dass Gottes Anwesenheit und Hilfe meist unspektakulär ist.
- Impuls: Manchmal denke ich, es gibt Gott / es gibt Gott gar nicht. Die Frage diskutieren, ob man die Existenz Gottes beweisen kann oder nicht, und Argumente in einer Pro- und Contra-Tabelle festhalten.
- Klassische Gottesbeweise (**M 21**) kennen lernen und sich damit auseinandersetzen. Mögliche Leitfragen:
  a) Warum suchen Menschen nach Gottesbeweisen?
  b) Wie kann das sein: Die Beweisführung klingt logisch, aber überzeugt nicht wirklich!
  c) Welcher der angeführten Gottesbeweise überzeugt mich am ehesten?
  d) Wie lautet deine eigene Formulierung, warum es Gott gibt bzw. geben muss?

Die Schülerinnen und Schüler können die traditionellen Versuche, die Existenz Gottes zu beweisen, darstellen, vergleichen und bewerten

- Die Schülerinnen und Schüler sehen sich ausgewählte Sequenzen aus dem Film »Ein Zug nach Manhattan« (**M 22**) an und sprechen darüber.
  Mögliche Leitfragen für das Auswertungsgespräch:
  a) Welche Umstände führten dazu, dass Kantor Sternberger nicht mehr an Gott glauben konnte?
  b) Der Kantor nimmt zweimal den falschen Zug – mit welchen Konsequenzen?
  c) Welche positiven Folgen hat die »Falschfahrt« (zwei Menschen werden glücklich, Sternberger findet zurück zu Gott)?
  d) Welche Bedeutung hat die Gestalt des Bahnbeamten?
- Aus der Geschichte des Films wird eine These zur Existenz Gottes formuliert und erneut die Eingangsfrage – Gottesbeweis: möglich, nicht möglich, nötig – reflektiert und geklärt.

Die Schülerinnen und Schüler erkennen, dass das Leid unabänderlicher Bestandteil menschlichen Lebens ist. Sie lernen Menschen kennen, die im Leiden Gott näher gekommen sind, und können ihre eigene Leiderfahrung einbringen	<ul><li>Ausgewähltes Bildmaterial zum Thema »Leid« aus Zeitungen und Zeitschriften zu einer Collage zusammenstellen, beschreiben, kommentieren und thematisch ordnen (Krankheiten, Unwetter, Krieg, Katastrophen, …).</li></ul>

- Die Collagen diskutieren, zum Beispiel unter den Leitfragen: »Wie zeigt sich uns die Welt?«, »Ist Freude oder Leid dominierend?«, »Gibt es Menschen, die nie in ihrem Leben Glück / Leid erfahren?«, »Könnte es eine Welt ohne Krankheit, Hunger, Not und Krieg geben und welche Bedingungen müssten dafür erfüllt werden?«, »Kann man noch an Gott glauben, wenn man in Elend und Armut / Krieg leben muss?«, »Lehrt die Not beten oder trennt sie uns vom Glauben?«, »Warum lässt Gott das alles zu?« …
- Warum-Fragen an Gott formulieren, vorlesen und ordnen.
- Mithilfe einer Grafik und Fragen (**M 23**) erste eigene Erklärungsversuche zum Thema »Leid und Gott« formulieren.
- Positionsspiel (**M 24**): Impuls der Lehrkraft: »Zu jeder Zeit wurde / wird die Frage ›Warum Gott das Leid auf der Welt zulässt‹ gestellt. Immer wieder gab es auf diese schwierige Frage unterschiedliche Antwortversuche. Sechs wichtige Antwortversuche habe ich für euch im Klassenraum auf Karten (DIN A3-Format) ausgelegt. Geht bitte im Klassenraum umher und lest euch die verschiedenen Antwortversuche genau durch. Wenn ihr alle Positionen kennt, entscheidet euch für einen Antwortversuch, der euch am ehesten einleuchtet bzw. überzeugt, und stellt euch zu dieser Position (Karte). Sprecht dann mit den Mitschülern, die dieselbe Position vertreten wie ihr, über diesen Antwortversuch und sucht nach einer gemeinsamen Begründung für eure Position, die ihr dann den anderen Mitschülern erläutert. Stellt im Plenum euren Antwortversuch vor, begründet diese Position und diskutiert daran anschließend mögliche Stärken, aber auch Schwächen der unterschiedlichen Antwortversuche.«
  Mögliches Fazit: Die Theodizee-Frage gehört zu den so genannten nicht entscheidbaren Fragen, die deshalb nur jeder für sich selbst und ganz persönlich klären kann.
- Die Entstehungsgeschichte (**M 25**) des Liedes »Zu Bethlehem geboren …« lesen und die Schicksale der drei Hauptpersonen in kurzen Sätzen festhalten (Tafel / Heft / Plakat …); erkennen, dass Not nicht zwangsläufig von Gott trennen muss, sondern Glaubensgewissheit und Trost ermöglichen kann.
- Im EG weitere Lieder von Friedrich von Spee entdecken und sein in den Liedern zum Ausdruck gebrachtes Gottesbild beschreiben.
- Die Ergebnisse in Form eines Gesprächs wiedergeben, in dem von Spee zu seinem Glauben und Leben befragt wird.
- Die Geschichte von Hiob und seinem Leiden in Abschnitten erzählen: 1. Wer war Hiob und wie ging es ihm? / 2. Was Hiob alles erdulden musste / 3. Die Freunde / 4. Gott steht Rede und Antwort (**M 26**). Die Erzählung unter bestimmten Leitfragen erarbeiten, zum Beispiel: Wie reagiert Hiob auf die Schicksalsschläge? / Was rät ihm seine Frau und warum befolgt er ihren Rat nicht? / Wie denken die Freunde über Hiobs Leid? / Wie spricht Hiob mit Gott und wie »rechtfertigt« sich dieser? / Warum hat die Geschichte ein Happyend für Hiob?
- Hiobs Geschichte in Schattenspielszenen inszenieren und einer anderen Klasse vorführen.

Die Schülerinnen und
Schüler können darstellen,
was neu gelernt wurde

- Drei Gottesbilder der Bibel nennen, ein Lieblingsbild benennen, beschreiben und die Wahl des Bildes begründen.
- Drei Adjektive und drei Verben nennen, die zu Gott passen und deren Wahl begründen.
- Mithilfe eines thematisch nicht festgelegten Bildes (Bildkartei) etwas von Gott erzählen bzw. zeigen, erklären …
- Plakate zu unterschiedlichen Aspekten der Wahrnehmung Gottes präsentieren und erläutern.
- Zu den Themen »Gottesexistenz«, »Gottesrelevanz« und Theodizee eigene Fragen, Antworten und Argumente darstellen können.
- Die Schülerinnen und Schüler können drei der klassischen Gottesbeweise darstellen.
- Selbstgefertigte Texte zu den Fragen: »Wer ist Gott?« – »Welche Erfahrungen haben Menschen mit Gott gemacht?« vorstellen und erläutern.
- Kurzreferate über Menschen präsentieren, die aufgrund ihrer Erfahrungen Gott als Triebkraft ihres Lebens und Schaffens gesehen haben.
- Antworten für Menschen formulieren und vorstellen, die Leid erfahren haben und Gott nicht mehr verstehen.
- Schülerinnen und Schüler punkten in der »Glaube an Gott-Zielscheibe« (**M 1**) wie zu Beginn die vier angebotenen Glaubenspositionen und vergleichen diese mit ihrer ersten Positionierung: Was hat sich verändert? Was könnte zu dieser Veränderung geführt haben?

Beten – Wie geht das? Axel Mölkner-Kappl, Deutschland 2007, FWU, 20 Min., Dokumentation, DVD-Video und Begleitheft.

By a thread – Am seidenen Faden, DVD 089.

Juan Carlos Romera, Spanien 2005. Frankfurt a.M., Katholisches Filmwerk, 2005.

M. Fricke: Von Gott reden im Religionsunterricht, Göttingen 2007.

W. H. Ritter / H. Hanisch / E. Nestler / Ch. Gramzow: Leid und Gott – aus der Perspektive von Kindern und Jugendlichen, Göttingen 2006.

Klaus Berger: Wie kann Gott Leid und Katastrophen zulassen? Stuttgart 1996.

Rainer Oberthür: Kinder fragen nach Leid und Gott, München 1998.

Ingo Baldermann: Kinder entdecken sich selbst in den Psalmen, Neukirchen-Vluyn ²1989.

Katechetische Blätter 3/2000, Thema Gott – Zugänge und Klärungen, S. 152 ff.

Kursbuch Religion elementar 7/8, S. 114–123.

Kursbuch Religion 9/10, S. 176 ff; und dazu Lehrerband: S. 11 ff.

Glaube an Gott-Zielscheibe

Bewerte mithilfe dieser Zielscheibe die verschiedenen Positionen zum Gottesglauben, indem du in dem entsprechenden »Kuchenstück« eine Markierung (einen gut sichtbaren Punkt oder ein Kreuz) anbringst. Je weiter in der Mitte du deine Markierung anbringst, desto mehr stimmst du der Aussage am Rand zu.

Ich glaube nicht, dass es einen persönlichen Gott oder eine überirdische Macht gibt

Es gibt einen persönlichen Gott

Gott

1 2 3 4 5

Ich weiß nicht so recht, was ich glauben soll

Es gibt eine überirdische Macht

Aufgabe:
Vergleicht und diskutiert eure Ergebnisse
a) zu zweit,
b) in Kleingruppen,
c) mit den Ergebnissen der 15. Shellstudie 2006: 30%; 19%; 23%; 28% und fertigt eine Klassen-Zielscheibe an.

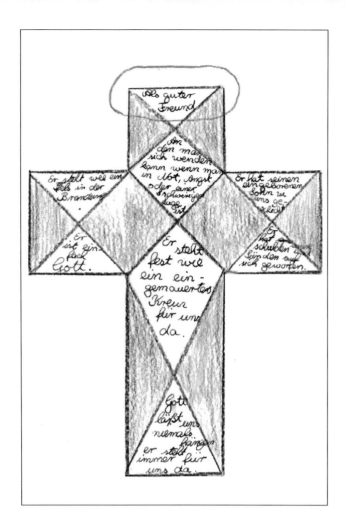

Nach Gott fragen, Gott begegnen und dem Geheimnis Gottes auf die Spur kommen

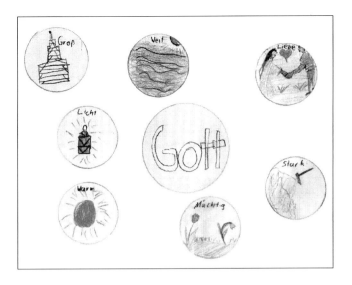

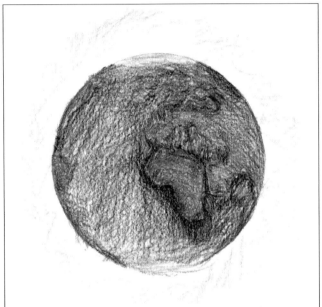

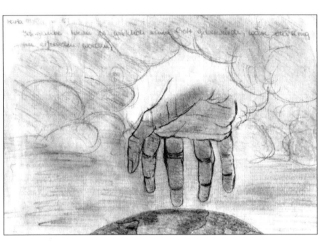

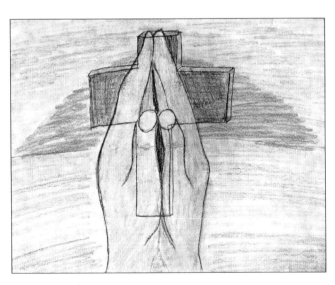

Abbildungen © Helmut Hanisch, farbige Auswahl auf Seite 225 und 226

Gott malen

1. Gott als Mensch

Wenn dir der Gedanke kommt, dass alles, was du über Gott gedacht hast, verkehrt ist, und dass es keinen Gott gibt, so gerate darüber nicht in Bestürzung. Es geht vielen so. Glaube aber nicht, dass dein Unglaube daher rühre, dass es keinen Gott gibt. Wenn du nicht mehr an den Gott glauben kannst, an den du früher geglaubt hast, so rührt es daher, dass in deinem Glauben etwas verkehrt war, und du musst dich besser bemühen, zu begreifen, was du Gott nennst. Wenn ein Wilder an seinen hölzernen Gott zu glauben aufhört, heißt das nicht, dass es keinen Gott gibt, sondern nur, dass der wahre Gott nicht aus Holz ist.

Leo Tolstoi

2. Gott als Sonne

3. Gott ist Liebe

4. Gott …

Aufgaben:

1. Wie verändert sich die Darstellung Gottes in den Bildern 1–4?
   Beschreibe anhand der Veränderungen in den Bildern 1–4 die Entwicklung des Gottesbildes im Leben von Menschen.
2. Nimm Stellung zu folgendem Satz: Mein Bild oder meine Vorstellung von Gott kann sich ändern im Laufe der Zeit. Ich kann immer nur einen Teil Gottes erkennen.
3. In Bild 4 bleibt die Leinwand weiß. Welche Gründe könnte der Künstler gehabt haben, in seinem letzten Bild Gott nicht mehr zu malen?
4. Lässt sich Gott in Bildern angemessen darstellen? Begründe deine Meinung.
5. Fasse die Gedanken von Leo Tolstoi zusammen und formuliere hierzu deine eigenen Gedanken.

Bilder, Symbole und Vorstellungen von GOTT

Der HERR ist mein Hirte,
nichts wird mir fehlen.

(Psalm 23,1)

GOTT ist die Liebe;
und wer in der Liebe bleibt,
der bleibt in GOTT und GOTT in ihm.

(1. Johannes 4)

GOTT ist mein Fels
und meine Burg, meine Rettung,
mein GOTT, auf den ich mich verlasse.

(Psalm 18,3)

Bei GOTT allein kommt meine Seele zur Ruhe;
denn von ihm kommt meine Hoffnung.

(Psalm 62,6)

GOTT ist mein Licht und mein Wohl;
vor wem sollte ich mich fürchten?

(Psalm 27,1)

Wie sich der Himmel über der Erde wölbt,
so umgibt GOTTES Liebe alle,
die GOTT vertrauen.

(Psalm 103,11)

Wo der Geist GOTTES ist,
da ist Freiheit.

(2. Korinther 3,17)

GOTT ist im Himmel, in uns und überall.
Wir müssen uns abgewöhnen,
das Außen und Innen zu trennen.
Beides ist ER.

(Luise Rinser, Schriftstellerin)

GOTT ist immer da,
wo wir nicht nach ihm suchen.

(Russisches Sprichwort)

GOTT nimmt nicht die Lasten,
sondern stärkt die Schultern.

(Franz Grillparzer, österreichischer Dichter)

GOTT ist die Summe alles Lebenden.
Wenn wir auch nicht GOTT sind,
so sind wir doch Teil von ihm,
so wie selbst der kleinste Wassertropfen
Teil des Ozeans ist.

(Mahatma Gandhi, indischer Politiker)

GOTT schreibt auch auf krummen Zeilen gerade.

(Paul Claudel, französischer Dichter)

Die Blinden und der Elefant

Abbildung farbig siehe Seite 226

M 9   **Verlorener Sohn – Begriffspaare**

weggehen	heimkommen

Heimat	Fernweh	Heimweh

tot sein	lebendig werden

Abwendung	Zuwendung

verloren	wiedergefunden

Hunger und Not	Fülle, Freude und Fest

Biblische Sprachbilder für Gott in den Psalmen

Deine Hand hält mich fest. (Ps 63,9)

Du tröstest mich in der Angst. (Ps 4,2)

Du hörst mein Weinen. (Ps 6,9)

Vom Mutterleib an bist du mein Gott. (Ps 22,11)

Du bist bei mir. (Ps 23,4)

Du bist mein Helfer. (Ps 63,8)

Der dich behütet, schläft nicht. (Ps 121,3)

Du bist mein Licht und mein Heil. (Ps 27,1)

Du bist meines Lebens Kraft. (Ps 27,1)

Von allen Seiten umgibst du mich. (Ps 139,5)

Du bist mein Fels, meine Burg. (Ps 18,3)

Du bist meine Zuversicht. (Ps 91,2)

Du tröstest in der Angst. (Ps 4,2)

Du verlässt nicht die, die nach dir fragen. (Ps 9,11)

Du hältst mich liebevoll an der Hand. (Ps 73,23)

Du kennst mich bei meinem Namen. (Ps 91,14)

Du bist es, der Frieden schafft. (Ps 147,14)

Du verzeihst mir meine Fehler. (Ps 103,3)

Du machst die Gefangenen frei
und die Blinden sehend. (Ps 146,7)

Dein Wort ist eine Leuchte für mein Leben,
es gibt mir Licht für jeden nächsten Schritt.
(Ps 119,105)

Du bist mein Gott, meine sichere Zuflucht,
mein Beschützer, mein starker Helfer. (Ps 18,3)

Der Herr ist mein Licht, er hilft mir:
darum habe ich keine Angst. (Ps 27,1)

Du, Herr, bist mein Hirte,
mir wird nichts mangeln. (Ps 23,1)

Du bist meine Zuversicht und Stärke,
eine Hilfe in den großen Nöten. (Ps 46,2)

Der Herr ist mein König …
Vor ihm müssen die Mächtigen sich beugen.
(Ps 22,19 u. 30)

Du bewahrst meine Augen vor Tränen,
meine Füße vor Stolpern. (Ps 116,8)

Mit dir kann ich Hindernisse überwinden.
Mit dir springe ich über Mauern. (Ps 18,30)

Du sättigst mein Leben mit Gutem. (Ps 104,28)

Du bist Sonne und Schild. (Ps 84,12)

Du siehst mein Elend an. (Ps 31,8)

Licht ist dein Kleid, das du anhast. (Ps 104,2)

Martin Luthers Auslegung zum ersten Gebot aus dem Großen Katechismus (in Auszügen)

Was bedeutet das, und wie soll man es verstehen? Was heißt: einen Gott haben? Oder was ist ein Gott?

Das heißt: Du sollst mich allein für deinen Gott halten. Einen Gott, zu dem man Zuflucht haben kann in allen Nöten.

Einen Gott zu haben ist nichts anderes als ihm von ganzem Herzen zu trauen. Worauf du nun dein Herz hängst und dich verlässt, das ist eigentlich dein Gott.

Lass mich allein dein Gott sein und suche keinen anderen. Wenn du Unglück und Not leidest, halte dich zu mir. Ich will dir genug geben und helfen aus aller Not, lass nur dein Herz an keinem anderen hängen.

Es ist mancher, der meint, er habe Gott und alles genug, wenn er Geld und Gut hat. Er verlässt sich darauf und brüstet sich damit. Dieser aber hat auch einen Gott, der heißt Mammon, auf den er sein ganzes Herz setzt. Das ist der größte Abgott auf Erden.

Auch wer darauf vertraut, dass er große Bildung, Klugheit, Beliebtheit, Freundschaft, Macht und Ehre hat, auch der hat einen Gott, aber nicht den wahren und einen Gott.

Daran siehst du wieder einmal, wie vermessen, sicher und stolz man ist auf solche Güter und wie verzagt, wenn sie nicht vorhanden sind und verloren gehen.

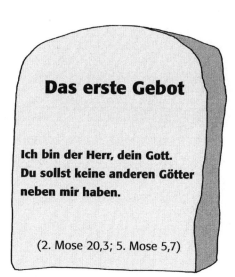

Das erste Gebot

Ich bin der Herr, dein Gott. Du sollst keine anderen Götter neben mir haben.

(2. Mose 20,3; 5. Mose 5,7)

Aufgabe:

Schreibe eine eigene Auslegung zum ersten Gebot.

Martin Luther King in einer Rede am Tag vor seiner Ermordung

© akg-images

Einen Tag vor seiner Ermordung (4. April 1968) hielt der farbige Baptisten-Prediger und US-amerikanische Bürgerrechtler Martin Luther King, der sich mit gewaltlosem Widerstand und Formen des zivilen Ungehorsams für die Gleichberechtigung der Farbigen eingesetzt hatte und dafür von weißen Rassisten angefeindet wurde, in Memphis/Tennessee folgende Rede:

»Als ich nach Memphis kam, wurde mir von den Drohungen erzählt und davon, was mir einige unserer kranken weißen Brüder zufügen wollten. Nun, ich weiß nicht, was jetzt geschehen wird. Wir haben einige schwierige Tage vor uns, aber das macht mir jetzt nichts mehr aus. Wie jedermann, so würde auch ich gern ein langes Leben leben. Lange zu leben ist schon etwas. Doch das berührt mich im Augenblick wenig.

Ich möchte nur den Willen Gottes erfüllen. Er hat mich auf den Berg geführt, und ich habe umhergeblickt und das Gelobte Land gesehen.

Mag sein, dass ich nicht zusammen mit Euch dorthin gelange. Aber ich möchte, dass Ihr wisst, dass wir als Volk das Gelobte Land erreichen werden. Deswegen bin ich heute Abend glücklich. Ich mache mir über nichts Sorgen. Ich fürchte niemanden. Meine Augen haben die Herrlichkeit des kommenden Herrn gesehen«.

Die letzten Worte soll er geradezu jubelnd gesprochen haben.

Aus: Anpassung oder Wagnis, Frankfurt a.M. 1975, S. 114 f.

Aufgabe:

Als Reporter sollst du die Rede von Martin Luther King für einen kurzen Bericht in der Presse zusammenfassen. Welche Überschrift wählst du für deinen Bericht?

Liste der 99 schönsten Namen Gottes

Der, außer dem es keinen Gott gibt

| der Erbarmer | der Barmherzige | der Herrscher | der Heilige | das Heil | der Treue | der Beschützer
| der Mächtige | der Allmächtige | der Überragende | der Schöpfer | der Bildner | der Former | der Verzeiher
| der Bezwinger | der Schenker | der Ernährer | der Öffner | der Allwissende | der Ergreifende | der Freigebige
| der Erniedrigende | der Erhebende | der Ehrende | der Demütigende | der Hörende | der Sehende
| der Befehlende | der Gerechte | der Gütige | der Kundige | der Sanftmütige | der Erhabene | der Nachsichtige
| der Danknehmende | der Hohe | der Große | der Bewahrer
| der Ernährer | der Abrechnende | der Große
| der Edelmütige | der Beobachtende
| der Erhörende | der Ausgedehnte
| der Weise | der Liebende
| der Ruhmreiche
| der Aussendende
| der Bezeugende
| der Wahre
| der Verlässliche
| der Starke | der Feste
| der Lehrer
| der Lobenswerte
| der Anrechner
| der Anfangende
| der Helfer
| der Erwecker
| der sterben lässt
| der Lebendige
| der Unver-
änderliche
| der Wirkliche
| der Berühmte
| der Alleinige
| der Ewige
| der Mächtige
| der Vermögende
| der Vorwärtsschreitende
| der Zurücksehende | der Erste
| der Letzte | der Offenbare
| der Verborgene | der Herrscher
| der alles Überragende | der Tugendreiche
| der zum Guten Führende | der Rächer
| der Verzeihende | der Wohlwollende | der König der Könige | der Große und Edelmütige | der Gerechte
| der Versammler | der Reiche | der Bereichernde | der Hindernde | der Schädliche | der Nützliche | das Licht
| der Führer | der Erfinder | der Bleibende | der Beerbende | der Gerade | der Geduldige

Abbildung farbig siehe Seite 228

M 9   siehe Seite 136

Der verlorene Sohn

Und er sprach: Ein Mensch hatte zwei Söhne. Und der jüngere unter ihnen sprach zu dem Vater: Gib mir, Vater, das Teil der Güter, das mir gehört. Und er teilte ihnen das Gut. Und nicht lange danach sammelte der jüngere Sohn alles zusammen und zog ferne über Land; und daselbst brachte er sein Gut um mit Prassen. Als er nun all das Seine verzehrt hatte, ward eine große Teuerung durch dasselbe ganze Land, und er fing an zu darben und ging hin und hängte sich an einen Bürger desselben Landes; der schickte ihn auf seinen Acker, die Säue zu hüten. Und er begehrte, seinen Bauch zu füllen mit Treben, die die Säue aßen; und niemand gab sie ihm. Da schlug er in sich und sprach: Wie viel Tagelöhner hat mein Vater, die Brot in Fülle haben, und ich verderbe im Hunger! Ich will mich aufmachen und zu meinem Vater gehen und zu ihm sagen: Vater, ich habe gesündigt gegen den Himmel und vor dir. Ich bin hinfort nicht mehr wert, dass ich dein Sohn heiße; mache mich zu einem deiner Tagelöhner! Und er machte sich auf und kam zu seinem Vater. Da er aber noch ferne von dannen war, sah ihn sein Vater, und es jammerte ihn, lief und fiel ihm um seinen Hals und küsste ihn. Der Sohn aber sprach zu ihm: Vater, ich habe gesündigt gegen den Himmel und vor dir, ich bin hinfort nicht mehr wert, dass ich dein Sohn heiße. Aber der Vater sprach zu seinen Knechten: Bringt schnell das beste Kleid hervor und tut es Ihm an und gebet ihm einen Fingerreif an seine Hand und Schuhe an seine Füße, und bringt das Kalb, das wir gemästet haben, und schlachtet es; lasset uns essen und fröhlich sein! Denn dieser mein Sohn war tot und ist wieder lebendig geworden; er war verloren und ist gefunden worden. Und sie fingen an, fröhlich zu sein.

Aber der ältere Sohn, war auf dem Felde. Und als er nahe zum Hause kam, hörte er das Singen und den Reigen und rief zu sich der Knechte einen und fragte, was das wäre. Der aber sagte ihm: dein Bruder ist gekommen, und dein Vater hat das gemästete Kalb geschlachtet, weil er ihn gesund wiederhat. Da ward er zornig und wollte nicht hineingehen.

Da ging sein Vater heraus und bat ihn. Er aber antwortete und sprach zum Vater: Siehe, so viel Jahre diene ich dir und habe dein Gebot noch nie übertreten; und du hast mir nie einen Bock gegeben, dass ich mit meinen Freunden fröhlich wäre. Nun aber dieser dein Sohn gekommen ist, der dein Gut mit Dirnen verprasst hat, hast du ihm das gemästete Kalb geschlachtet. Er aber sprach zu ihm: Mein Sohn, du bist allezeit bei mir, und alles, was mein ist, das ist dein. Du solltest aber fröhlich und gutes Mutes sein; denn dieser dein Bruder war tot und ist wieder lebendig geworden, er war verloren und ist wieder gefunden.

Aus dem Lukasevangelium

Das Gleichnis vom verlorenen Vater

Kennen Sie das Gleichnis vom verlorenen Vater? Folgende Geschichte erzählte mir einer in einem reichen Lande: Ein Mann hatte zwei Söhne; und der jüngste sprach zu dem Vater »Gib mir, Vater, das Teil deiner Zeit und deiner Aufmerksamkeit, das Teil deiner Freundschaft und deines Rates, das mir gehört.« Da teilte der Vater ihnen das Gut: Er bezahlte die Rechnungen für seinen Sohn, gab ihn in ein teures Internat und versuchte sich einzureden, er habe die gebotene Pflicht seinem Sohn gegenüber völlig erfüllt. Und nicht lange danach sammelte der Vater alle seine Interessen und Pläne und zog ferne über Land, in das Gebiet der Aktien und Sicherheiten und andere Dinge, die einen Jungen nicht interessieren; und daselbst vergeudete er die kostbare Gelegenheit, ein Kamerad seines Sohnes zu sein.

Als er aber die beste Zeit seines Lebens hingebracht und viel Geld verdient hatte, und plötzlich merkte, dass er doch nicht zu rechter Zufriedenheit gekommen war, da erwachte ein gewaltiger Hunger in seinem Herzen; und es verlangte ihn nach Zuneigung und Freundschaft.

Und er ging hin und trat in einen Verband ein; der wählte ihn zum Vorsitzenden und ließ sich in der Öffentlichkeit durch ihn vertreten. Aber niemand brachte ihm wirkliche Freundschaft entgegen.

Da schlug er in sich und sprach: »Wie viele von meinen Bekannten haben Söhne, die sie verstehen und von denen sie verstanden werden, sie sind richtig gute Kameraden miteinander; ich aber verderbe hier im Hunger des Herzens! Ich will mich aufmachen und zu meinem Sohn gehen und zu ihm sagen: Junge, ich habe gesündigt gegen den Himmel und vor dir und bin hinfort nicht mehr wert, dass ich dein Vater heiße; halte mich wie irgendeinen deiner Bekannten!

Und er machte sich auf und kam zu seinem Sohn. Da er aber noch ferne von dannen war, sah ihn sein Sohn kommen, und er ward von Erstaunen ergriffen; doch anstatt ihm entgegenzulaufen und ihm um den Hals zu fallen, trat er voll Unbehagen ein paar Schritte zurück.

Der Vater aber sprach zu ihm: »Junge, ich habe gesündigt gegen den Himmel und vor dir. Ich bin hinfort nicht mehr wert, dass ich dein Vater heiße. Verzeih mir und lass uns Freunde seid.«

Aber der Sohn sagte: »Nein! Ich wünschte, es wäre noch möglich. Aber es ist zu spät. Damals, als ich Freundschaft und guten Rat brauchte, hattest du keine Zeit. Die Ratschläge erhielt ich dann von anderen, und sie waren nicht gut. Was haben du und ich einander noch zu sagen?«

Diese Geschichte erzählte mir einer in einem reichen Lande. Und wie sie weiterging, konnte er noch nicht sagen.

Gerd Heinz-Mohr

Von Gott und mit Gott sprechen

»HERR, schicke, was du willst,
ein Liebes oder Leides;
ich bin vergnügt, dass beides
aus Deinen Händen quillt.
Mögest mit Freuden
und wollest mit Leiden
mich nicht überschütten!
Doch in der Mitten
liegt holdes Bescheiden.«

Eduard Mörike (1804–1875)

Gott, du bist größer …
– als dass dich mein Verstand erfassen könnte,
– als alle Worte, die Menschen über dich gesprochen haben,
– als alle Herrlichkeit des Universums,
– als das Geheimnis jeder Blume,
– als jede Liebe, die Menschen zu geben vermögen.

Gott, du bist größer.
Und doch nicht zu groß,
um in meinem Herzen Platz zu nehmen.

Gott, ich möchte dich sehen,
aber meine Augen sind zu schwach dazu.

Gott, ich möchte dir die Hände geben,
aber ich kann dich nicht spüren.

Gott, ich möchte dich etwas fragen,
aber meine Ohren hören dich nicht.

Gott, ich möchte dir singen, aber wo bist du?
Gott, ich möchte dich lieben
und dir sagen: Du.

Aus: Hans Kuhn-Schädler, Mit Jugendlichen glauben, hoffen, träumen, Rex-Verlag, Luzern 1987, S. 42

Die Kinder Israels hatten es im Laufe ihrer langen Geschichte nicht leicht. Oft genug mussten sie ihr Land verlassen und in der Fremde Sklavenarbeit verrichten oder erlebten Verfolgung und Unterdrückung. Die Bibel erzählt viele solcher Geschichten. Aber es wird auch immer wieder beschrieben, wie – durch GOTTES Fügung – das Volk der sicheren Vernichtung entgangen ist. So auch im Buch ESTHER.

Esthers Geschichte, die sich wie ein spannender Krimi liest, spielt **im persischen Reich im 5. Jahrhundert vor Christus**. Persien war damals eine Weltmacht. Der Großkönig von Persien nannte sich »König der Könige«. Zu Esthers Zeit regierte **König Xerxes I.**, auch **Ahasveros** genannt. Viele Juden lebten in seinem Reich und sie bemühten sich nach Kräften, nicht aufzufallen. Denn von den Herrschenden hatten sie zu oft Schlimmes empfangen. Esthers Onkel **Mordechai** arbeitete am königlichen Hof. Er war ein aufrichtiger und gottesfürchtiger Mann. So war es für ihn denn auch eine Selbstverständlichkeit, dass er den König vor einem Mordkomplott, von dem er zufällig erfahren hatte, warnte. Doch der König vergaß schnell wieder, wem er seine Rettung zu verdanken hatte und so konnte ein großes Unglück geschehen.

Der oberste Regierungsbeamte am Hof, **Haman**, hasste nämlich alle Juden und besonders Mordechai war ihm ein Dorn im Auge – hatte dieser sich doch geweigert, sich vor Haman zu verbeugen! Bei nächster Gelegenheit überzeugte Haman wortgewandt den Großkönig von der Gefährlichkeit der Juden in seinem Reich: Ihre Sitten, Gebräuche und ihr Glaube würden so gar nicht zu denen anderer Völker passen. Eine schleichende, heimtückische Gefahr sei das, meinte Haman. Per Los wurde also der Tag der völligen Vernichtung beschlossen und der König setzte sein Siegel unter den Befehl. Das Schicksal Israels schien unabwendbar.

Und hier kommt nun Esther ins Spiel; eine junge, bescheidene, aber ausgesprochen hübsche Frau.

König Ahasveros, der immer für eine Überraschung gut war, hatte nämlich aus einer Laune heraus seine Lieblingsfrau Waschti verstoßen und ließ nun unter den Frauen seines Reiches eine Art »Schönheitswettbewerb« um den Posten der Königin an seiner Seite ausrufen. So kam auch Esther in den Palast und konnte durch ihre Anmut das Herz des Königs erobern.

Allerdings verheimlichte sie ihm, auf Anraten ihres Onkels, ihre jüdische Abstammung.

Doch wie sollte sie nun ihr Volk retten? Onkel Mordechai sah keine Chance – war es doch bei Todesstrafe verboten, sich dem König unaufgefordert zu nähern. Esther riskierte es dennoch. Der König – ausnahmsweise in guter Laune – hörte sich gnädig ihre Geschichte an und erkannte, dass sein Vertrauter Haman ihn für eigennützige Zwecke missbrauchen wollte. Auch an die Rettung durch Mordechai erinnerte er sich wieder und sah daran, dass gerade ein Jude ihn und sein Reich vor einem grausamen Schicksal bewahrt hatte. Für Haman bedeutete dies das Todesurteil.

Allerdings war das Volk Israel damit noch nicht gerettet. Denn ein königlicher Befehl, der ausgegeben und besiegelt worden war, konnte nicht wieder zurückgenommen werden. Was tun?

Auch dafür fand Esther eine Lösung. Der König musste einen zweiten Befehl ausgeben, der den Juden erlaubte, sich zu wehren. Das kostete zwar dennoch Opfer auf beiden Seiten, aber immerhin war das ganz große Massaker, besonders an Frauen und Kindern, verhindert worden.

Zur Erinnerung an dieses Ereignis feiert man in Israel noch heute das **PURIMFEST***.

*PURIM bedeutet STEINE. Haman hat angeblich ein Steinorakel befragt, um den optimalen Zeitpunkt für die Ausrottung der Kinder Israels zu bestimmen.

M 13   siehe Seite 138

In einem Londoner Gefängnis

Elisabeth Fry (1780–1845) lebte als wohlhabende Kaufmannsfrau und Mutter von elf Kindern in London. Im Frühjahr 1813 schrieb ihr ein Prediger einen Brief, in dem er ihr die fürchterlichen Zustände in den Gefängnissen Englands schilderte.

Sie besuchte daraufhin das größte Gefängnis Londons: NEWGATE.

Das Erste, was ihr dort entgegenschlug, war ein ekelerregender, fast unerträglicher Gestank. Und an ihr Ohr drangen Laute, die nicht mehr menschlich zu nennen waren: Das wilde Kreischen betrunkener Frauen, die sich durch die Gefängnisschänke Branntwein beschafft hatten; das Fluchen, Schelten und Kommandieren von bärtigen, vor Schmutz triefenden Männern, das Johlen, Pfeifen und Lachen der Jugendlichen und dazwischen das hilflose Schreien der Säuglinge.

In einem unvorstellbaren Schmutz hausten und schliefen diese Menschen. Da waren Schwerkranke, die auf dem bloßen Boden lagen oder auf altem, feuchtem Stroh – und das sogar im Winter. Da waren Kinder, die im Gefängnis geboren waren und nichts anzuziehen hatten. Da waren neben Gewohnheitsverbrechern und Todeskandidaten solche, die nur kleine Freiheitsstrafen abzubüßen hatten oder zur Untersuchung eingeliefert worden waren. Wer aber einmal in dieses Gefängnis geraten war, war für sein ganzes Leben gezeichnet.

Unter dem Einfluss Elisabeths änderten sich in den folgenden Monaten die Verhältnisse im Gefängnis grundlegend, und zwar nicht durch behördliche Maßnahmen, sondern durch die Gefangenen selbst. Wer nach Newgate kam, um sich von dem Geschehen zu überzeugen, fand nicht nur sauber gereinigte Fußböden, ordentlich gekleidete und sauber gewaschene Menschen und eine frische Luft vor, sondern vor allem einen anderen Geist unter den Gefangenen selbst. Man hörte nichts mehr von Flüchen und wüsten Streitereien und sah keine betrunkenen Frauen. Vielmehr saßen die Frauen beisammen und nähten für ihre Kinder, so als seien sie von einer großen Hoffnung erfüllt und als hätte ihr Leben wieder einen Sinn bekommen. Das Nähen hatten sie von Elisabeth und jenen Frauen gelernt, die in Elisabeths Auftrag täglich das Gefängnis besuchten und die Gefangenen unterrichteten.

Elisabeth und ihre Freundinnen sorgten dafür, dass die Gefangenen das, was sie angefertigt hatten, verkaufen konnten, damit sie nach ihrer Entlassung nicht mittellos dastünden. Was aber die Gefangenen am meisten mit Hoffnung erfüllte, war, was Elisabeth für ihre Kinder tat. Nicht nur, dass sie diese Kinder bekleidete; sie sorgte vor allem dafür, dass sie im Gefängnis etwas Rechtes lernten, was sie dann im Leben draußen gebrauchen konnten, und entriss sie dadurch dem Stumpfsinn, der Gewalt und der Aussichtslosigkeit. Alle Gefangenen halfen mit, dass es zur sofortigen Einführung einer Schule im Gefängnis kam.

> *Elisabeth Fry kümmerte sich nicht nur um das Gefängnis in Newgate: Auch französische, belgische, niederländische und preußische Gefängnisse besuchte sie und regte dort menschenwürdige Bedingungen an. Ebenso setzte sie sich für Krankenhäuser ein und erreichte hier eine bessere Behandlung von Geisteskranken.*

Aufgaben:
1. Beschreibe die Zustände im Gefängnis.
2. Was und wer müsste sich ändern, um die herrschenden Zustände im Gefängnis zu verbessern? Wie kam es zu den Veränderungen im Gefängnis?
3. Was veränderte sich? a) Äußerlich und b) bei den Menschen?
4. Entwerfe eine Rede Elisabeths, die Elisabeth vor den Gefangenen hält und in der sie die Häftlinge zu den notwendigen Veränderungen im Gefängnis auffordert.
5. Stelle die Zustände im Gefängnis vorher – nachher in einer Tabelle gegenüber.
6. Was und wer gab den Menschen die Möglichkeit, sich und ihr Leben grundlegend zu ändern?

Gott hinterlässt Spuren

Manchmal geschieht es,
dass Menschen gut zu anderen sind
und für sie sorgen.
Da zeigt sich etwas von Gott.

Manchmal geschieht es,
dass Menschen einen Streit beenden
und sich wieder lieb haben.
Da zeigt sich etwas von Gott.

Manchmal geschieht es,
dass Menschen sich einsetzen für Schwächere,
denen Unrecht geschieht.
Da zeigt sich etwas von Gott.

Christine Reents

———◆◆●◆◆———

Manchmal geschieht es

_____

_____

Da zeigt sich etwas von Gott.

Manchmal geschieht es

_____

_____

Da zeigt sich etwas von Gott.

Manchmal geschieht es

_____

_____

Da zeigt sich etwas von Gott.
Da zeigt sich etwas von Gott.

Aufgabe:
Schreibt eigene weitere Strophen zu diesem Gedicht, in denen sich etwas von Gott und Gottes Liebe zeigt.

Damian Deveuster

Lepra kennt man schon sehr lange; sogar in der Bibel wird davon berichtet. Früher war Lepra immer tödlich, heute ist es möglich, diese Krankheit zu heilen, wenn sie rechtzeitig behandelt wird. In der Vergangenheit versuchte man, sich vor Lepra zu schützen, indem man die Leprakranken ausstieß. In einigen Gegenden brachte man sie auf unbewohnte Inseln oder in abgegrenzte Zonen. Die Halbinsel KALAU-PAPA auf der Insel Molokai (Hawaii) war ein solches Lepragebiet. Dort lebten die Kranken ohne jede Hilfe; die Regierung schickte ihnen nur hin und wieder Kleidung und Nahrungsmittel.

Pater Damian Deveuster (1840 geboren in Tremelo/ Belgien – 1889 gestorben auf der Insel Molokai/ Hawaii) kam 1873 – nach einer Schiffsreise von 139 Tagen – nach Hawaii.

Dort begann er mit anderen Missionaren zu predigen, zu unterrichten und zu taufen. Er wollte möglichst viele Bewohner Hawaiis zum Christentum bekehren. Trotz guter Erfolge war Damian nicht zufrieden.

Neben der malerischen Insel Hawaii lag die Insel der unheilbar Kranken – MOLOKAI. Die Todkranken konnten, wenn sie einmal hierher gebracht worden waren, die Gesunden zwar nicht mehr anstecken, aber sie lebten von der Außenwelt völlig isoliert. Als Damian Deveuster davon hörte, erklärte er sich sofort bereit, zu den Kranken zu gehen und dort zu helfen. Auf dieser »Insel der lebenden Toten« fehlte alles: Medikamente, Verbandszeug, Ärzte, Pfleger und feste Unterkünfte. Die Kranken lebten in Schilfhütten, die wegen der ständigen Regenzeiten schnell faulten. Pater Damian wollte das zuerst ändern. Es gelang ihm sogar, die weniger Kranken zur Mitarbeit zu bewegen. Das lenkte sie von ihrem Elend ab und ihr Leben erhielt wieder Inhalt und Sinn.

Deveuster versuchte, den Schwerkranken das Leben so erträglich wie nur möglich zu machen. Ein Mitbruder berichtet:

»Er kroch in ihre Hütten, wusch und verband die Menschen und entfernte die faulenden Fleischklumpen. Dann begann er Blockhäuser zu bauen. Wer arbeitsfähig war, musste mithelfen. Schließlich legte er eine Wasserleitung an, die das ganze Gebiet mit gesundem Trinkwasser versorgte. 1886 standen 300 Häuschen. Es folgten ein Kranken- und ein Waisenhaus.«

In seinen Berichten nach Europa beschrieb Deveuster das Schicksal der Kranken und bat um Unterstützung:

»Seit rund sieben Jahren lebe ich nun inmitten der Aussätzigen. Während dieser Zeit hatte ich tausendmal Gelegenheit, das menschliche Elend in seiner furchtbarsten Gestalt zu beobachten. Meine Kranken ähneln zur Hälfte wandelnden Leichen, die bereits die Würmer zerfressen. Um sich einen Begriff von den Ausdünstungen machen zu können, stellen Sie sich einen Sarg vor, den man plötzlich öffnen würde.«

Anfangs predigte Damian nur den Christen und feierte mit ihnen Gottesdienst. Aber die anderen wollten auch teilnehmen. Sie baten ihn, sie in seinem Glauben zu unterrichten und zu taufen. Denn sie meinten, dass dieser Mann, der freiwillig zu ihnen gekommen war, um ihnen zu helfen, sicher einen guten Glauben haben musste. Pater Damian bekehrte viele zum Christentum und half ihnen so, ihr Schicksal leichter zu tragen. Zwölf Jahre lang arbeitete Damian Deveuster bei den Leprakranken, ohne selbst zu erkranken.

Eines Abends jedoch stellte Deveuster seine Füße in heißes Wasser. Als er nichts mehr spürte, obwohl er Brandblasen bekam, wusste er, dass er sich mit Lepra angesteckt hatte. Vielleicht wäre er noch zu retten gewesen, wenn er die Insel sofort verlassen hätte. Doch er wollte die Kranken nicht im Stich lassen. Sechs Jahre lang konnte er noch arbeiten.

Pater Damian starb im Jahre 1889. Sein Leichnam wurde von einem Schiff der belgischen Marine in die Heimat gebracht. Die königliche Familie erschien sogar an Bord, um den toten Missionar abzuholen.

Durch die Krankheit des Paters und durch seine Berichte wurde das Schicksal der Aussätzigen überall in Europa bekannt. Kurz vor seinem Tod kamen Schwestern auf die Insel, die Deveusters Krankenstation weiter führten. Viele Ärzte gingen in die von Lepra betroffenen Länder.

Trotz aufwändiger Hilfe konnte die Seuche bis heute noch nicht ausgerottet werden, vor allem, weil den Entwicklungsländern das Geld fehlt, die hygienischen Verhältnisse entscheidend zu verbessern.

Dietrich Bonhoeffer:
Einige Informationen über sein Leben

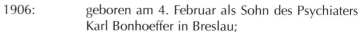

1906:	geboren am 4. Februar als Sohn des Psychiaters Karl Bonhoeffer in Breslau;
1923–28:	Theologiestudium in Tübingen und Berlin;
1928/29:	Vikar in einer deutschen Gemeinde in Barcelona;
1930:	Studienaufenthalt in New York;
1931–33:	Privatdozent in Berlin, Studentenpfarrer;
1933–35:	Pfarrer in zwei deutschen Gemeinden in London;
1935–37:	Leiter des Predigerseminars der Bekennenden Kirche in Finkenwalde (obgleich ihm 1935 die Lehrerlaubnis entzogen wurde);
1940:	Aufenthalt in den USA; seit Ausbruch des Zweiten Weltkrieges ist Bonhoeffer aktiv im politischen Widerstand gegen Hitler;
1943:	Verhaftung am 5. April
1945:	Gestorben am 9. April im KZ Flossenbürg durch die Nazis

Dietrich Bonhoeffer bemühte sich sowohl um die Ökumene als auch um den Weltfrieden und versuchte Christsein in der modernen Zeit mit neuen Ideen zu füllen. Seiner Meinung nach verlangt die Welt ein »radikales«, das soll heißen: entschiedeneres christliches Engagement. Auch mit biblischen Texten wollte er sich zeitgemäßer auseinandersetzen.

Seine bekanntesten Bücher sind »Nachfolge« (1937), »Gemeinsames Leben« (1939), »Ethik« (herausgegeben 1949) und das nach seinem Tode veröffentlichte Werk »Widerstand und Ergebung« (1951).

Abb. aus: Christian Gremmels / Renate Bethge (Hg.), Dietrich Bonhoeffer – Bilder eines Lebens, © 2005 Gütersloher Verlagshaus, Gütersloh, in der Verlagsgruppe Random House GmbH

Dietrich Bonhoeffer:
Von guten Mächten

Ende 1944 schrieb Dietrich Bonhoeffer im Gefängnis in Berlin (als Gefangener der Nazis und den Tod vor Augen) folgendes Gedicht:

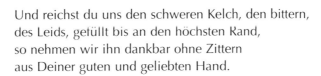

Von guten Mächten treu und still umgeben
behütet und getröstet wunderbar, –
so will ich diese Tage mit euch leben
und mit euch gehen in ein neues Jahr;

noch will das alte unsre Herzen quälen,
noch drückt uns böser Tage Last.
Ach Herr, gib unsern aufgeschreckten Seelen
das Heil, das Du für uns geschaffen hast.

Und reichst du uns den schweren Kelch, den bittern,
des Leids, gefüllt bis an den höchsten Rand,
so nehmen wir ihn dankbar ohne Zittern
aus Deiner guten und geliebten Hand.

Doch willst du uns noch einmal Freude schenken
an dieser Welt und ihrer Sonne Glanz,
dann woll'n wir des Vergangenen gedenken,
und dann gehört dir unser Leben ganz.

Lass warm und hell die Kerzen heute flammen
die du in unsre Dunkelheit gebracht,
führ, wenn es sein kann, wieder uns zusammen!
Wir wissen es, Dein Licht scheint in die Nacht.

Wenn sich die Stille nun tief um uns breitet,
so lass uns hören jenen vollen Klang
der Welt, die unsichtbar sich um uns weitet,
all deiner Kinder hohen Lobgesang.

Von guten Mächten wunderbar geborgen
erwarten wir getrost, was kommen mag.
Gott ist bei uns am Abend und am Morgen,
und ganz gewiss an jedem neuen Tag.

Aus: Dietrich Bonhoeffer, Widerstand und Ergebung, © 1998 Gütersloher Verlagshaus, Gütersloh, in der Verlagsgruppe Random House GmbH

Gespräche mit Gott

O Gott, von dem wir alles haben,
wir preisen dich für deine Gaben.
Du speisest uns, weil du uns liebst;
so segne auch, was du uns gibst. Amen

Herr, bleibe bei uns,
denn es will Abend werden
und der Tag hat sich geneigt. Amen

Ich bitte dich, Herr, um die große Kraft,
diesen kleinen Tag zu bestehen,
um auf dem großen Weg zu dir
einen kleinen Schritt weiter zu gehen. Amen

Nur für heute werde ich eine gute Tat vollbringen,
und ich werde es niemand erzählen.
Nur für heute werde ich mich bemühen, den Tag zu erleben,
ohne alles auf einmal lösen zu wollen.
Nur für heute werde ich keine Angst haben
und mich an allem freuen, was schön ist. Amen

Keinen Tag soll es geben, an dem ich sagen muss:
Niemand ist da, der mich hört.
Keinen Tag soll es geben, an dem ich sagen muss:
Niemand ist da, der mit mir spricht.
Keinen Tag soll es geben, an dem ich sagen muss:
Niemand ist da, der mich liebt.
Keinen Tag soll es geben, an dem ich sagen muss:
Ich halte es nicht mehr aus. Amen

Segenssprüche

Möge das Glück immer greifbar sein für dich,
mögen gute Freunde immer in deiner Nähe sein,
möge dir jeder Tag, der kommt,
eine besondere Freude bringen, die dein Leben heller macht.

Ich wünsche dir: Mauern für den Wind
und ein Dach für den Regen
und etwas zu trinken am Feuer –
Gelächter, um dich aufzuheitern,
jene, die du liebst, um dich
und alles, was dein Herz sich nur wünschen mag.

Gott halte dich in seiner Hand, wenn die Klippen steil sind.
Gott halte dich in seiner Hand, wenn die Nacht trostlos ist.
Gott halte dich in seiner Hand auf dem Weg, den du beschreitest.
Gott halte dich in seiner Hand und sei zu deinen Häupten.

Mögest du immer ein sauberes Hemd,
ein sauberes Gewissen und Geld in deiner Tasche haben!

Der Gott, der dich schuf, geleite dich.
Der Gott, der dich bei deinem Namen rief, führe dich.
Der Gott, der immer um dich ist, zeige dir den Weg ins Paradies.

Mögen Engel dich bewahren und segnen deine Reise jetzt,
und mögen keinerlei Gefahren dir begegnen bis zuletzt.

Möge die Straße dir entgegenkommen.
Möge der Wind immer in deinem Rücken stehen.
Möge die Sonne warm dein Gesicht bescheinen
und Regen sanft auf deine Felder fallen.
Und bis wir uns wiedersehen,
möge Gott dich in seiner schützenden Hand halten.

Aus: Ashley Shannon, Der Segen Gottes sei mit dir. Irische Segenswünsche, © 2008 SCM Collection im SCM-Verlag GmbH & Co. KG, Witten

Geschichte von der Unkenntnis, wie Gott uns begegnet

Ein frommer Rabbi besuchte jeden Tag den Tempel und hatte es in seinem Glaubensleben schon weit gebracht. Da wünschte er sich, seinem Gott einmal leibhaftig zu begegnen und brachte ihm eine Bitte vor: »Jeden Tag komme ich in den Tempel, um dir zu begegnen. Jetzt wäre es mir eine große Freude, wenn auch du einmal in mein Haus kommen würdest und mich besuchtest.« »Ich komme morgen«, sagte Gott, »mach nur alles bereit.« Der fromme Rabbi lief nach Hause und traf mit Eile und Geschick die notwendigen Vorbereitungen. Kostenaufwendig waren sie zudem. Aber der fromme Mann scheute kein Hindernis – es war am Abend des Tages für das kommende Ereignis alles bereit. Der nächste Tag begann in der Frühe mit der innerlichen und äußeren Reinigung, die zum Leidwesen des Rabbi nicht ganz ungestört verlief, da ein Kind, angelockt vom Duft der vorbereiteten Süßspeisen, um einen kleinen Kuchen bat. »Morgen bekommst du deinen Kuchen«, vertröstete der fromme Rabbi das Kind. »Heute kommt Gott. Geh jetzt. Du störst.«

Gott ließ auf sich warten. In die erwartungsvolle Atmosphäre platzte ein müder Reisender hinein, als es auf die Mittagszeit zuging. »Nein, heute nicht«, sprach der Rabbi. »Morgen bist du an der Reihe. Geh inzwischen zu meinem Nachbarn. Heute kommt Gott. Du störst.«

Der Tag verging, aber Gott ließ sich nicht blicken. Als die Spannung fast nicht mehr auszuhalten war, klopfte ein dreckiger, kranker Bettler an die Tür. »Nein«, scheuchte ihn der Rabbi fort, »nicht heute, morgen ist soviel da, wie du willst. Heute kommt Gott: er muss sogar jede Minute hier eintreffen: Weg mit dir, Du störst.«

Aber Gott kam nicht. Voller Zorn und Enttäuschung legte sich der fromme Mann schlafen.

Am nächsten Morgen war sein Zorn nicht verraucht und er überhäufte Gott im Tempel mit Anklagen und wütenden Vorwürfen: »So oft bin ich zu dir gekommen. Ist es da zuviel, wenn du ein einziges Mal zu mir kommen sollst?!« »Was willst du?« erwiderte ihm Gott, »dreimal war ich da, aber du hast mich nicht erkannt.«

Aus der jüdischen Tradition

Aufgaben:
1. Wie zeigt sich Gott?
2. Was tut Gott?
3. Warum erkennt der Mann Gott nicht?

Versuche, Gott zu beweisen

Abbildung farbig siehe Seite 229

»Gottesbeweise« können auch noch heute für den glaubenden und denkenden Menschen von Bedeutung sein, da sie ihm Anlass geben, über sich selbst, über das Leben, über Gott und über Ursprung und Ziel der Welt nachzudenken.

Wir leben in einer Welt und Zeit, die stark vom Vertrauen in Wissenschaft und Technik geprägt ist. Grenzen werden ausgelotet und nur das, was man beweisen kann, hat scheinbar Gültigkeit. Kein Wunder also, dass auch GOTT sich immer wieder einer Prüfung unterziehen lassen muss. Doch das ist nicht neu. Schon immer suchten Menschen nach Beweisen für GOTTES Existenz. Einige Beispiele sollst du hier kennen lernen:

a) Der **kosmologische** Gottesbeweis. Da Erde und Kosmos existieren und alles, was vorhanden ist, einen Ursprung und eine Ursache hat und nichts aus sich selbst heraus entsteht, muss es eine **erste Ursache** geben, von der sich alles Bestehende herleitet.

b) Der **teleologische** Gottesbeweis (telos = Ziel, Sinn). Alles in der Welt ist auf ein Ziel gerichtet und auf Ordnung, Schönheit und Zweckmäßigkeit hin ausgelegt.

c) Der **ethnologische** Gottesbeweis (ethnos = Volk). Der Theologe und Philosoph Thomas von Aquin (geb. 1225 in Aquino bei Neapel, gestorben 1274 bei Fossa Nova) geht davon aus, dass es (seiner Meinung nach) kein Volk auf der Welt ohne Verehrung einer Gottheit gibt. Das kann kein Zufall sein, sagt er, sondern muss darauf beruhen, dass sich Gott selbst allen Menschen geoffenbart hat.

d) Der **ontologische** Gottesbeweis (Ontologie = Lehre vom Dasein). Er geht auf Überlegungen Anselm von Canterburys (auch ein Theologe und Philosoph; in Aosta/Norditalien geboren und 1109 in Canterbury/England gestorben) zurück und besagt, dass es GOTT gibt, weil es das Wort »GOTT« gibt. Für Anselm von Canterbury ist GOTT das größte, umfassendste Existierende, das von Menschen gedacht werden kann und über das hinaus es nichts Größeres geben kann.

Der deutsche Philosoph Immanuel Kant (1724–1804) dagegen meint, dass diese Gottesbeweise keineswegs zwingend sind. Er betonte, dass es nicht logisch sei, von der Möglichkeit und der Denkbarkeit ein4es allerhöchsten Wesens auf dessen tatsächliche Existenz zu schließen. Nicht alles, was denkbar ist, muss es wirklich geben.

e) Der **moralische** Gottesbeweis. Kant selbst hat als einzigen Gottesbeweis den **moralischen** Gottesbeweis gelten lassen. Gottes Dasein ergibt sich aus der Existenz des Gewissens, der Moral und des menschlichen Verantwortungsbewusstseins. Der Mensch fühlt sich einem außermenschlichen »Gesetzgeber« und Richter verantwortlich. Diese »Einrichtung« ist Gott, der nicht aus dem Denken, aber aus der Erfahrung und dem Gefühl des Menschen erschlossen werden kann.

Aufgaben:
1. Sammelt Argumente, die für oder gegen den Versuch sprechen, Gott zu beweisen.
2. Was hältst du von dem Versuch, Gott zu beweisen?

Die Geschichte spielt im Jahr 1952 in einer kleinen jüdischen Gemeinde in einem Vorort von New York.

Kantor Leon Sternberger ist immer ein frommer Mann gewesen. Doch eines Morgens trifft ihn die Erkenntnis wie ein Schlag: Er kann nicht mehr an GOTT glauben. Bei all dem Elend in der Welt, bei so viel Gewalt und Not fragt sich Sternberger: »Was kann das für ein GOTT sein, der das alles zulässt?« Für ihn ist GOTT mit einem Mal »gestorben«. So tief geht seine Enttäuschung, dass er noch nicht einmal das jüdische Neujahrsfest – Roschha-Schana – feiern will.

Seine Nichte Ester macht sich große Sorgen um ihn. In ihrer Verzweiflung bittet sie einen Freund, den Synagogendiener Rosen, um Hilfe. Der spricht mit Leon und rät ihm eindringlich, das Problem mit Rabbi Markus in Manhattan zu erörtern. Leon Sternberger willigt ein, doch nach Manhattan kann er nur mit der U-Bahn gelangen und er ist noch nie in seinem Leben U-Bahn gefahren. Das verunsichert ihn sehr. Freund Rosen beschreibt ihm darum peinlich genau den Weg; auch die Umsteigestation und bläut ihm ein, nur ja nicht versehentlich den Zug nach Brooklyn zu nehmen. Leon verspricht es und macht sich auf den Weg. Es kommt, wie es kommen muss: Am Umsteigebahnhof irrt Sternberger umher und ein freundlicher Bahnbeamter hilft ihm in den menschenleeren Zug. Erst als die Bahn sich in Bewegung setzt, merkt der Kantor, dass er doch im Zug nach Brooklyn sitzt. Seine Verärgerung kann er mit niemandem teilen, denn es scheint außer ihm kein Mensch im Abteil zu sein. Doch das ist ein Irrtum, denn plötzlich bemerkt er eine junge Frau, die sich das Leben nehmen will. Sofort kümmert sich Leon um sie und

erfährt, dass sie – ebenfalls Jüdin – den 22. Dezember 1942 nicht vergessen kann, wo ihre gesamte Familie in Utrecht von den Nazis deportiert wurde. Sternberger beruhigt die Frau und bringt sie nach Hause.

Am nächsten Tag startet er einen zweiten Versuch, nach Manhattan zu gelangen. Wieder mahnt ihn Rosen, ja nicht in den Zug nach Brooklyn zu steigen. Wieder trifft Sternberger den freundlichen Bahnbeamten, den er bittet, ihn doch dieses Mal in den richtigen Zug zu setzen. Und wieder landet er in der Bahn nach Brooklyn. Leon kann es fast nicht glauben, dass der Bahnbeamte ihn schon wieder fehlgeleitet hat, da sieht er im ansonsten leeren Abteil einen verzweifelten jungen Mann. Sie kommen beide ins Gespräch und Leon erfährt, dass dieser Mann Jude ist, aus Utrecht kommt und am 22. Dezember 1942 seine gesamte Familie verloren hat. Sternberger wird hellhörig. An der nächsten Station steigt er mit ihm aus, schleppt ihn zu einem Telefon und ruft die junge Frau vom Vortag an, deren Telefonnummer er mitgenommen hat. Und wirklich: Der junge Mann und die junge Frau sind ein Paar und jeder glaubte, den anderen verloren zu haben.

Sternberger überlässt die beiden sich selbst und ihrem Glück und fährt wieder heim.

Dieses Mal ist der Zug voller Menschen, es herrscht ein regelrechtes Gedränge, was Leon sehr verwundert. Bei aller Eile will er es jedoch nicht versäumen, mit dem Bahnbeamten zu sprechen, der ihn zwei Mal so fürchterlich falsch geschickt und damit dennoch Gutes bewirkt hat.

Jedoch kann ihn Leon auf der Umsteigestation nicht finden, so sehr er auch sucht. Er trifft einen anderen Bahnbeamten und fragt nach dem »Kollegen«, doch erhält er zur Antwort, dass es keinen anderen hier gibt, noch nie gegeben hat. Leon Sternberger, der Mann der nicht mehr an GOTT glauben konnte, kommt ins Grübeln; und mit einem Mal scheint sein Problem gelöst zu sein.

Aufgaben:

1. Welche Umstände führten dazu, dass Kantor Sternberger nicht mehr an Gott glauben konnte?
2. Der Kantor nimmt zweimal den falschen Zug – mit welchen Konsequenzen?
3. Welche positiven Folgen hat die »Falschfahrt«?
4. Welche Bedeutung hat die Gestalt des Bahnbeamten?
5. Sternberger bewahrt eine junge Frau vor dem Selbstmord, spricht mit einem verzweifelten jungen Mann und bringt die beiden jungen Menschen zusammen, die bereits ein Paar waren und geglaubt hatten, den anderen für immer verloren zu haben. Ist das alles ein großer Zufall oder …? Erkläre:
6. Obwohl Sternberger
   - zweimal in den falschen Zug gestiegen ist,
   - nie mit Rabbi Markus in Manhattan über seine Glaubenszweifel sprechen konnte,
   - den Bahnbeamten, der ihn in den falschen Zug wies, nicht mehr trifft,
   hat er seine Glaubenszweifel überwunden. Erkläre, warum!

Die Verantwortung Gottes und / oder der Menschen für das Leid in der Welt

Gott — **Leid** — **Mensch**

Welt

In welcher Beziehung steht das Leid:

○ zur Welt?

○ zu Gott?

○ zu den Menschen?

Was könnten (wir) Menschen tun, um das Leid

○ zu verhindern?

○ zu verringern?

Wer ist verantwortlich für das Leid in der Welt:

○ Gott?

○ die Menschen?

○ . . . . ?

Ist eine Welt ohne Leid

○ vorstellbar . . . . ?

○ wünschenswert . . . . ?

Antwortversuche auf die Theodizee-Frage

Der mit den Menschen mit leidende Gott	**Leid als Strafe für begangene Sünden** (Tun-Ergehen-Zusammenhang)
Gott hat das Böse nicht gewollt, er hat es nur zugelassen (Augustinus)	**Leid als unumgänglicher Preis der Entscheidungsfreiheit des Menschen**
Leid als Prüfung und Chance der Bewährung (Gott als Pädagoge/Arzt)	**Leid als Nebenprodukt der Evolution** (T. de Chardin) (d.h.: Evolution geschieht durch Versuch und Irrtum; dabei entsteht auch Negatives: Leid als »Abfallprodukt«)

Leid lehrt fluchen – oder beten?

Friedrich Spee von Langenfeld (1591–1635) – *kurz **Friedrich von Spee** – war Jesuit, Moraltheologe und Schriftsteller. Er kämpfte gegen die HEXENVERFOLGUNGEN und -PROZESSE, die zu seiner Zeit weit verbreitet waren. Er verlangte faire Bedingungen für die angeklagten Frauen, verurteilte die angewandten Foltermethoden und stellte die zweifelhaften »Zeugenaussagen« als Beweismittel in Frage. Von Spee verfasste sogar eine Kampfschrift – die CAUTIO CRIMINALIS, 1631 –, um die Menschen von diesem unwürdigen Hexenwahn abzubringen. Er arbeitete als Moraltheologe in Paderborn und schrieb die Texte für einige Kirchenlieder, die bis heute gesungen werden. Friedrich von Spee war in Trier tätig, als spanische Truppen die Stadt überfielen. Er beteiligte sich an der Versorgung und Pflege der Verwundeten und Kranken und infizierte sich dabei mit der Pest. Am 7. August 1635 starb er – nur 44 Jahre alt.*

(Bildquelle: www.heiligenlexikon.de)

Man schreibt das Jahr 1637. Im Deutschen Reich ist Krieg – der Dreißigjährige Krieg. Friedrich von Spee gehört dem streng katholischen Orden der »Gesellschaft Jesu« an. Er ist ein »Jesuit«, ein Mann, der es mit der Religion sehr genau nimmt. Der Krieg dauert jetzt schon 19 Jahre an. Oh Gott, was für eine furchtbare, hoffnungslose Zeit! Unsagbares Leid fügen die Menschen einander zu. Und Gott? Wo ist Gott? Es scheint, als hätte er diese Welt gänzlich aufgegeben. Auch von Spee ist der Welt längst überdrüssig geworden. Er fühlt sich einsam und müde: gottverlassen. Es gibt keine Menschen- und Gottesliebe mehr, denkt er.

Ziellos wandert er durch die milde Dezembernacht. Da berührt ihn eine junge Frau an der Schulter. Sie ist schwanger und strahlt ihn glücklich an. »Erkennen Sie mich nicht mehr?« fragt sie. Von Spee versucht krampfhaft, sich zu erinnern. Ja, es ist schon lange her, aber ein paar verschwommene Bilder tauchen vor seinem inneren Auge auf: Flammen, schreiende Menschen, verzerrte Gesichter, ein junges Mädchen von 17 Jahren … Man will sie als Hexe verbrennen.

Friedrich von Spee hatte sie damals gegen eine tobende Menschenmenge verteidigt und ihr damit das Leben gerettet. Die junge Frau ist glücklich, ihren Retter wiedergefunden zu haben und sie nimmt ihn mit nach Hause zu ihrem Mann. Auch er soll den unerschrockenen Helden kennenlernen.

Sie führt von Spee durch schmale Gassen zu einer kleinen, unscheinbaren Hütte. Sie öffnet die knarrende Eingangstür. In dem einzigen Raum sieht man einen Mann am Kamin sitzen und im spärlichen Licht der Glut an einer kleinen Holzfigur schnitzen. Die Frau begrüßt ihn freudig, und der Mann lächelt ihr glücklich zu. Erst jetzt erkennt von Spee, dass der Mann keine Beine mehr hat. Dieser unselige Krieg hat sie ihm genommen. Seinen alten Beruf als Hufschmied konnte er darum nicht mehr ausüben. Jetzt schnitzt er aus Holz Heiligenfiguren – am liebsten kleine Madonnen.

»Ausgerechnet?«, wundert sich von Spee. »Ja«, sagt der Mann, der Krieg habe ihn beten gelehrt. Zum Abschied schenkt er von Spee eine Madonna. Und das Lächeln, mit dem er sie überreicht, scheint sagen zu wollen: Gottes Verheißung bleibt bestehen – auch in dieser schweren Zeit.

Als Friedrich von Spee sich auf den Heimweg macht, die kleine Madonna in der warmen Manteltasche geborgen, ist ihm mit einem Mal ganz leicht ums Herz. Gott, das fühlt er ganz deutlich, ist nicht fort. Die Menschen haben ihn mit ihrem Kriegsgeschrei nur übertönt. Noch in derselben Nacht schreibt der Jesuit ein Lied auf, das allen von Gottes Treue künden soll: »Zu Bethlehem geboren ist uns ein Kindelein …«

Erzählvorschlag zum Hiobbuch in vier Szenen

1. Szene (Hiob 1)

Ein Mann lebte in dem fernen Lande Uz, der hieß Hiob. Hiob hatte eine Frau, sieben Söhne und drei Töchter, ein großes Gut, 7.000 Schafe, 3.000 Kamele, 500 Gespanne Rinder und 500 Eselinnen, dazu Knechte, Mägde und alles, was sich ein Mensch nur wünschen kann. Und dennoch war er nie stolz und hochmütig. Er war zu allen freundlich, half jedem, der in Not war, achtete auf Gottes Gebote und tat nie etwas Böses. Selbst für seine Kinder brachte er Opfer dar, für den Fall, dass sie einmal Böses tun.

Eines Tages geschah es, dass das Gefolge Gottes, die himmlischen Wesen, vor Gott traten. Unter ihnen war auch »der Prüfer«. Dem Prüfer haben die Menschen später auch andere Namen gegeben: Sie nannten ihn den Versucher, den Verführer, das Böse oder Satan.

Wo kommst du her?, fragte Gott den Prüfer. Ich habe die Erde durchwandert, antwortete der Prüfer, ich habe gesehen, was die Menschen tun und treiben.

Hast du auch Acht gegeben auf meinen Knecht Hiob, fragte Gott, denn keiner im ganzen Lande ist so treu und so gottesfürchtig wie er.

Meinst du, dass Hiob umsonst so fromm ist, entgegnete der Prüfer, er weiß genau, warum er zu dir hält. Er tut es nur, weil du sein Haus bewachst, weil du ihm Reichtum schenkst und seine Arbeit gut gelingen lässt. Er hat doch alles, was ein Mensch sich wünschen kann. Wenn der nicht fromm und glücklich ist, wer ist es dann? Aber strecke nur einmal deine Hand nach ihm aus und nimm ihm seinen Reichtum wieder weg. Du wirst sehen, er wird sich von dir abwenden.

Gut, sagte Gott, für eine Weile gebe ich alles, was er hat, in deine Hand. Nur nach seiner Person strecke deine Hand nicht aus.

Darauf ging der Prüfer weg vom Angesicht Gottes.

1. Eines Tages kam **ein Bote** zu Hiob gehastet. Er zitterte am ganzen Leibe und rief entsetzt:

   Herr, etwas Furchtbares ist passiert. Wir waren gerade mit den Rindern und Eseln bei der Arbeit auf den Feldern. Da fielen Feinde über uns her, schlugen die Knechte tot und nahmen alle Tiere mit. Nur ich allein habe überlebt, um es dir zu berichten.

   Als der Bote noch redete, kam schon **der zweite** und rief:

2. Herr, etwas Furchtbares ist passiert. Wir waren gerade mit den Herden auf den Hügeln. Da fiel Feuer wie ein Blitz vom Himmel und verbrannte alles, die Hirten und die Herden.

   Nur ich allein habe überlebt, um es dir zu berichten.
   Kaum hatte der zweite Bote ausgeredet, da kam **ein dritter** hereingestürzt:

3. Herr, etwas Furchtbares ist passiert. Wir waren gerade mit den Kamelen unterwegs. Da fielen von drei Seiten Räuber über uns her. Sie schlugen die Kameltreiber tot und nahmen alle Tiere mit.

   Nur ich allein habe überlebt, um es dir zu berichten.

4. Die schlimmste Botschaft brachte **der vierte**:

   Herr, etwas Furchtbares ist passiert. Alle deine Söhne und Töchter feierten ein Fest im Haus des ältesten Sohnes. Da brach plötzlich ein Sturm los. Das Haus stürzte ein und alle starben unter den Trümmern.

   Nur ich allein habe überlebt, um es dir zu berichten.

Da schrie Hiob laut auf, sprang auf und zerriss sein Gewand vor Schmerz und Entsetzen, schor seinen Kopf kahl zum Zeichen der Trauer. Er fiel auf die Erde, neigte sich tief, vergrub sein Gesicht in den Händen – und schwieg. Wie tot lag er da. Danach stand er auf und sprach: Der Herr hat's gegeben. Der Herr hat's genommen. Der Name des Herrn sei gelobt!

So betete Hiob, aber gegen Gott fluchte er nicht.

2. Szene (Hiob 2 und 3)

Danach geschah es, dass das Gefolge Gottes und mit ihm auch der Prüfer wieder vor Gott trat.

Wo kommst du her? fragte Gott.

Ich habe die Erde durchzogen, antwortete der Prüfer.

Hast du auch Acht gegeben auf meinen Knecht Hiob?, fragte Gott. Keiner ist so fromm und gerecht wie er. Du hast mich überredet, ihn in deine Hand zu geben und hast ihm viel Leid zugefügt. Du hast mich überredet, dass ich ihn ohne Grund leiden ließ. Doch noch immer ist er fromm und hält zu mir.

Kein Wunder, sagte der Prüfer. Was gibt ein Mensch nicht alles für seine Gesundheit! Noch ist Hiob gesund, wenn's hart auf hart kommt, wenn du seinen Leib antastest, sieht das schon anders aus. Lass ihn krank werden und Schmerzen bekommen, ich wette, er wird sich von dir wenden und nichts mehr von dir wissen wollen. Er ist in deiner Hand, sagte Gott, aber bewahre sein Leben!

Da bekam Hiob eine schreckliche Krankheit. Sein ganzer Körper war bedeckt mit grässlichen Geschwüren, von Kopf bis Fuß gab es keine gesunde Stelle. Hiob konnte nicht liegen und nicht stehen und hatte furchtbare Schmerzen. Er setzte sich in die Asche, weit weg von allen Menschen.

Selbst seine eigene Frau ertrug kaum den Anblick. Täglich setzte sie ihm zu: Ich verstehe nicht, warum du immer noch zu Gott hältst, du siehst doch, wie er dich leiden lässt. Ist das der Lohn für deine Frömmigkeit? Verabschiede dich von deinem Gott!

Dieses Gespött war für Hiob schlimmer als die Schmerzen. Du redest, als ob du närrisch bist. Viel Gutes haben wir von Gott empfangen, sollten wir da das Böse nicht auch annehmen? Und wieder sündigte Hiob mit keinem Wort gegen Gott.

Er hatte aber **drei gute Freunde**, die hörten von seinem Unglück und kamen, um ihn zu trösten. Von weit her kamen sie und erschraken sehr, als sie Hiob sahen. Zuerst erkannten sie ihn nicht. Sie konnten kaum glauben, dass dies ihr Freund Hiob sein sollte, der da so elend in der Asche vor ihnen saß.

Dann zerrissen die Freunde ihre Gewänder, streuten Asche auf ihr Haar vor lauter Entsetzen und weinten. Sprachlos vor Schmerz setzten sie sich zu Hiob auf die Erde. Sieben Tage und sieben Nächte saßen sie so bei ihm und keiner sprach ein Wort.

Nach sieben Tagen hielt Hiob es vor Schmerzen nicht länger aus. In seiner Verzweiflung rief er:

Ach, hätte es doch den Tag nie gegeben, an dem ich geboren wurde.
Finster müsste dieser Tag sein, die Sonne dürfte nicht über ihm aufgehen!
Warum bin ich nicht schon bei der Geburt gestorben?
Warum hat mich meine Mutter großgezogen?
Nun muss ich vor Schmerzen heulen, wenn ich esse.
Schreien muss ich, wenn ich mich bewege.
Was ich gefürchtet habe, ist über mich gekommen, und wovor mir graute, das hat mich getroffen.
Ich finde keinen Frieden, nicht Stille und nicht Ruhe.
Wie glücklich war ich noch vor kurzem, und nun kommt so ein Unheil über mich.

3. Szene (Hiob 4–37)

1. Das ist wahr, sagte **der erste** der drei Freunde. Du warst glücklich und es ging dir gut, du hast viele getröstet, die traurig waren und du hast den Schwachen Mut zugesprochen. Aber nun, wo es dich selber trifft, nun wirst du weich. Das ist nicht recht.

Meinst du denn, dich selbst trifft keine Schuld? Glaubst du etwa, Gott schickt dir dieses Unglück ohne Grund? Denke lieber darüber nach, womit du dieses Unglück verdient hast. Gott hat noch nie einen Unschuldigen gestraft. Denk nach, bis es dir einfällt, dann bitte Gott um Vergebung, und du wirst sehen: Er wird dich wieder gesund machen. Dies haben wir erforscht. Höre es und mache es dir bewusst.

Traurig schüttelte Hiob den Kopf:

Wüsste ich doch bloß, wofür mich Gott so straft.
Aber ich weiß es nicht.
Er reckte seine Hände zum Himmel empor und rief:
Ach Gott, warum peinigst du mich so?
Gefällt dir's, dass du Gewalt tust und verwirfst mich, den deine Hände gemacht haben?
Warum lässt du mich nicht wenigstens in Frieden sterben?
Und sollte ich wirklich gegen dich gesündigt haben –
Warum vergibst du mir dann nicht?
Ach Gott, ich kann dich nicht verstehen!

2. Da fing **der zweite** Freund an zu sprechen: Wie lange willst du noch so reden, als ob Gott nicht wüsste, was er tut? Du siehst es doch an deinen Söhnen: Die haben gesündigt und wurden bestraft. Sie sind tot – du aber lebst noch. Nütze die Zeit, die dir noch bleibt, um mit Gott ins Reine zu kommen! Gib endlich deinen Stolz auf und gib zu, dass du ein Sünder bist wie alle anderen, dann wird dich Gott auch heilen.

Wie lange wollt ihr mich noch mit euren klugen Reden quälen?, sagte Hiob. Merkt doch endlich mal, dass Gott mir Unrecht tut: Ich kann zu ihm schreien, so viel ich will, und er erhört mich nicht. Ich habe ihm nichts getan, und er ist zornig über mich. Er hat meinen Körper zerschlagen und ich weiß nicht warum. Nun erbarmt ihr euch wenigstens über mich, ihr seid doch meine Freunde. Habt ihr doch wenigstens ein bisschen Mitgefühl mit mir, anstatt mich ständig zu belehren!

3. Da fing **der dritte** Freund an zu reden: Meinst du, dass es recht ist, so von Gott zu reden? Gott tut dir Unrecht, sagst du, nein, was Gott tut, das ist immer recht! Das musst du glauben. Sieh dir doch die Welt an, den Himmel, die Erde, das Meer und alles, was da lebt: Alles wird von Gott regiert und nirgends macht er einen Fehler, niemandem tut er Unrecht. Den Bösen straft er, und den Frommen lohnt er. Und nur bei dir sollte das anders sein? Nein, Hiob, du irrst dich.

Die Freunde schwiegen. Auch Hiob schwieg lange. Er hatte auf Trost gehofft, aber keiner von den Freunden hatte ihn trösten können. Traurig und verzagt lehnte Hiob sich im Sitzen gegen die Wand seines Hauses und schloss die Augen. Die Freunde standen leise auf, einer nach dem anderen, und ließen Hiob allein.

4. Szene (Hiob 38–42)

Da zog eines Tages ein schweres Gewitter auf. Dichte Wolken türmten sich auf. Der Himmel wurde ganz schwarz. Da kam es Hiob plötzlich vor, als riefe jemand seinen Namen. Hiob hob erschrocken den Kopf. Und Gott antwortete aus dem Wettersturm, aber Hiob war es, als komme Gottes Stimme nicht von draußen, sondern aus der Mitte seines Inneren.

Hiob, sprach **Gott**, ich kenne dich. Ich habe dich erschaffen, bevor du von deiner Mutter geboren wurdest. Ich habe dir Gesundheit geschenkt und Glück und viele Güter. Auch der dich heilen kann, bin ich allein. Du fragst, warum ich es nicht tue.

Ja, Herr, das frage ich, rief **Hiob**. Schlägt auch ein Vater sein Kind, ohne ihm zu sagen, warum? Du aber schlägst mich so, dass alle Welt mich fragt, was ich verschuldet habe, und dabei habe ich dir doch immer treu gedient. Ich bitte dich ja nicht um Glück und langes Leben – ich bitte dich nur um eins: dass du mir sagst, warum du mich so schrecklich strafst. Das, Herr, verstehe ich nicht.

Hiob, sprach **Gott**, ich kenne deine Leiden, und ich verstehe auch, dass du verzweifelt bist. Doch meine Wege wirst du nie mit dem Verstand begreifen, denn ich bin Gott und handle nicht nach dem Gesetz der Menschen. Bin ich es nicht, der alles auf der Welt, was lebt und wächst und stirbt, in seinen Händen hält?

Da erkannte **Hiob** und **antwortete** seinem Gott:

Ich bin zu gering, was soll ich antworten?
Ich will meine Hand auf meinen Mund legen.
Ich erkenne, dass du alles vermagst,
und nichts, das du dir vorgenommen hast,
ist dir zu schwer.
Ich will dich fragen, lehre mich!
Nur vom Hörensagen wusste ich von dir,
jetzt aber hat mein Auge dich geschaut.

Nach dieser Begegnung mit Gott war Hiob nicht mehr traurig.

Hiob hatte erfahren und erzählte davon: In meiner Klage gegen Gott und in den Fragen, die er mir stellte, ist mir Gott begegnet, und ich habe seine Größe erkannt. Gott kann man nicht begreifen, Gott muss man erfahren. Nun kann ich annehmen, was Gott zuließ: mein Glück und Gut und auch mein Leiden. Ich kann Gott vertrauen, und das ist gut. Freude und Frieden strahlten aus seinem Gesicht, obwohl sein ganzer Körper noch von Geschwüren bedeckt war.

Der Herr wies die Freunde zurecht: Ihr habt meinen Zorn erregt mit all euren klugen Reden. Ihr habt nicht recht von mir geredet.

Doch Hiob sprach vor Gott für die Freunde: Sie haben mir zwar weh getan mit ihren vielen Ratschlägen, doch kränken wollten sie mich damit nicht. Sie konnten es nicht besser. Vergib du ihnen!

Da gab Gott Hiob alles wieder, was ihm genommen worden war und von allem doppelt so viel: 14.000 Schafe, 50.00 Kamele, 1.000 Gespanne Rinder und 1.000 Eselinnen. Seine Brüder und Schwestern kamen zu ihm, seine Freunde und alle, die ihn vor seiner Krankheit gekannt hatten. Sie trösteten ihn wegen all des Bösen, was er erfahren hatte, aßen und freuten sich mit ihm über sein neues erfülltes Leben.

Hiob bekam noch sieben Söhne und drei Töchter. Die waren im ganzen Land die schönsten Frauen. Hiob nannte sie Jemima, das heißt kleine Taube, die andere Kezia, das heißt Zimtblüte und die Jüngste Keren-Happuch, das heißt Schminkdöschen. Er gab ihnen sein Erbe genau wie ihren Brüdern. Hiob lebte noch viele Jahre. Er starb alt und lebenssatt.

Erzählvorschlag in Anlehnung an Rainer Oberthür und Irmgard Weth.

Martin Luther und der Reformation nachspüren

Bildungsstandards für das Gymnasium, die Realschule und die Hauptschule
Klassenstufe 7/8 (GY), 7–9 (HS) bzw. 9/10 (RS)

Schwerpunktkompetenzen und weitere Kompetenzen	Die Schülerinnen und Schüler
	■ wissen um das Wirken und die Bedeutung Martin Luthers sowie um seine reformatorische Erkenntnis (RS 10.6.2) ■ kennen Brennpunkte der Kirchengeschichte (RS 10.6.1) ■ können darstellen, inwiefern die Wiederentdeckung des menschenfreundlichen Gottes auf Luther befreiend gewirkt hat (GY 8.4.1) ■ erkennen, dass Menschen für ihr Leben verantwortlich und zugleich auf Barmherzigkeit angewiesen sind (GY 8.1.3) ■ können Luthers Bibelübersetzung erzählerisch in seine Biographie einbetten (GY 8.3.1) ■ kennen die kulturelle Wirkung der Lutherbibel (GY 8.3.2) ■ können die zentrale Bedeutung der Bibel in der evangelischen Kirche darlegen und begründen (GY 8.3.3) ■ können Ursachen der Kirchentrennung in der Reformation darstellen (GY 8.6.1) ■ können zeigen, dass die in der Reformation neu entdeckte Bedeutung Jesu sich in konkreter Kritik an der katholischen Kirche ausgewirkt hat (GY 8.5.1) ■ wissen um das Wirken und die Bedeutung Martin Luthers für die Entstehung der evangelischen Kirche. Sie können grundlegende Merkmale der evangelischen Konfession im Vergleich zu anderen benennen und wissen um die Gemeinsamkeiten der großen christlichen Konfessionen (HS 9.6.2) **Themenfelder:** – **Reformation**: Biographie Luthers im historischen Kontext; Luther reformatorische Entdeckung des gnädigen Gottes; Kritik an der katholischen Kirche (z.B. Ablass, Heiligenverehrung); Luther übersetzt die Bibel; die Bedeutung der Bibel in der reformatorischen Kirche; Luthers Glaube an Jesus Christus in Liedern und Bildern aus seiner Zeit; Folge der Reformation: zwei getrennte Konfessionen in Deutschland – RS **Kirche in der Welt**: Martin Luther und die Reformation – HS **Glaube konkret**: Reformation: Martin Luther, evangelisch sein, katholisch sein, Ökumene leben

Zur Lebensbedeutsamkeit	Die evangelische Kirche gründet im Wesentlichen in der Reformation Martin Luthers. Er formulierte die Grundprinzipien der evangelischen Kirche und bestimmte damit ihr Selbstverständnis. Ohne die Theologie Martin Luthers bleibt evangelische Kirche in ihrem Gegenüber und in ihrer Zusammengehörigkeit mit der katholischen Kirche unverständlich.

Martin Luther und die durch ihn ausgelöste Reformation haben maßgeblich die Kultur Deutschlands und auch Europas mit gestaltet. Die deutsche Sprache ist durch die Bibelübersetzung Luthers wesentlich geprägt worden, das Selbstverständnis des modernen Menschen als unverwechselbares und unvertretbares Individuum ist durch seine reformatorische Entdeckung und sein Auftreten maßgeblich bestimmt.

Die Biographie Luthers löst elementare Fragen aus, die für jeden Menschen, insbesondere aber für Heranwachsende bedeutsam sind: Wovor habe ich Angst? Was macht mich stark? Auf was kann ich mich verlassen? Wovon bin ich überzeugt und wofür trete ich ein? Worin liegt meine Lebensaufgabe bzw. worin liegen meine Lebensaufgaben? Was ändert sich, wenn Menschen an den Gott der Bibel glauben?

Was hat mein Leben ganz entscheidend beeinflusst? / Was macht Angst und was macht Mut? / Was gibt einem die Kraft, mutig seine Meinung zu sagen? / Wie wird aus einer Gemeinschaft das Gegeneinander von zwei Gruppen? / Wie ist Gott wirklich? / Woher wissen wir, wie Gott ist? / Worauf verlasse ich mich? / Worin sehe ich meine Lebensaufgabe(n)? / Was unterscheidet die evangelische Kirche von der katholischen?

Elementare Fragen

Die Schülerinnen und Schüler

- kennen einige geschichtliche und theologische Ursachen der Kirchenspaltung im 16. Jahrhundert (GY 8.6.1)
- wissen um die Gemeinsamkeiten und spezifischen Besonderheiten der christlichen Kirchen und kennen Beispiele der Ökumene vor Ort (RS 10.6.4)
- kennen wichtige Stationen und maßgebliche Personen aus der Kirchengeschichte und können dazu kritisch Stellung nehmen (HS 10.6.1

Ein Blick auf katholische Bildungsstandards

- Bilderbogen »Das Leben Martin Luthers« (**M 1**)
- Symbolekoffer mit (Luther-)Bibel, Kruzifix, Hinweisschild am Ortsrand mit evangelischen und katholischen Gottesdienstzeiten, Cartoon aus Kursbuch Religion elementar 7/8, S. 166 f, Bild: Martin Luther King. Der Symbolekoffer wird in jeder Stunde gut sichtbar vor die Schülerinnen und Schüler gestellt.
- Lied EG: ›Ein feste Burg ist unser Gott‹ oder ›Ich lobe meinen Gott‹

Leitmedien (alternativ)

- Fragebogen zum Thema »Reformation« (**M 2**)
- *Alternativ:* Die Symbole aus dem Symbolekoffer deuten: Was haben sie miteinander zu tun? Entwickeln einer eigenen Theorie.
- *Alternativ:* Bedenken der oben genannten Fragen.
- *Alternativ:* Bilderbogen **M 1** zu Martin Luther betrachten und nach Erläuterungen suchen.
- *Alternativ:* Lernkarten ohne Rückseitentext.

Die Schülerinnen und Schüler können zeigen, was sie schon können und kennen

---

- Die Lehrperson erläutert anhand von Bildkarten mit den Motiven »Luther«, »Ängste«, »Jesus«, »Reichstag zu Worms«, »Lutherbibel«, »Cranachbild Gesetz und Gnade«, »Kirchturm mit Hahn« sowie »Kirchturm mit Kreuz« den Gang der Unterrichtseinheit. Die Schülerinnen und Schüler formulieren, was sie am meisten interessiert und deshalb Schwerpunkt der Unterrichtseinheit werden soll.
- Die Lehrperson benennt ungeordnet die Stichworte der Einheit, die Schülerinnen und Schüler entwickeln dazu eine sinnvolle Reihenfolge. Die Lehrperson erläutert ihr Vorhaben, die Schülerinnen und Schüler bestimmen Schwerpunkte. Die Stichworte werden als Gliederung in das Heft aufgenommen.
- Entwurf kurzer Szenen zu den einzelnen Stationen der Einheit. Die Schülerinnen und Schüler spielen diese Szenen nach. Die Lehrperson erläutert anhand der Szenen den vorgesehenen Verlauf. Schülerinnen und Schüler formulieren, was sie am meisten interessiert.
- Die intendierten Kompetenzen werden vorgestellt. Die Schülerinnen und Schüler bedenken, zu wie viel Prozent sie das jeweils schon kennen (evtl. aus der Grundschule) und artikulieren ihren Lernwunsch: Was möchte ich besonders gut kennen?

Die Schülerinnen und Schüler wissen, welche Kompetenzen es zu erwerben gilt, und können ihren Lernweg mitgestalten

---

Die Schülerinnen und Schüler können das Leben Martin Luthers im Überblick darstellen → RS 10.6.2	■ Leitsymbol Lutherbild ■ Klassengespräch: Worüber muss man Bescheid wissen, um die Biographie eines Menschen zu schreiben? Zusammentragen von Faktoren wie Zeit und Verhältnisse; Geburtstag, Geburtsort, Eltern, Geschwister; Schule; Berufsausbildung; Beruf; Freunde, Kollegen, Gegner; Hochzeit, Ehefrau, Kinder; besondere Ereignisse, Leistungen; Todestag, Grabstelle. ■ Anlage eines Tafelbildes »Biographie Martin Luthers« und Verteilen der Erarbeitung der verschiedenen Lebensphasen auf einzelne Gruppen. ■ Erarbeitung der entsprechenden Informationen aus: Das Kursbuch Religion 2 oder einem Kirchengeschichtsbuch (Brennpunkte der Kirchgeschichte; 2000 Jahre Christentum) oder Internetrecherche. ■ Zusammentragen der Ergebnisse an der Tafel, mit farbiger Kreide das Wichtigste herausheben und Übernahme der wichtigsten Informationen in das Schülerheft unter Verwendung des Bilderbogens. *Alternativ:* Bilder aus **M 3b** dem Arbeitsblatt **M 3a** zuordnen, die wichtigsten Orte, Personen und Jahreszahlen markieren und ins Heft einfügen. *Alternativ:* Zu den biographischen Stichworten (s.o.) den Lutherfilm unter Ergänzung Extra 1.2 (Luthers Kindheit und Jugend; Luther nach 1530) auswerten.
Die Schülerinnen und Schüler können die Ängste des Mittelalters beschreiben und mit den Ängsten von Menschen heute vergleichen → RS 10.6.1	■ Klassengespräch: Wovor haben Menschen heute am meisten Angst? Anschließend die vier wichtigsten Ängste bestimmen. ■ Ein »Vierängste-Bild« malen und sich gegenseitig zeigen. Dabei auf die gewählte Symbolik achten. ■ Überlegen, was man gegen solche Ängste tun kann. ■ Vergleich mit einer Darstellung spätmittelalterlicher Ängste, z.B. Albrecht Dürer, Die Apokalyptischen Reiter (**M 4**, nach Offb 6,1–8) oder Albrecht Dürer, Der Weltuntergang (**M 5**) oder Enguerrand Quarton, Krönung Marias (in: Das Kursbuch Religion 2, S. 193). Hieronymus Bosch, Hölle (**M 6**), Christus der Weltenrichter (**M 7**). Welche Ängste kommen hier zum Ausdruck? ■ Lehrerinformation: Die Angst vor dem Fegefeuer, vgl. entwurf / oder: Kursbuch Religion elementar 7/8, S. 162 f oder: Dorothea von Choltitz, Leben mit dem Tod, Calwer Verlag, Stuttgart 2008, S. 48 f. ■ An dem Lutherfilm (Kap. 4–8.37') herausfinden, was Menschen im Mittelalter gegen die sie bedrückenden Ängste taten. Alternativ: Lehrererzählung mithilfe **M 8**: Tetzel predigt den Ablass sowie unter Verwendung eines Ablassbriefes (**M 9**; vgl. auch Das Kursbuch Religion 2, S. 194). ■ Überlegen, ob und wie die Ablasspraxis gegen die Angst geholfen hat.
Die Schülerinnen und Schüler können die reformatorische Entdeckung Martin Luthers beschreiben und die innere Entwicklung Luthers darstellen → GY 8.4.1; RS 10.6.2	■ Leitsymbol: Kruzifix ■ Gemeinsames Lied: ›Ich lobe meinen Gott‹. ■ Rundgespräch: Erfahrungen, die mein Leben ganz entscheidend beeinflusst haben. ■ Luthers Entdeckung anhand von zwei Karikaturen nachvollziehen **M 10a** und **10b** (Kursbuch elementar 7/8, S. 166 f): Wie gehören die beiden Bilder zusammen? Welche Entdeckung ist die erste, welche die zweite? Wie kommt es von dem ersten zu dem zweiten Gottesbild? ■ Luthers reformatorische Entdeckung in einem Text Luthers nachvollziehen (**M 11**), den Text mit ›Gefühlsfarben‹ kolorieren; alternativ: Kursbuch elementar 7/8, S. 166 f oder Lehrererzählung nach Steinwede, »Erzählbuch zur Kirchengeschichte«, S. 22–30. *Alternativ:* Vergleich mit einer Darstellung von Luthers reformatorischer Entdeckung im Lutherfilm (Kap. 2–9.56'). ■ Die Schülerinnen und Schüler entwerfen arbeitsteilig eine Darstellung der inneren Entwicklung Luthers, indem sie diese entweder nacherzählen, eine Grafik anfertigen, einen inneren Monolog schreiben, einen Comic zeichnen, einen Brief Luthers an einen Freund schreiben oder ein Vorher-Nachher-Bild zeichnen etc.

- Darstellung der Ergebnisse und Vergleich mit **M 12**.
- Vergleich der eigenen lebensbestimmenden Erfahrungen mit derjenigen Luthers. Was ist ähnlich? Was ist ganz anders?
  Alternativ: Lutherfilm (Kap. 2–9.56') im Vergleich mit dem dokumentarischen Extra 2.2. Der Film ist fiktiv, der andere Film will nahe an den Quellen sein. Worin unterscheiden sie sich? Was haben die beiden gemeinsam?
  Alternativ: Textpuzzle nach Unterrichtsideen Religion 8/2, S. 166 f; anschließend Entwicklung wie oben arbeitsteilig darstellen.

- Die Schülerinnen und Schüler beschreiben ihr Jesusbild mit Eigenschaftswörtern (gerecht, gütig, streng, aufbrausend, unberechenbar, freundlich etc.).
- Die Schülerinnen und Schüler betrachten das Bild »Gesetz und Gnade« von Lucas Cranach (**M 13a**) und achten auf Details; vgl. Bildbeschreibung **M 13b**. Wichtig ist der Vergleich des Jesusbildes und die dazugehörige Darstellung des Menschen unter dem Kreuz (= Luther).
- Die Schülerinnen und Schüler finden in dem Lutherlied ›Nun freut euch lieben Christen gmein‹ (EG 341) Entsprechungen zu dem Cranach-Bild.
- Die Schülerinnen und Schüler bestimmen, wie sich diese neue Sicht von Jesus im Leben von Luther vermutlich ausgewirkt hat. Was ändert sich in seinem Gottesdienst und in seinem Umgang mit Menschen?

Schülerinnen und Schüler können das Jesusbild Luthers vor und nach seiner reformatorischen Entdeckung beschreiben

---

- Leitsymbol: Kruzifix
- Diskussion: Luther ist sauer auf die Ablassprediger. Warum wohl? Zur Unterstützung hilft die Erzählung »Die Reformation beginnt« in: Unterrichtsideen Religion 8/2, S. 169. Der Text kann auch dramatisch mit verschiedenen Rollen gesprochen oder als Theaterstück inszeniert werden.
- Alle Schülerinnen und Schüler formulieren auf einer DIN A4-Seite einen entscheidenden Kritikpunkt Luthers an der katholischen Kirche seiner Zeit. Die Kritikpunkte werden an der Wand gesammelt und geordnet. Wie viele Punkte sind zu finden?
- Vergleich der eigenen Kritikpunkte mit einem (etwas umformulierten) Auszug aus den 95 Thesen (**M 14**): Wodurch unterscheiden wir uns von Luther?
  Ergänzend: Den Thesen-Auszug auf die beiden Karikaturen **M 10a/b** oder auf **M 13a** beziehen. Wie hängen die Bilder mit den 95 Thesen zusammen? Was heißt das für die Kirche?
- Aus den vorgelegten Thesen die wichtigste aussuchen und ins Heft übernehmen.

Schülerinnen und Schüler können Luthers Hauptkritik an der (damaligen) katholischen Kirche benennen
→ HS 9.6.2; GY 8.5.1; GY 8.6.1; RS 10.6.2

- Lied: ›Ein feste Burg ist unser Gott‹ (EG 362).
- Die Schülerinnen und Schüler schreiben eine Geschichte zu dem Satz »Hier stehe ich, ich kann nicht anders« oder »Davon bin ich ganz überzeugt und davon lasse ich mich nicht abbringen«.
- Die Geschichten vergleichen und gemeinsam herausfinden, was dieser Satz bedeuten könnte. Anschließend bedenken die Schülerinnen und Schüler Körperhaltungen, die zu diesem Satz und zu den erzählten Geschichten passen, und probieren sie aus.
- Vergleich mit zwei Darstellungen Luthers **M 15** und **M 16**; vgl. auch Unterrichtsideen Religion 8/2, S. 175.
- Die Schülerinnen und Schüler inszenieren sprachlich den Auftritt Luthers vor dem Reichstag in Worms nach **M 17** (Filmskript). Sie suchen nach der angemessenen Körperhaltung. Die Lehrperson erzählt den Rahmen dieser Szene nach Unterrichtsideen Religion 8/2, S. 174. *Alternativ:* Die überlieferten Worte Luthers (Unterrichtsideen Religion 8/2, S. 175) mehrmals rezitieren und dazu eine angemessene Haltung einnehmen.

Schülerinnen und Schüler können die Haltung Luthers vor dem Wormser Reichstag beschreiben und die Ereignisse dazu erzählen
→ RS 10.6.1; RS 10.6.2

- Gemeinsam überlegen, was Luther die Kraft gegeben hat, so vor dem Reichstag aufzutreten. Hilft das Lied ›Ein feste Burg‹ zum besseren Verständnis?
- Vergleich der eigenen Inszenierung mit dem Lutherfilm (Kap. 9–15.47'). Wie steht Luther im Film da? Worin unterscheidet sich die Darstellung im Film von der eigenen und den Bildern? Gemeinsam herausfinden, wie es weitergegangen ist.
- Suche nach Geschichten im eigenen Leben: Habe ich selber so etwas Ähnliches schon erlebt? Wie ist es mir dabei ergangen? Wie stand ich da?
- Zu einem Bild (**M 15**, **M 16** oder Unterrichtsideen Religion 8/2, S. 175) einen Zeitungsartikel anfertigen und in das Heft aufnehmen. Alternativ: Lutherfilm (Kap. 9–15.47') mit Extra 9.1 vergleichen (4.54').

Schülerinnen und Schüler können die Eigenart der Bibelübersetzung Luthers erläutern, Gründe für die Übersetzung benennen, von der Übersetzung Luthers erzählen und die kulturelle Wirkung beschreiben → GY 8.3.1; GY 8.3.2	• Leitsymbol: Bibel • Die Schülerinnen und Schüler denken darüber nach, welche Lebensaufgabe(n) sie haben oder welche auf sie warten könnte(n). Welche Lebensaufgabe hatte wohl Martin Luther? • Die Schülerinnen und Schüler vergleichen drei Bibelübersetzungen zum Gleichnis vom verlorenen Schaf: Münchner NT (begriffskonkordante Übersetzung); Luther 1984, Volxbibel (**M 18**). Welche Übersetzung gefällt euch am besten? Welches ist die bessere Übersetzung? Warum? • Formulieren von Kriterien einer guten Bibelübersetzung (z.B. textgemäß, verständlich, macht nachdenklich). • Die Bibelübersetzung Luthers beurteilen. Was ist daran gelungen? Was ist weniger gelungen? Was war Martin Luther wichtig? • Vergleich mit Auszügen aus Luthers Schrift »Vom Dolmetschen« (**M 19**). • Lehrerzählung »Luther auf der Wartburg« (Lehrerhandbuch zu: Das neue Kursbuch Religion 7/8, S. 262–280). *Alternativ:* Auszüge aus Lutherfilm (Kap. 10–2.39') ggf. in Ergänzung mit Extra 10.1. und Extra 10.2. • In einem fiktiven Text (**M 20**) mithilfe einer Bibelkonkordanz (www.konkordanz) Zitate aus der Lutherbibel finden und über die Wirkung der Lutherübersetzung befinden. • Bestimmen, welche Lebensaufgabe Luther vor sich sah. • *Alternativ:* Vergleich verschiedener Übersetzungen von Psalm 1; vgl. Das Kursbuch Religion 2, S. 198, anschließend Lehrererzählung »Luther auf der Wartburg« (s.o.) und Arbeit an **M 20**. • *Alternativ:* Vergleich der Übersetzung von Psalm 23 von Anton Koberger mit derjenigen Martin Luthers (Das neue Kursbuch Religion 7/8, S. 127; **M 21**); anschließend Lehrererzählung und Arbeit an **M 20**. • *Alternativ:* Übersetzen von Psalm 23 oder Psalm 1 aus dem Englischen ins Deutsche. Anschließend Vergleich mit der entsprechenden Lutherübersetzung.
Die Schülerinnen und Schüler können darstellen, wie die evangelische Kirche entstanden ist → GY 8.6.1; RS 10.6.1	• Leitsymbol: Ortsschild mit Gottesdienstzeiten • Die Schülerinnen und Schüler erzählen einander, wie es ist, wenn eine Gruppe sich zerstreitet, auseinanderbricht und zwei Gruppen entstehen, die nichts mehr voneinander wissen wollen und sich gegenseitig abgrenzen. • Die Schülerinnen und Schüler versuchen den Abtrennungsprozess schematisch darzustellen. • Die Lehrperson stellt anhand eines Tafelbildes die Phasen dar, wie sich die evangelische Kirche aus der katholischen herausgelöst hat: »1. Alle sind eins«, »2. Diskussion«, »3. Gegenseitige Vorwürfe und Drohungen«, »4.Versöhnungsversuche«, »5. Kampf« und »6. Endgültige Trennung und wechselseitige Abgrenzung«. • Die Schülerinnen und Schüler ordnen Thesenanschlag und Reichstag zu Worms (mit Reichsacht von 1521) den Phasen des Herauslösungsprozesses zu und erläutern die Gründe für die Zuordnung.

- Die Lehrperson ergänzt das Tafelbild: Leipziger Disputation mit Eck im Jahre 1519 (vgl. Unterrichtsideen Religion 8/2, S. 170–173): die lutherischen Hauptschriften von 1520 (= Phase 2) (vgl. Das Kursbuch Religion 2, S. 196); Bannandrohungsbulle und Bann von 1521 (vgl. Das Kursbuch Religion 2, S. 197); »Protestation« in Speyer 1529 (= Phase 3); Augsburger Bekenntnis von 1530 (= Phase 4); Schmalkaldische Kriege (= Phase 5); Augsburger Religionsfriede von 1555; Konzil von Trient 1542–1564 und Erlass von Kirchenordnungen (z.B. Königreich Württemberg, Kurpfalz und Markgrafschaft Baden im Jahre 1556) (= Phase 6). *Alternativ:* Die Schülerinnen und Schüler suchen in Das Kursbuch Religion 2, S. 193–202, Ereignisse, die zu diesen Phasen gehören.
- *Alternativ:* Vorgehen bis Tafelbild (s.o.), dann Lutherfilm zuordnen.
- Die Schülerinnen und Schüler überlegen, wie aus zwei ehemals einigen und jetzt getrennten Gruppen wieder eine Gemeinschaft werden kann, und wenden ihre Einsichten auf die beiden Kirchen an. Anschließend Suche nach Zeichen einer neuen Gemeinschaft in der heutigen evangelischen und katholischen Kirche.

- Leitsymbol: Bild einer »Lutherkirche« oder einer »Martin-Luther-Straße«
- Die Schülerinnen und Schüler bestimmen Grundprinzipien der Klassengemeinschaft (z.B.: Alle sind gleich / bei Notengebung zählt nur die Leistung, nichts anderes / Jeder verdient Unterstützung, wenn er sie braucht). Wie könnten solche Prinzipien in der evangelischen Kirche aussehen?
- Die Lehrperson stellt die Grundprinzipien der evangelischen Kirche vor: *solus Christus, sola scriptura, sola gratia, sola fide* und gibt eine Übersetzung (vgl. **M 22a**) (Tafelanschrieb).
- Ergänzend: Die Schülerinnen und Schüler suchen in dem Bild von Lucas Cranach »Gesetz und Gnade« **M 13a** Hinweise auf die Grundprinzipien der evangelischen Kirche. Vgl. Das Kursbuch Religion 2, S. 196 oder Unterrichtsideen Religion 8/2, S. 163 f.
- Die Schülerinnen und Schüler erarbeiten sich in PA oder KGA mithilfe des Arbeitsbogens **M 22a** und dem Schnippelbogen **M 22b** Grundmerkmale der evangelischen Kirche in Unterscheidung zur katholischen. Anschließend Vorstellen der Ergebnisse und Festhalten der richtigen Zuordnung **M 22c**.
- Die Schülerinnen und Schüler gestalten einen Hefteintrag mit einer vierblättrigen Blume. Die vier Blätter werden mit den reformatorischen Grundprinzipien beschriftet. In die Mitte kommt ein Satz, der alles zusammenfassen kann.

Die Schülerinnen und Schüler können grundlegende Merkmale der evangelischen Kirche erläutern
→ HS 9.6.2

- Leitsymbol: Ortsschild mit den evangelischen und katholischen Gottesdienstzeiten (**M 23**)
- Die Schülerinnen und Schüler formulieren frei, was Evangelische und Katholische gemeinsam haben und was nur die Evangelischen bzw. nur die Katholiken haben. Zusammentragen in einem Tafelbild. *Alternativ:* Die Schülerinnen und Schüler erhalten die beiden Arbeitsblätter aus Unterrichtsideen Religion 8/2, S. 191 f mit symbolischen Zeichen aus den beiden Kirchen und markieren dasjenige, das beide gemeinsam haben, sowie das, was jede für sich hat.
- Die Schülerinnen und Schüler interpretieren den Befund: Was sagt das über die beiden Kirchen? Wo spürt man den Einfluss Martin Luthers?
- Die Schülerinnen und Schüler vergleichen ihr Ergebnis mit **M 22c**.
- *Alternativ:* Die Schülerinnen und Schüler besuchen nacheinander eine evangelische und eine katholische Kirche und fertigen zu jeder Kirche einen Grundriss bzw. ein »Röntgenbild«. Hilfreich sind die Aufgaben in: Das Kursbuch Religion 2, S. 203. Die Schülerinnen und Schüler stellen in einem Tafelbild nebeneinander, was beide Kirchen gemeinsam haben und was jede Kirche nur für sich hat. Sie interpretieren das Ergebnis. Worin spürt man den Einfluss Martin Luthers? Vergleich der gewonnenen Einsichten mit Das Kursbuch Religion 2, S. 204.

Die Schülerinnen und Schüler können Unterschiede und Gemeinsamkeiten der evangelischen und der katholischen Kirche benennen und die Unterschiede auf das Wirken Martin Luthers zurückführen
→ HS 9.6.2

Die Schülerinnen und Schüler können zeigen, was sie gelernt und verstanden haben	■ Die Schülerinnen und Schüler deuten die Inhalte des Symbolekoffers.
	■ *Alternativ:* Die Schülerinnen und Schüler erarbeiten eigene Lernkarten zu dem ganzen Thema.
	■ *Alternativ:* Die Schülerinnen und Schüler erarbeiten Fragen bzw. Aufgaben für einen Test.
	■ *Alternativ:* Die Schülerinnen und Schüler schreiben zum Bild von Martin Luther eine kleine Rede: »Ich, Martin Luther, erzähle euch von meinem Leben« (oder schreiben einen Steckbrief).
	■ *Alternativ:* Zu dem Bild von Martin Luther King (**M 24**) vermuten lassen, warum Kings Eltern ihren Sohn so genannt und getauft haben.
	■ *Alternativ:* Die Schülerinnen und Schüler gestalten eine Präsentation der Ergebnisse für ihre katholischen Mitschüler/innen, möglicherweise aber auch für ihre muslimischen Mitschüler/innen.
	■ *Alternativ:* Die Antworten Luthers auf die elementaren Fragen formulieren.
	■ *Alternativ:* Die Schülerinnen und Schüler suchen aus **M 25** dasjenige Bild aus, das am ehesten zu ihrem Verständnis von Luther passt.

Literatur und Medien zur Unterrichtsgestaltung	Themenheft »Hölle, Tod und Teufel«, entwurf 3/2002.
	Unterrichtsideen Religion 8. Schuljahr 2. Halbband, hg. von Eckhart Marggraf und Martin Polster, Stuttgart 2000, S. 125–192.
	Das Kursbuch Religion 2, hg. von Gerhard Kraft u.a., Stuttgart/Braunschweig 2005, S. 193–207.
	Kursbuch Religion elementar 7/8, hg. von Wolfram Eilerts und Heinz-Günter Kübler, Stuttgart/Braunschweig 2004, S. 160–171.
	SpurenLesen 2. Neuausgabe – Religionsbuch für die 7./8. Klasse, hg. von Gerhard Büttner u.a., Stuttgart/Braunschweig 2008, S. 78–94, 168–175.
	Monika Christoph / Wolfgang Eckstein / Jutta Höchtlein: Reformation. RU Modelle 8, Materialien und Impulse für den RU in der Jahrgangsstufe 8, hg. von der Gymnasialpädagogischen Materialstelle der Evangelisch-Lutherischen Kirche in Bayern, Themenfolge 138, 2008 (mit Lehrerheft).
	Wilhelm Schwendemann / Matthias Stahlmann: Reformation und Humanismus in Europa. Philipp Melanchthon und seine Zeit. Eine Einführung mit Praxisentwürfen für den Unterricht, Stuttgart 1997.
	Bodo Meier-Böhme: Die Falle des Teufels. Sechs Freunde und die Reformation, Stuttgart 2002.
	Luther. Er veränderte die Welt für immer, DVD educativ, Matthias Film 2003.

Die Bibel

Luther-Übersetzung

Deutsche Bibelgesellschaft

Die Bibel

oder die ganze

Heilige Schrift

des

Alten u. Neuen Testaments

nach der deutschen Übersetzung

D. Martin Luthers

Neu durchgesehen nach dem vom Deutschen
Evangelischen Kirchenausschuß genehmigten Text
Mit Bildern von Rudolf Schäfer
Herausgegeben von der Sächsischen Hauptbibelgesellschaft
und der Privileg. Württembergischen Bibelanstalt

Verlag:
Privileg. Württembergische Bibelanstalt Stuttgart

Fragebogen zum Thema »Reformation«

1. Bringe die folgenden Ereignisse in die richtige Reihenfolge:

   Der 30-jährige Krieg – Geburt Martin Luthers – Erfindung des Buchdrucks – Reichstag zu Worms – Anschlag der 95 Thesen – Bibelübersetzung – Entstehung der evangelischen Kirche – Entdeckung Amerikas

   (1) _____

   (2) _____

   (3) _____

   (4) _____

   (5) _____

   (6) _____

   (7) _____

   (8) _____

2. Wer von diesen Personen lebte vor, gleichzeitig mit oder nach Martin Luther?

   Albrecht Dürer – Kaiser Augustus – Katharina von Bora – Hitler – Kaiser Karl V. – Martin Luther King – Jesus – Kolumbus – Napoleon

   Vor Martin Luther: _____

   Gleichzeitig mit Martin Luther: _____

   Nach Martin Luther: _____

3. Gegen wen oder was richteten sich die 95 Thesen?

   ◯ gegen das Mönchtum   ◯ gegen den Kaiser

   ◯ gegen den Ablass   ◯ keine der anderen Antworten stimmt

4. Welche wichtigen Personen waren – außer Luther – auf dem Reichstag zu Worms?

   ◯ der Papst   ◯ der Kaiser

   ◯ die Reichsfürsten   ◯ Kardinäle

5. Was sollte Martin Luther auf dem Reichstag zu Worms?

   ◯ gegen den Papst aussagen   ◯ eigene Schriften als Irrtum bezeichnen

   ◯ die Reichsfürsten versöhnen   ◯ versprechen, keine eigene Kirche zu gründen

6. Was war Martin Luthers wichtigste Entdeckung?

   ◯ das Fegefeuer   ◯ der Ablass

   ◯ der gnädige Gott   ◯ das Gesangbuch

7. Was war an der Bibelübersetzung von Martin Luther besonders wichtig?

○ dass sie billig war   ○ dass sie wissenschaftlich war

○ dass sie für alle verständlich war   ○ dass Luther endlich Geld verdiente

8. Wo sind große Unterschiede zwischen der evangelischen und der katholischen Kirche?

○ Lehre vom Papstamt   ○ Ablass

○ Priesteramt   ○ Taufe

9. Was machte Martin Luther auf der Wartburg?

○ übersetzte das Neue Testament   ○ lernte Sprachen

○ versteckte sich vor dem Kaiser   ○ lernte das Ritterhandwerk

10. In welchem Jahrhundert lebte Martin Luther?

○ im 14. Jahrhundert   ○ im 16. Jahrhundert

○ um 1.000 n.Chr.   ○ im 19. Jahrhundert

11. Was gab es zu Luthers Lebzeiten schon?

○ Dampfmaschinen   ○ gedruckte Bücher

○ Gänsebraten   ○ Kartoffelsalat

12. Wer gehörte zu Luthers Familie und Freundeskreis

○ Katharina von Bora   ○ Philipp Melanchthon

○ Martin Luther King   ○ Albrecht Dürer

13. Was hat Martin Luther geschrieben?

○ Gesangbuchlieder   ○ einen Katechismus

○ theologische Bücher   ○ Streitschriften gegen Bauern und Juden

14. Was bedeutet das Wort »Reformation«?

○ Kirchengründung   ○ Erneuerung

○ gesunde Lebensmittel   ○ keine der anderen Antworten ist richtig

15. Es gab neben Luther noch andere Reformatoren

○ Melanchthon   ○ Zwingli

○ Calvin   ○ es gab keine anderen Reformatoren

Martin Luthers Leben im Überblick

Martin Luther wird am 10. November 1483 als Sohn des Bergmannes Hans Luther und seiner Frau Margarethe in Eisleben geboren.

Von 1491 bis 1501 besucht Martin Luther die Lateinschulen in Mansfeld, Magdeburg und Eisenach.

Von 1501 bis 1505 studiert Martin Luther an der Universität Erfurt. Das Grundstudium schließt er mit dem Magisterexamen ab: er möchte jetzt Rechtswissenschaft studieren. 1505 tritt er, nachdem er bei Stotternheim beinahe vom Blitz erschlagen wurde, überraschend in das Augustinerkloster in Erfurt ein. Nach einem Jahr Probezeit legt er das Mönchsgelübde ab.

Im Auftrag seines Ordens reist Luther 1510/11 nach Rom. Er besucht dort voller Andacht die vielen heiligen Stätten. Er erschrickt über die in Rom herrschende oberflächliche Frömmigkeit.

Seit 1511 wohnt Luther im Augustinerkloster in Wittenberg. Er wird Doktor der Theologie und lehrt als Professor an der Universität. Außerdem predigt er regelmäßig. Am 31. Oktober 1517 veröffentlicht Luther 95 lateinische Sätze (Thesen) gegen Missbräuche in der Kirche, insbesondere gegen den Ablass. Diese Thesen werden ins Deutsche übersetzt und erregen in ganz Deutschland großes Aufsehen.

Auf der Leipziger »Disputation« (Diskussion) mit dem Theologieprofessor Johann Eck im Jahr 1519 sagt Luther: »Papst und Konzilien (Kirchenversammlungen) können irren; allein die Heilige Schrift ist der gültige Maßstab in der Kirche.« Das bedeutet den Bruch zwischen Luther und der mittelalterlichen Kirche.

1521 wird Luther mit dem kirchlichen Bann belegt, d.h. er wird aus der Kirche ausgeschlossen. Auf dem Reichstag zu Worms soll er vor Kaiser Karl V. seine Schriften widerrufen. Als er sich weigert, wird gegen ihn die Reichsacht verhängt. Das bedeutet: er soll gefangen genommen und dem Kaiser tot oder lebendig übergeben werden. Er darf noch von Worms abreisen und bekommt 21 Tage Vorsprung.

Um Luther vor seinen Gegnern zu schützen, lässt ihn sein Landesherr, Friedrich der Weise, auf dem Rückweg von Worms zum Schein überfallen und auf die Wartburg bringen.

Dort lebt er als Ritter (Junker) Jörg. In nur elf Wochen übersetzt er das Neue Testament aus der griechischen Ursprache ins Deutsche.

1522 kehrt Luther gegen den Willen von Friedrich dem Weisen nach Wittenberg zurück, um dort den Streit mit den Bilderstürmern zu schlichten.

1525 – mitten in den Wirren des Bauernkrieges – heiratet Luther die ehemalige Nonne Katharina von Bora.

1530 findet der Reichstag zu Augsburg statt. Hier legen die Evangelischen das »Augsburger Bekenntnis« vor. Der Verfasser war sein Freund Philipp Melanchthon. Er legte dar, worin Katholiken und Evangelische übereinstimmen und worin sie sich unterscheiden.

1546 stirbt Martin Luther in seiner Geburtsstadt Eisleben. Er war dorthin gerufen worden, um einen Streit zwischen zwei Fürsten zu schlichten. Auf einem Zettel fand man seine letzten Worte: »Wir sind Bettler, das ist wahr!«

Bilderbogen zu Martin Luthers Leben im Überblick

Blitzschlag bei Stotternheim

Leipziger Disputation

Reichstag zu Worms

Katharina von Bora

Schule

Petersdom in Rom

Hochzeit

Friedrich der Weise

Luther als Mönch

Karl V.

Luther auf dem Totenbett

Junker Jörg

Philipp Melanchthon

Die Wartburg

Hans und Margarethe Luther

Abbildung farbig siehe Seite 230

Zeitgenössischer Holzschnitt, 1517

Augenzeugenbericht
von Friedrich Myconius
Einen triumphalen Empfang bereitete die Bevölkerung von Annaberg dem Ablasspredi-

ger Johann Tetzel. Alle Priester und Mönche der Stadt, der Stadtrat, die Lehrer mit ihren Schulklassen, Männer und Frauen, Jungfrauen und Kinder holten ihn mit Fahnen und Kerzen unter dem Gesang von Liedern in einer feierlichen Prozession ein. Alle Glocken der Stadt läuteten.

Die Bulle des Papstes, in der der Ablass angeordnet ist, wurde auf einem goldenen Tuch getragen. Unter Orgelspiel begab sich die Prozession in die Kirche.

Dort war schon ein rotes Kreuz aufgerichtet, an dem das Panier des Papstes angeheftet wurde. In seiner Predigt sagte Tetzel, dass der Ablass selbst die schwersten Sünden tilge. Denn der Papst habe die Gewalt, im Himmel und auf Erden die Sünden zu vergeben. Und wenn er sie vergebe, dann müsste sie Gott auch vergeben.

Ferner wies er darauf hin, dass die Berge um St. Annaberg zu echtem Silber würden, wenn die Bevölkerung möglichst rasch Ablassbriefe kaufe. Sobald der Groschen im Kasten klinge, fahre die Seele, für die man zahlt, unmittelbar gen Himmel.

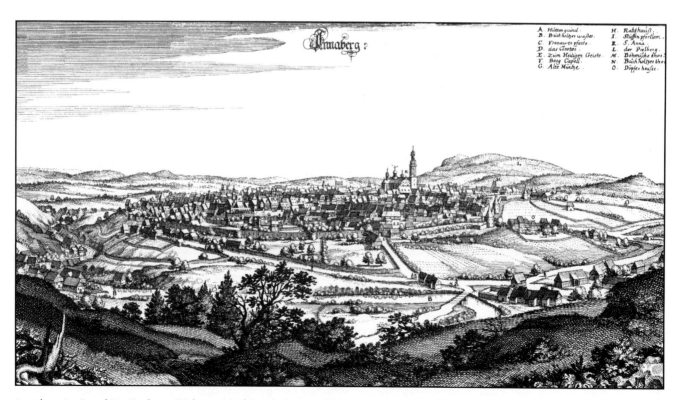

Annaberg im Erzgebirge/Sachsen, Stich von Matthias Merian, um 1650

Ablassbrief

Allen denen, die in aufrichtiger Reue ihre Beichte ablegen und die erwähnte Kirche an den nach genannten Feiertagen zu einer Andacht aufsuchen, nämlich am Feste der Geburt, der Auferstehung und Himmelfahrt unseres Herrn Jesus Christus, wie auch zu Pfingsten, ferner an den Festen der Empfängnis, Geburt, Verkündigung, Reinigung und Himmelfahrt der ruhmgekrönten Jungfrau Maria, am Feste des heiligen Erzengels Michael, der Enthauptung des Heiligen Johannes des Täufers, des seligen Märtyrers Georg, der seligen Jungfrau Walburgis, am Jahresfeste der Kirchweihe, am Fest der heiligen Apostel Petrus und Paulus wie auch in der Oktave aller vorgenannten Feste, desgleichen allen denen, die der genannten Kirche für Bau und Ausrüstung, Beleuchtung, Ausschmückung oder sonstigen Bedarf hilfreiche Hand leisten, wohl auch fromme Almosen geben oder übersenden, endlich auch solchen, die auf dem Sterbelager aus ihrem Vermögen ein Vermächtnis stiften, allen diesen – wenn die Genehmigung des Diözesanbischofs vorliegt – werden im Vertrauen auf Gottes des Allmächtigen Barmherzigkeit und auf das Ansehen seiner heiligen Apostel Petrus und Paulus fortan durch jeden von uns je vierzig Tage von der ihm auferlegten Buße aus Gnade im Herrn erlassen.

Dies zum Zeugnis haben wir gegenwärtiges Schriftstück mit unseren Siegeln bekräftigt.

Gegeben zu Rom am 1. Januar im Jahre des Herrn 1290, im zweiten Jahr des Pontifikats unseres Herrn, Papst Nikolaus des Vierten.

Die neue Gerechtigkeit

1545, ein Jahr vor seinem Tod, schreibt Martin Luther im Rückblick auf seine entscheidende Entdeckung, die er bei einem Studium des Römerbriefes im Jahr 1515 gemacht hat:

Mit erstaunlichem Feuereifer suchte ich dem auf die Spur zu kommen, worauf Paulus im Römerbrief hinauswollte. Ich war mit ganzem Herzen bei der Sache, aber ein einziges Wörtchen in Kapitel 1 Vers 17 versperrte mir den Zugang zu Paulus: »Gottes Gerechtigkeit wird im Evangelium offenbar.«

Gottes Gerechtigkeit – wie habe ich dieses Wort gehasst! Lehrte man uns doch von altersher, der gerechte Gott sei ein Richter, der die Sünder bestraft und die verurteilt, die das Recht missachten.
Als Mönch konnte mir allerdings keiner etwas vorwerfen. Vor Gott aber stand ich als Sünder da und spürte sehr mein unruhiges Gewissen. Ich konnte mich nie ganz drauf verlassen, dass Gottes Ansprüche abgegolten seien, auch wenn ich mir noch so sehr Mühe gab, ihn zufriedenzustellen. Ich konnte Gott nicht lieben; ich hasste ihn. Ich hasste den Gott, der gerecht handelt und die straft, die sich gegen ihn vergehen. So marterte mich mein wütendes und verwirrtes Gewissen. Dennoch bohrte ich weiterhin ungestüm an jener Stelle bei Paulus, denn mich verlangte brennend zu wissen, auf was es Paulus ankam.

Schließlich erbarmte sich Gott meiner, als ich Tag und Nacht an diesem Text arbeitete.
Da begann ich zu begreifen, dass dies der Sinn des Satzes sei: Gott verschenkt seine Gerechtigkeit, und von diesem Geschenk kann der Mensch leben; Gott spricht den Menschen gerecht.
Barmherzig ist also Gott: Er stellt sich auf die Seite des Menschen und schafft dem Menschen so Lebensraum.
Dieses »Urteil« Gottes annehmen heißt glauben. Es heißt also richtig im Alten Testament: Der Glaubende ist Gott recht; er ist so, wie Gott ihn haben will.
Da fühlte ich mich neu geboren; ich war durch die geöffneten Tore ins Paradies eingetreten. Jetzt zeigte mir plötzlich die ganze Bibel ein neues Gesicht.
Vorher hatte ich jenen Satz von der Gerechtigkeit Gottes gehasst. Jetzt gewann ich ihn umso lieber und stellte ihn über alles.

M 12 Luthers reformatorische Entdeckung in symbolischer Darstellung

Martin Luther war ein Professor für Bibelauslegung. Er konnte Lateinisch, Griechisch und Hebräisch. Bei der Übersetzung des Briefes von Paulus an die Römer machte er eine Entdeckung, die sein ganzes Leben und das Leben der Kirche veränderte: Gott ist bei uns wie ein Freund, noch ehe wir irgendetwas geleistet haben. Dies nennt man Gnade. Gott ist ein gnädiger Gott. Wir brauchen keine Angst vor ihm zu haben. Wir können Gutes tun aus Freude und Dankbarkeit.
Diese Entdeckung von Martin Luther in der Bibel war von vielen lange Zeit vergessen worden. Christen meinten, sie müssten durch eigene Anstrengungen ihr falsches Tun wiedergutmachen und durch Abgaben Gott wieder freundlich stimmen. Ihr könnt das an einer ganz einfachen Übung sichtbar machen. Dazu benötigt ihr eine Bibel, ein Lineal und eine kleine Walze, z. B. aus dem Holzbaukasten.

Legt das Lineal so wie in der Abbildung. Versucht jetzt die Walze langsam die Schräge heraufzurollen. Lasst ihr los, rollt sie zurück. Man kommt nicht ohne Anstrengung hinauf zu Gott.
In der Bibel aber steht: Es liegt nicht an unserem Wollen oder Laufen, sondern allein an Gottes Erbarmen (Römer 9,16).

Das Ganze muss also umgebaut werden. Die Bibel wird unter das andere Ende des Lineals geschoben; dort wo die Walze liegt: Gott kommt zu uns und ist bei uns, noch bevor wir irgend etwas tun. Jetzt kann sich die Walze ganz von allein bewegen. Wir können etwas leisten aus Freude darüber, dass Gott bei uns ist.

Aus: Baupläne Religion 7, Stuttgart 1993, S. 93

Abbildung farbig siehe Seite 227

M 23

M 24   **Martin Luther King**

© akg-images

Der Holzschnitt von Lucas Cranach (um 1529) setzt als Lehrbild den Unterschied von »Gesetz und Evangelium« ins Bild. Das hier verwendete Motiv gibt es in mehreren Varianten (vgl. dazu: Gerhard Ringshausen, ›Vom herrlichen unterscheid des gesetzes und der gnade‹. Lucas Cranachs Lehrbild zur reformatorischen Theologie von 1529, in: Praxis Geschichte 3, 1990, S. 13 ff). Hingewiesen sei auf das Tafelbild von 1535 im Germanischen Nationalmuseum Nürnberg; (siehe Bild Nr. 474 im Nürnberger Katalog, S. 87), der Holzschnitt eignet sich aber besser als Arbeitsblatt. Hier abgebildet ist zum einen der Holzschnitt, zum andern der Holzschnitt mit eingefügten Textfeldern, die ausgefüllt werden sollen.

Bildbeschreibung und Interpretation

Das Bild lebt von den zwei gegensätzlichen Hälften, die durch einen Baum voneinander getrennt werden. Die linke Seite bildet den Todesbaum ab, die Zweige des Baumes sind hier verdorrt. Es zeigt den verlorenen Menschen, der durch das unerbittliche Urteil des Weltenrichters verurteilt wird. Er kann vor dem Gesetz des Mose nicht bestehen. Oben ist Christus der Weltenrichter mit Lilie und Schwert zu erkennen. Links oben ist der Sündenfall dargestellt, rechts unten Mose und die Propheten; Mose zeigt auf die Gesetzestafeln und hält diese dem verlorenen Menschen drohend entgegen. Teufel und Tod treiben mit dem »Spieß der Sünde« (1. Kor 15,56) den Menschen ins Höllenfeuer. Die rechte Seite stellt Luthers Entdeckung der neuen Gerechtigkeit bildlich dar. Gott schenkt uns seinen Sohn und gibt uns so Anteil an seiner Gerechtigkeit. Oben rechts ist der gekreuzigte Christus, das Lamm Gottes, abgebildet. Aus seiner Wunde fließt Blut, das den sündigen Menschen reinwäscht. Auf den Gekreuzigten weist Johannes der Täufer hin (Joh 1,29). Rechts unten ist die Auferstehung Jesu ins Bild gesetzt. Er hat Tod und Teufel besiegt. Links oben wird auf die eherne Schlange im AT (4. Mose 21,4b–9) hingewiesen, daneben wird die Verkündigung der frohen Botschaft an die Engel dargestellt. Dem Originalholzschnitt von Lucas Cranach sind Bibelverse beigegeben, die er auf dem Holzschnitt in Bilder umgesetzt hat.

Die Bibelstellen sind:
1. Kor 15,56: Der Stachel (Spieß) des Todes aber ist die Sünde. – Röm 3,20: Denn durch das Gesetz kommt Erkenntnis der Sünde. – Joh 1,29: Johannes: Siehe, das ist Gottes Lamm, das der Welt Sünde trägt! – Mt 11,13: Denn das Gesetz und die Propheten gehen bis auf die Zeit des Johannes. – Röm 1,18: Denn Gottes Zorn wird vom Himmel her offenbart über alles gottlose Wesen und alle Ungerechtigkeit der Menschen. – Jes 7,14: Siehe, eine Jungfrau ist schwanger und wird einen Sohn gebären. – 1. Kor 15,54.55: Der Tod ist verschlungen vom Sieg. Tod, wo ist dein Stachel? Hölle, wo ist dein Sieg? – 1. Petr 1,2: Ausersehen durch die Heiligung des Geistes zum Gehorsam und zur Besprengung mit dem Blut Jesu Christi. – Röm 3,23: Sie sind allesamt Sünder und ermangeln des Ruhmes, den sie bei Gott haben sollten. – Röm 1,17: Der Gerechte wird aus Glauben leben. – Röm 3,28: So halten wir nun dafür, dass der Mensch gerecht wird ohne des Gesetzes Werke, allein durch den Glauben.

Auf dem Bild gibt es formale und inhaltliche Entsprechungen der beiden Bildhälften: Der nackte Mensch (er steht nackt vor Gott!) ist jeweils derselbe. Er ist Gerechter und Sünder zugleich. Dem Spieß entspricht der Gnadenstrahl (Blutstrahl) Christi. Der Hölle mit den Verdammten entspricht die Höhle des Grabes mit dem Auferstandenen. Dem Hinweis des Mose auf das Gesetz entspricht der Verweis des Johannes auf das Lamm Gottes. Die beiden Hälften können leicht dazu verleiten, Gesetz und Evangelium als sich ablösende Gegensätze zu sehen. Demgegenüber betont Luther die Gleichzeitigkeit von Gesetz und Evangelium, der Mensch ist Sünder und Gerechter zu gleich. Das Gesetz hat »nicht nur eine vernichtende Aufgabe, sondern weist über sich hinaus auf die Rettung. Weil der Mensch durch das Gesetz als Sünder überführt wird, wird er befreit vom Vertrauen auf seine eigene Gerechtigkeit« (Ringshausen, S. 13). Auch vom Gerechtfertigten wird erwartet, dass er die Gebote als Maßstab seines Lebens gelten lässt.

Der Wittenberger Maler Lucas Cranach d.Ä. (1472–1553) hat in seinen Werken mehrfach Anregungen Luthers aufgenommen, so auch bei diesem Bild. Dies zeigt u.a. die Wertschätzung, die Luther den Bildern als pädagogisches Instrument entgegenbrachte, worin er sich von den ›Bilderstürmern‹ seiner Zeit unterschied. Diese lehnten Bilder unter Berufung auf das zweite Gebot grundsätzlich ab, weil sie die Gefahr der Götzenverehrung fürchteten.

Dieter Petri, nach einer Idee von Martin Tränkle, Ludwigsburg

Aus den 95 Thesen Martin Luthers

1. Da unser Meister Jesus Christus spricht: Tut Buße (Mt 4,17) will er, dass das ganze Leben seiner Gläubigen eine stete und unaufhörliche Buße sei.

5. Der Papst will und kann keine Strafen erlassen als solche, die er nach seiner eigenen Entscheidung oder der der kirchlichen Satzungen auferlegt hat.

21. Daher irren all die Ablassprediger, welche erklären, dass der Mensch durch den Ablass des Papstes von jeder Strafe los und frei werde.

27. Die predigen unchristlich, die da vorgeben, dass, sobald Geld in den Kasten geworfen klingt, die Seele aus dem Fegefeuer auffahre.

32. Diejenigen werden samt ihren Meistern in die ewige Verdammnis fahren, die vermeinen, durch Ablassbriefe ihrer ewigen Seligkeit gewiss zu sein.

36. Ein jeder Christ, der wahre Reue und Leid hat über seine Sünde, hat völligen Erlass von Strafe und Schuld, der ihm auch ohne Ablassbrief zuteil wird.

37. Jeder wahre Christ, gleichviel ob lebendig oder tot, hat an allen Gütern Christi und der Kirche teil; Gott hat sie ihm auch ohne Ablassbrief gegeben.

43. Man soll die Christen lehren, dass, wer den Armen gibt oder dem Dürftigen leiht, besser tut, als wenn er Ablass löst.

50. Man soll die Christen lehren: wenn der Papst wüsste, wie die Ablassprediger das Geld erpressen; würde er die Peterskirche lieber zu Asche verbrennen, als sie mit Haut, Fleisch und Knochen seiner Schafe aufzubauen.

61. Der wahre Schatz der Kirche ist das allerheiligste Evangelium von der Herrlichkeit und Gnade Gottes.

Martin Luther

Luther vor dem Reichstag in Worms

Radierung von Gustav König, 1857, © akg-images

Denkmal Martin Luthers

Luther-Denkmal in Dresden, 1885
Foto: akg-images

Luther vor dem Reichstag in Worms 1521

Protokoll der Filmszene aus: Luther. Er veränderte die Welt für immer. DVD educativ, Matthias Film 2003, Kap. 9.

100. WORMS – BISCHOFSPALAIS –
SAAL: INNEN AM TAG

Auf der Galerie: Ulrich schließt die Augen und spricht ein Gebet.
Unten im Saal: Von Staupitz' Augen kleben an Martin.
Martin steht allein vor dem Kaiser, Aleander und den deutschen Kurfürsten.

VON DER ECK: Ruhe im Saal! ... Martin Luther, seid Ihr der Autor dieser Schriften?
MARTIN: Das bin ich.
VON DER ECK: Widerruft Ihr, was Ihr hier geschrieben habt!
MARTIN (*mit ruhiger Stimme*): Ich kann mich nicht von all meinen Werken lossagen, weil meine Schriften nicht alle gleich sind. Da sind zunächst jene, in denen ich den christlichen Glauben und das Christenleben auf so einfache Weise abgehandelt habe, dass selbst meine Gegner ihren Nutzen eingeräumt haben. Diese Schriften zu widerrufen, wäre undenkbar, denn das hieße, sich von allseits akzeptierten christlichen Wahrheiten loszusagen.

Getuschel unter den Repräsentanten des Papstes. Aleander schnauzt von der Eck an:

ALEANDER: Er ist nicht hier, um Reden zu halten. Nur um zu antworten.

Friedrich beobachtet die Menge und sieht, dass Martin viele Sympathisanten hat.
Martin fährt mit festerer Stimme fort:

MARTIN: Der zweite Teil meiner Schriften ist gegen die üble Lehre und verderbte Lebensweise der Päpste, in der Vergangenheit wie in der Gegenwart, gerichtet.
KARL: Nein!

Zustimmendes Gemurmel. Laute der Empörung. Aleander hält es kaum noch auf seinem Platz.

MARTIN: Durch die Erlässe des Papstes und die Doktrinen der Kurie wurde das Gewissen der Gläubigen schrecklich gequält und geschunden. Widerrufe ich diese Schriften, so stärke ich nur diese Tyrannei und öffne solcher großen Gottlosigkeit nicht allein die Fenster, sondern auch Tür und Tor.
ALEANDER (*leise zu Karl*): Das ist sein Todesurteil.
MARTIN: Der dritte Teil meiner Schriften richtet sich gegen einige Individuen und Personen, die für die römische Tyrannei eintreten und mein Bestreben, den Glauben an Christus zu stärken, zu Fall bringen wollen. Ich bin, das gebe ich zu, zu schroff gewesen. Doch ich bin auch nur ein Mensch und als solcher fehlbar. Sobald man mich anhand der Heiligen Schrift eines Fehltritts überführt, bin ich bereit zu widerrufen und meine Bücher ins Feuer zu werfen.
Aleander springt von seinem Sitz auf.

ALEANDER: Ihr habt die Frage nicht beantwortet! Ihr, Martin Luther, werdet nicht in Zweifel ziehen, worüber die katholische Kirche längst geurteilt hat; was längst in Brauchtum, Sitten und Ritus übergegangen ist. Den Glauben, den Christus, der vollkommene Gesetzesgeber, geweiht hat, den Glauben, den die Märtyrer mit ihrem Blut bezahlt haben. Ihr erhofft vergeblich einen Disput über Dinge, die Ihr ausdrücklich zu glauben verpflichtet seid! Gebt jetzt Eure Antwort – ja oder nein!
VON DER ECK: Wollt Ihr widerrufen oder nicht?

Grabesstille im Saal. Alle Augen sind auf Martin gerichtet.

MARTIN: Weil denn Eure kaiserliche Majestät und kurfürstlichen Durchlauchten eine schlichte Antwort begehren, so will ich eine geben.

Er weiß, seine Antwort entscheidet über Leben – oder Tod. Martin spricht so leise, dass sich das Publikum sich nach vorne lehnt, um ihn zu hören.

MARTIN: Solange ich nicht durch die Heilige Schrift und klare Vernunftgründe widerlegt werde – und nicht etwa durch den Papst oder Konzilien, die sich schon oft widersprochen haben –, ist mein Gewissen nur an Gottes Wort gebunden. Gegen mein Gewissen zu handeln ist weder gut noch ratsam.

Er schaut dem Kaiser direkt ins Gesicht.

MARTIN: Daher kann und will ich nicht widerrufen. Hier stehe ich; ich kann nicht anders (*senkt den Kopf*). Gott helfe mir.

Der Saal bricht in Rufe der Unterstützung sowie der Entrüstung aus. Karl wirkt verängstigt durch den Tumult. Einige Spanier im Saal verlangen:

SPANIER: Ins Feuer! Ins Feuer mit dem Ketzer!
DEUTSCHE: Er spricht die Wahrheit! Gott segne Euch, Martin.
VON DER ECK: Ruhe! Ruhe! Ruhe!

Es wird still im Publikum – allerdings nicht wegen von der Ecks Ausrufe.
Von draußen dringen Rufe der Land- und Stadtbevölkerung herein ...

VOLK: Luther, Luther, Luther ...

Karl wird sehr nervös.
Martin dreht sich langsam um und verlässt allein den Saal.
Protestgejohle von Martins Anhängern im Saal.

**Volxbibel: Die Geschichte von der Katze,
die verschwunden war**

[1]Oft kamen irgendwelche Geldeintreiber und andere Leute, die überall total unbeliebt waren, zu Jesus, um ihm zuzuhören. [2]Die Pharisäer und die Theologen fanden es total uncool, dass er sich mit so einem Pack überhaupt abgab. [3]Deshalb brachte Jesus mal wieder einen Vergleich: [4]»Mal angenommen, jemand hat zwanzig Katzen, und eine davon würde aus dem Fenster springen und weglaufen, dann würde er sofort die neunzehn alleine zu Hause lassen, um das eine Kätzchen zu suchen! [5]Wenn er es schließlich auf einem Baum gefunden hat, wird er sich tierisch freuen, es auf den Arm nehmen, lange streicheln und es dann wieder nach Hause bringen. [6]Zu Hause wird er erst mal ein paar Freunde anrufen und die Nachbarn einladen, um jedem diese gute Nachricht zu erzählen: ›Ich hab mein Kätzchen wiedergefunden!‹ [7]Genauso steigt eine große Party im Himmel wegen jedem verlorenen Menschen, der zu Gott zurückfindet – im Gegensatz zu den neunzehn anderen, die nicht nötig hatten umzudrehen.«

Münchner Neues Testament

Lukas 15,1–7

[1]Es waren aber ihm sich nähernd alle Zöllner und Sünder, ihn zu hören. [2]Und (es) murrten sowohl die Pharisaier und die Schriftkundigen, sagend: Dieser nimmt Sünder an und isst mit ihnen.
[3]Er sprach aber zu ihnen dieses Gleichnis, sagend: [4]Welcher Mensch von euch, habend hundert Schafe und verlierend von ihnen eines, lässt nicht zurück die neunundneunzig in der Öde, und geht zu dem verlorenen, bis er es findet? [5]Und wenn er (es) gefunden hat, auflegt er (es) auf seine Schultern, sich freuend, [6]und wenn er gekommen ist ins Haus, zusammenruft er die Freunde und die Nachbarn, sagend ihnen: Freut euch mit mir, weil ich fand mein Schaf, das verlorene. [7]Ich sage euch: So wird (mehr) Freude im Himmel sein über einen umkehrenden Sünder als über neunundneunzig Gerechte, welche nicht nötig haben eine Umkehr.

Luther-Bibel 1984

[1]Es nahten sich ihm aber allerlei Zöllner und Sünder, um ihn zu hören. [2]Und die Pharisäer und Schriftgelehrten murrten und sprachen: Dieser nimmt die Sünder an und isst mit ihnen. [3]Er sagte aber zu ihnen dies Gleichnis und sprach: [4]Welcher Mensch ist unter euch, der hundert Schafe hat und, wenn er eins von ihnen verliert, nicht die neunundneunzig in der Wüste lässt und geht dem verlorenen nach, bis er's findet? [5]Und wenn er's gefunden hat, so legt er sich's auf die Schultern voller Freude. [6]Und wenn er heimkommt, ruft er seine Freunde und Nachbarn und spricht zu ihnen: Freut euch mit mir; denn ich habe mein Schaf gefunden, das verloren war. [7]Ich sage euch: So wird auch Freude im Himmel sein über einen Sünder, der Buße tut, mehr als über neunundneunzig Gerechte, die der Buße nicht bedürfen.

Zum zweiten könnt ihr sagen, dass ich das Neue Testament verdeutscht habe nach meinem besten Vermögen und aufs gewissenhafteste; habe damit niemand gezwungen, dass er's lese, sondern es frei gelassen und allein zu Dienst getan denen, die es nicht besser machen können. Es ist niemand verboten, ein bessers zu machen. Wer's nicht lesen will, der lass es liegen; ich bitte und lobe niemand drum. Es ist mein Testament und mein Dolmetschung und soll mein bleiben und sein. […] wenn der Verräter Judas sagt, Matthäi 26 (8): Ut quid perditio haec? und Marci 14 (4): Ut quid perditio ista unguenti facta est? Folge ich den Eseln und Buchstabilisten, so muss ich's so verdeutschen: Warum ist diese Verlierung der Salben geschehen? Was ist aber das für Deutsch? Welcher Deutsche redet so: Verlierung der Salben ist geschehen? Und wenn er's recht verstehet, so denkt er, die Salbe sei verloren und müsse sie wohl wieder suchen, wiewohl das auch noch dunkel und ungewiss lautet. Wenn nun das gutes Deutsch ist, warum treten sie nicht herfür und machen uns solch ein fein, hübsch, neu, deutsch Testament und lassen des Luthers Testament liegen? Ich meine eben, sie sollten ihre Kunst an den Tag bringen. Aber der deutsche Mann redet so

(Ut quid etc.): Was soll doch solcher Unrat, oder: Was soll doch solcher Schade? Nein, es ist schade um die Salbe – das ist gutes Deutsch, daraus man verstehet, dass Magdalene mit der verschütteten Salbe sei unzweckmäßig umgegangen und habe verschwendet; das war Judas' Meinung, denn er gedachte, einen besseren Zweck damit zu erfüllen.

Doch hab ich wiederum nicht allzu frei die Buchstaben lassen fahren, sondern mit großer Sorgfalt samt meinen Gehilfen darauf gesehen, so dass, wo es etwa drauf ankam, da hab ich's nach den Buchstaben behalten und bin nicht so frei davon abgewichen; wie Johannes 6 (27), wo Christus spricht: »Diesen hat Gott der Vater versiegelt.« Da wäre wohl besser Deutsch gewesen: Diesen hat Gott der Vater gezeichnet, oder, diesen meinet Gott der Vater. Aber ich habe eher wollen der deutschen Sprache Abbruch tun, denn von dem Wort weichen. Ach, es ist Dolmetschen keineswegs eines jeglichen Kunst, wie die tollen Heiligen meinen; es gehöret dazu ein recht fromm, treu, fleißig, furchtsam, christlich gelehret, erfahren, geübet Herz.

Sendschreiben vom Dolmetschen 1530 (Auszüge)

Anton Koberger (Nürnberg), 1483

Dommus regit me.
Der Herr regieret mich
und mir gebrist nichts.
Und an der stat der weyde do satzt er mich.
Er hat mich gefüret auff dem wasser der widerbringung.
Er bekeret mein seel.
Er füret mich auss auff die steyg der gerechtigkeit
umb seinen namen.
Wann ob ich gee in mitt des schatten des todes.
Ich furcht nit die ubeln ding
wann du bist bey mir.
Dein rut und dein stab die selb haben mich getröstet.
Du hast bereitet den tysch
in meinen angesiht wider die die mich betrüben.
Du hast erneystet mein haubt in dem öl.
Und mein kelch macht truncken
wie lauter er ist und dein erbermbd
nachvolget mir alle tag meins lebens.
Das auch ich inwone in dem hauss des heren in die lenge der tag.

Martin Luther (Wittenberg), 1546

Ein Psalm Davids.
DER HERR ist mein Hirte /
mir wird nichts mangeln.
Er weidet mich auff einer grünen awen
un füret mich zum frischen wasser.
Er erquicket meine seele /
er füret mich auff rechter straße /
umb seines namens willen.
Und ob ich schon wandert im finstern tal
fürchte ich kein unglück
denn du bist bey mir /
dein stecken und stab trösten mich.
Du bereitest fur mir einen tisch
gegen meine feinde.
Du salbest mein heubt mit öle
und schenckest mir vol ein.
Gutes und barmherzigkeit
werden mir folgen mein lebenlang
und werde bleiben im Hause des HERRN jmerdar.

In der Vorstandssitzung des Fußballvereins gehen die Wogen hoch. Wegen des schlechten Tabellenplatzes der Mannschaft will die Mehrheit der Vereinsleitung den Trainer in die Wüste schicken
5 (1). Dass er zum Sündenbock (2) gestempelt wird, überrascht den Mann jedoch so, dass er zunächst einmal zur Salzsäule erstarrt (3). Doch dann stellt er sich der Kritik. Er könne nicht zu allem, was ihm vorgeworfen werde, Ja und Amen
10 sagen (4). Eine ganze Anzahl der Vertragsspieler sei mehr auf Nebenverdienste konzentriert als auf Training und Leistung im Spiel. Bei diesem Tanz ums Goldene Kalb (5) stünden ihm als Mannschaftsbetreuer die Haare zu Berge (6).
15 Der Vorstand macht dem Trainer darauf den Vorwurf, er wolle seine Hände in Unschuld waschen (7). Wenn der Coach sich auf Herz und Nieren prüfe (8), dann müsse er in Sack und Asche gehen (9). Der Trainer sollte sich viel stärker um
20 die einzelnen Spieler kümmern, ja, sie wie seinen Augapfel hüten (10). Der Attackierte lenkt nun ein, weil er merkt, dass Unnachgiebigkeit gegenüber dem Vorstand ein zweischneidiges Schwert (11) ist. Er versichert, unverzüglich einen
25 neuen Versuch zu unternehmen, um der Elf wieder inneren Auftrieb zu geben. Er will als Trainer nicht der Stein des Anstoßes (12) sein. Auf Treu und Glauben (13) gibt nun auch der Vorstand nach.
30 Am nächsten Tag gibt es ein Gespräch zwischen Spielern und Trainer. »Ich möchte nicht wie bisher tauben Ohren predigen« (14), sagt er zu ihnen. »Mit Brief und Siegel (15) gebe ich es euch, dass es so weiter bergab gehen wird. Wenn

vor allem die Sturmspitzen und der rechte Flügel 35 nicht Himmel und Erde in Bewegung setzen (16), dann bleibt mir nichts anderes übrig, als die Spreu vom Weizen zu trennen (17). Den ständigen Meckerern muss ich ganz klar sagen: »Wer Wind sät, wird Sturm ernten« (18). 40
Vor allem die angesprochenen jüngeren Spieler nehmen sich den Denkzettel (19) zu Herzen, während einige der bewährten Stammspieler sich ins Fäustchen lachen (20). Der Vorstand hatte dem Trainer wohl kräftig eingeheizt, doch wollte 45 der sein Licht nicht unter den Scheffel setzen (21). Sie beschließen zu ihrem Trainer zu halten, getreu der Devise: »Niemand kann zwei Herren dienen« (22). Im nächsten Punktespiel zeigte sich, dass die Mannschaft die Zeichen der Zeit 50 (23) erkannt hat. Keinem Spieler kann man den Vorwurf machen, er habe in den beiden Halbzeiten sein Pfund vergraben (24). Auch die Zuschauer tragen ihr Scherflein bei (25), so dass der Punktgewinn sicher ist. Der Trainer dient seiner 55 abgekämpften Elf wie ein barmherziger Samariter (26). Nach dem Spiel, in der Kabine, sind alle wieder ein Herz und eine Seele (27). Es ist den Spielern also gut bekommen, dass der Trainer mit Menschen- und mit Engelszungen geredet (28) 60 hatte. Dem Vorstand tut die Sache inzwischen leid, es fällt ihm wie Schuppen von den Augen (29), die Wurzel alles Übels (30) war der Streit im Verein. In einem guten Club muss man auch bei Auseinandersetzungen seine Zunge im Zaum 65 halten (31) und darf auf niemand den ersten Stein werfen (32).

Aus: Das Kursbuch Religion 1, S. 154

Arbeitsblatt

Prinzipien der evangelischen Kirche	Unterschiede zur katholischen Kirche	Auswirkungen in der evangelischen Kirche
Sola scriptura »Allein die Schrift«		
Solus Christus »Allein Jesus Christus«		
Sola gratia »Allein die Gnade«		
Sola fide »Allein der Glaube«		

Menschen können durch gute Taten, durch Bußübungen, Wallfahrten und den Kauf von Ablassbriefen Gott gnädig stimmen.	Gott ist barmherzig, aber auch gerecht und heilig in seinem Zorn. Wer Gottes Gebote übertritt und schuldig wird, muss dafür Buße tun. Er muss beichten, zeigen, dass ihm seine Fehler leid tun, und bereit sein Strafe zu erleiden – wenn es sein muss, im Fegefeuer.	Das heißt: Allein das glaubende Vertrauen in die bedingungslose Liebe Gottes macht Menschen frei und lässt sie fröhlich durch das Leben gehen.
In den evangelischen Kirchen gibt es keine Heiligen- und Marienbilder, auch keine Gebete zu diesen. Jeder Gläubige kann sich direkt an Jesus Christus und Gott wenden. Er ist auf keine Vermittlung angewiesen. Keine(r) »muss« in den Gottesdienst.	Das Wichtigste für den evangelischen Christen ist es, sich auf die Auslegung der Heiligen Schrift, die Taufe und das Abendmahl einzulassen. Hier begegnet ihm das Wort von der bedingungslosen Liebe Gottes.	Neben Christus und Gott werden auch Maria und die Heiligen verehrt. Zwischen Gott und den Gläubigen steht die Kirche und vermittelt die Beziehung zu Gott.
Neben der Bibel gibt es auch andere Autoritäten wie die Kirchenväter, die Konzilien und Papstworte.	Das heißt: Grundlage des Glaubens ist allein die Heilige Schrift. Hier finden Menschen Hoffnung und Kraft für ihr Leben.	Auf dem Altar der evangelischen Kirche liegt eine geöffnete Bibel. Es gibt keinen Papst als Gottes Stellvertreter auf Erden.
Das heißt: Gott ist seinem Wesen nach Liebe, Barmherzigkeit und Freundlichkeit, das bedeutet Gnade. Seine »Gerechtigkeit« besteht darin, dass er gerade jene in die Arme nimmt, die sich verrannt haben.	In den evangelischen Kirchen gibt es keinen Beichtstuhl (wohl aber eine Beichte). Alles ist auf die frohe Botschaft konzentriert, dass Gott die Liebe ist und sich nach den verlorenen Schafen die Augen aussucht. Es gibt kein Fegefeuer.	Das heißt: Jesus zeigt uns, wie Gott ist. Wir brauchen dazu niemanden anderes. Er vertritt uns vor Gott und setzt sich für uns ein.

Lösungsblatt

Prinzipien der evangelischen Kirche	Unterschiede zur katholischen Kirche	Auswirkungen in der evangelischen Kirche
Sola scriptura **»Allein die Schrift«** Das heißt: Grundlage des Glaubens ist allein die Heilige Schrift. Hier finden Menschen Hoffnung und Kraft für ihr Leben.	Neben der Bibel gibt es auch andere Autoritäten wie die Kirchenväter, die Konzilien und Papstworte.	Auf dem Altar der evangelischen Kirche liegt eine geöffnete Bibel. Es gibt keinen Papst als Gottes Stellvertreter auf Erden.
Solus Christus **»Allein Jesus Christus«** Das heißt: Jesus zeigt uns, wie Gott ist. Wir brauchen dazu niemanden anderes. Er vertritt uns vor Gott und setzt sich für uns ein.	Neben Christus und Gott werden auch Maria und die Heiligen verehrt Zwischen Gott und den Gläubigen steht die Kirche und vermittelt die Beziehung zu Gott.	In den evangelischen Kirchen gibt es keine Heiligen- und Marienbilder, auch keine Gebete zu diesen. Jeder Gläubige kann sich direkt an Jesus Christus und Gott wenden. Er ist auf keine Vermittlung angewiesen. Keine(r) »muss« in den Gottesdienst.
Sola gratia **»Allein die Gnade«** Das heißt, Gott ist seinem Wesen nach Liebe, Barmherzigkeit und Freundlichkeit. Seine »Gerechtigkeit« besteht darin, dass er gerade jene in die Arme nimmt, die sich verrannt haben.	Gott ist barmherzig, aber auch gerecht und heilig in seinem Zorn. Wer Gottes Gebote übertritt und schuldig wird, muss dafür Buße tun. Er muss beichten, zeigen, dass ihm seine Fehler leid tun, und bereit sein, Strafe zu erleiden – wenn es sein muss, im Fegefeuer.	In den evangelischen Kirchen gibt es keinen Beichtstuhl (wohl aber eine Beichte). Alles ist auf die frohe Botschaft konzentriert, dass Gott die Liebe ist und sich nach den verlorenen Schafen die Augen aussucht. Es gibt kein Fegefeuer.
Sola fide **»Allein der Glaube«** Das heißt: Allein das glaubende Vertrauen in die bedingungslose Liebe Gottes macht Menschen frei und lässt sie fröhlich durch das Leben gehen.	Menschen können durch gute Taten, durch Bußübungen, Wallfahrten und den Kauf von Ablassbriefen Gott gnädig stimmen.	Das Wichtigste für den evangelischen Christen ist es, sich auf die Auslegung der Heiligen Schrift, die Taufe und das Abendmahl einzulassen. Hier begegnet ihm das Wort von der bedingungslosen Liebe Gottes.

M 25

Lutherbilder

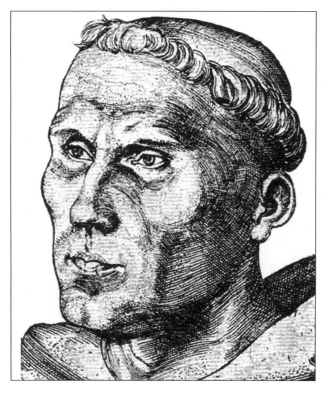

oben links: Martin Luther. Aus der Werkstatt Lukas Cranachs, 1526/29; oben rechts: Martin Luther als Junker Jörg. Holzschnitt von Lukas Cranach, 1522; unten links: Martin Luther als Augustinermönch, Lukas Cranach, 1520; unten rechts: Martin Luther mit Doktorhut. Radierung von Daniel Hopfer, 1523

Vom jüdischen Glauben erzählen können

Bildungsstandards für Realschule und Hauptschule

Die Schülerinnen und Schüler

- **kennen wesentliche Elemente der Glaubenspraxis von Juden und jüdische Feste** (RS 8.7.1)
- können Gemeinsamkeiten und Unterschiede zwischen Judentum und Christentum aufzeigen (RS 8.7.2)
- kennen Elemente jüdischen Lebens und wissen um die besondere Bedeutung des Judentums für das Christentum (HS 9.7.1)

Themenfelder:
- RS **Judentum**: Ausdrucksformen jüdischen Glaubens und Lebens (z.B. Sabbat, Jahresfeste, Lebensfeste, Speisevorschriften, Gebete, jüdische Gemeinden); die jüdische Hoffnung auf den Messias und der Glaube an Jesus Christus.
- HS **Juden und Christen**: Die Wurzel trägt den Spross. (Der Religionsunterricht fördert ein verständnisvolles Zusammenleben, indem er zu Achtung und Toleranz gegenüber Andersgläubigen, aber auch zu kritischer Distanz gegenüber fundamentalistischen Strömungen anleitet.)

Zur Lebensbedeutsamkeit

Einem latenten und mancherorts offenen Antisemitismus gerade unter Jugendlichen kann man mit einer konstruktiven Auseinandersetzung mit der Eigenart jüdischen Lebens und Glaubens begegnen. Angesichts eines wieder erstarkenden jüdischen Glaubenslebens in Deutschland kann die Beschäftigung mit dem Glaubensleben jüdischer Mitbürger ein Zusammenleben unter den Bedingungen zunehmender Pluralität in den Blick nehmen und Voraussetzungen dafür schaffen.

Ein angemessenes Verständnis des christlichen Glaubens ist nur möglich, wenn die jüdischen Wurzeln und die Zusammengehörigkeit des Christentums mit dem Judentum gesehen und verstanden werden. Eine Kirche, die ihren biblischen Grundlagen treu bleibt, kann Judentum und Christentum nur als zwei getrennte, wiewohl zusammengehörige Wege des Glaubens an den biblischen Gott ansehen. Jede Abwertung hat zu unterbleiben. Die Einheit trägt deshalb zu einem besseren Verständnis des christlichen Glaubens und seiner Zusammengehörigkeit mit dem jüdischen Glauben bei.

Der jüdische Glaube mit seinen Vollzügen und Zeichen ist den Schülerinnen und Schülern nicht einfach fremd. Sie kennen schon etliches aus der Grundschule und entdecken manches in der Geschichte des Juden Jesus wieder. Damit ist jedoch nicht gewährleistet, dass gegenwärtig hierzulande gelebtes Judentum bekannt ist und bei aller Unterschiedlichkeit wertschätzend wahrgenommen wird. Der Einheit geht es deshalb um ein solches Wahrnehmen, gleichzeitig aber auch um ein besseres Verständnis religiöser Rituale und Zeichen sowie eigener Einstellungen und Handlungsweisen.

Elementare Fragen

Woran erkennt man eine Religion? / Woran merkt man, dass ein Mensch an Gott glaubt? / Macht es einen Unterschied im Leben, ob man Christ, Jude oder Muslim ist? / Warum gibt es verschiedene Religionen? / Worauf hoffe ich? / An welche Regeln sollte sich jeder Mensch halten? / Woher weiß man, wie Gott ist?

Die Schülerinnen und Schüler
- wissen, dass die Juden im Glauben die älteren Geschwister der Christen sind (RS)
- kennen wesentliche Elemente des jüdischen Glaubens (RS)
- kennen wichtige Stationen der Geschichte des jüdischen Volkes (RS)
- können Vorurteile gegenüber Juden wahrnehmen (RS)
- entwickeln eine respektvolle Haltung gegenüber den Juden (RS)

- kennen wesentliche Elemente des Judentums und wissen um seine besondere Bedeutung für das Christentum in Geschichte und Gegenwart (HS)
- wissen um das vielfältige Angebot religiöser Gruppierungen und verfügen über Kriterien, diese zu beurteilen (HS)
- wissen, dass Achtung und Toleranz gegenüber Andersgläubigen für ein verständnisvolles Zusammenleben wichtig ist (HS)

Leitmedien
- Schnippelbogen **M 1**
- Bild: Junge bei seiner Bar Mizwa **M 2**

Schülerinnen und Schüler können zeigen, was sie schon können und kennen

- Die Schülerinnen und Schüler erhalten Bildkarten zum Judentum **M 3** und sortieren sie nach bekannt und unbekannt. Anschließend werden die Bildkarten gedeutet. Gemeinsam wird festgestellt, wie gut das Wissen um das Judentum ist und was man noch herausfinden möchte.
- Die Schülerinnen und Schüler »enträtseln« Bild **M 2**. Was kann man hier erkennen und was bedeutet was?
- Sie beantworten die Quizfragen in: Das Kursbuch Religion 2, S. 221.
- Schülerinnen und Schüler entwerfen in Partnerarbeit Fragen zum Judentum für »Wer wird Millionär?«. Anschließend wird das Quiz gespielt, danach wird der Wissenstand bewertet.
- Gespräch über die Frage: Macht es einen Unterschied im Leben, ob man Christ, Jude oder Muslim ist?

Die Schülerinnen und Schüler kennen die Lerninhalte im Überblick und können ihren Lernweg mitgestalten

- Die Lehrkraft stellt die leitenden Kompetenzen in Ich-Form vor (»Ich kann …«). Die Schülerinnen und Schüler stellen fest, was sie schon können und was sie noch lernen müssen, um die Kompetenzerwartungen zu erfüllen. Sie legen fest, was sie auf jeden Fall bearbeiten wollen.
- Fantasiereise durch die fremde Welt des Judentums (setzt auf Seiten der Lehrperson gutes Wissen voraus). Die Schülerinnen und Schüler legen anschließend fest, welche Stationen sie wieder aufsuchen wollen.
- Schülerinnen und Schüler formulieren Fragen an einen Vertreter der jüdischen Religion und bestimmen, wie sie zu Antworten kommen können und wollen. Daran könnte sich ein eigenständiges Vorgehen anschließen, in dem sie mithilfe von Unterrichtsbüchern Antworten zusammensuchen.

**Die Schülerinnen und Schüler können das Pessachfest, Chanukka und ein weiteres Fest der jüdischen Hauptfeste in wesentlichen Zügen darstellen, die symbolischen Elemente erläutern und den Jahreszeiten zuordnen
→ RS 8.7.1; HS 9.7.1**

- Die Schülerinnen und Schüler erhalten in Kleingruppenarbeit ein Jahresfest des Judentums und recherchieren dazu im Internet oder erhalten Erzählungen aus Vorlesebuch Fremde Religionen Bd. 1. Sie erstellen zu ihrem Fest ein Lernplakat und stellen ihre Ergebnisse vor.
- Schülerinnen und Schüler bereiten das Fruchtmus des Sederfestes (Charosset) zu und betrachten anschließend einen Sedertisch **M 4**. Die Lehrperson erzählt, wie Juden das Passafest feiern (**M 5**), oder zeigt dazu den Film »Pessach« (15 Min.).

- Sie basteln in Kleinengruppen einen Chanukka-Leuchter aus Ton, eine Torarolle und eine Ratsche. Die Lehrperson erzählt anschließend zu den Zeichen jeweils die dazugehörige Geschichte aus Vorlesebuch Fremde Religionen, Bd. 1. Abschließend gestalten sie für das gegebene Jahr einen interreligiösen Kalender und tragen die erarbeiteten Feste ein.
- Bildbetrachtung: Das Kursbuch Religion 1, S. 192 f. Sie erarbeiten mithilfe der Informationen, was auf diesem Bild geschieht. Sie fassen ihre Einsichten zusammen anhand der Begriffe »Ablauf der Sederfeier«, »Symbole«, »Geschichten«. Gegebenenfalls: Vergleich mit dem Abendmahl.
- Die Schülerinnen und Schüler erarbeiten gemeinsam einen interreligiösen Kalender und suchen sich dazu im Internet die Informationen zusammen; sie entwerfen eine eigene Gestaltung und stellen den Kalender anschließend vor. Hilfestellung gibt auch Das Kursbuch Religion 1, S. 194 f.

- Die Schülerinnen und Schüler beschreiben den typischen Lebenslauf eines evangelischen und/oder katholischen Christen, erzählen von entsprechenden Erfahrungen (Taufe, Einschulungsgottesdienst, Konfirmation / Kommunion etc.), bedenken dazugehörige Zeichen, zeichnen eine entsprechende Lebenslinie. Sie überlegen dann, wie der Lebenslauf bei Juden aussehen kann. Sie bearbeiten dann Kursbuch elementar 7/8, S. 178.179 oder Das Kursbuch Religion 1, S. 196 und stellen fest, was bei Juden ähnlich und was ganz anders ist. Sie formulieren zusammenfassend an **M 2**, was der Junge bei seiner Bar Mizwa tut und was diesem Tag vorausgegangen ist.
- *Alternativ:* Auswertung Video »Feste und feiern des Judentums« (27 Min.) vor dem Hintergrund der eigenen Feste und Symbole.
- *Alternativ:* Die Schülerinnen und Schüler erhalten in Gruppen unterschiedliche Erzählungen aus dem Leben von Juden (Vorlesebuch Fremde Religionen 1, S. 112–127) und stellen anschließend ihre Einsichten mit Hilfe eines Plakates vor. Sie zeichnen den Lebensweg eines Juden und vergleichen diesen mit dem eines Christen bzw. einer Christin.
Alternativ: Einladung eines jüdischen Mitschülers oder einer anderen jüdischen Person, die aus ihrem Leben erzählt. Die Schülerinnen und Schüler entwerfen ein Album: auf der einen Seite jüdische Lebensfeste und ihre Zeichen, auf der anderen Seite christliche Lebensfeste und ihre Zeichen.

Die Schülerinnen und Schüler können Inhalt und Bedeutung von Beschneidung und Bar / Bat Mizwa beschreiben und erläutern sowie Gemeinsamkeiten und Unterschiede zu Taufe und Konfirmation / Kommunion benennen → RS 8.7.1; HS 9.7.1

- Die Schülerinnen und Schüler diskutieren die Frage, ob man den Sonntag abschaffen soll. Begründung: »Das ist der langweiligste Tag in der Woche.« Festhalten von Gründen dafür und dagegen. Überlegen, was ein Jude bzw. eine Jüdin dazu sagen würde. Anschließend das Gespräch »Die Sabbatfeier« **M 11** mit verteilten Rollen lesen und im Text unterstreichen, was der Sabbat für einen Juden bedeutet.
- Die Schülerinnen und Schüler erzählen einander, wie sie den Sonntag verbringen. Sie vergleichen ihre Geschichten, achten auf Gemeinsamkeiten und bestimmen, was für sie selber warum besonders wichtig ist. Sie vergleichen ihren Sonntag mit dem Sabbat in einer jüdischen Familie aus: Kursbuch Religion elementar 7/8, S. 177 oder Das Kursbuch Religion 2, S. 211. Abschließend bestimmen sie die Bedeutung der einzelnen Elemente eines Sabbattisches **M 5**.
- Die Schülerinnen und Schüler gestalten zu dem Bild des Sabbattisches **M 5** ein Lernplakat, auf dem sie vermerken, was die einzelnen Elemente bedeuten. Hilfen bieten Kursbuch Religion elementar 7/8, S. 177 oder Das Kursbuch Religion 2, S. 211.

Die Schülerinnen und Schüler können erzählen, wie in jüdischen Familien der Sabbat gefeiert wird und was dabei besonders wichtig ist → RS 8.7.1; HS 9.7.1

Die Schülerinnen und Schüler können bestimmen, was sie beachten müssen, wenn sie jüdische Mitschülerinnen und Mitschüler zu einem Essen einladen → RS 8.7.1; HS 9.7.1	■ Die Schülerinnen und Schüler berichten einander, was sie besonders gerne essen und was sie nicht mögen und auf gar keinen Fall essen würden. Sie begründen ihre Vorlieben sowie Abneigungen und denken über die Hintergründe nach. Sie überlegen, was ein Jude bzw. eine Jüdin isst und nicht isst. Sie überprüfen ihre Sichtweise anhand 3. Mose 11,1–23 und stellen zusammen, was eine jüdische Person nicht essen darf, wenn sie ihren Glauben ernst nimmt. Was ist koscher, was nicht? Die Schülerinnen und Schüler bedenken Konsequenzen für eine Einladung zum Essen. ■ *Alternativ:* Die Schülerinnen und Schüler erarbeiten das Gespräch zwischen Max und Samuel in Kursbuch Religion elementar 7/8, S. 180 f. Sie stellen zusammen, was Juden nicht essen dürfen, und überprüfen eine Speisekarte (Kursbuch Religion elementar 7/8, S. 180). Sie stellen anschließend ein Menü für ein »perfektes Dinner« zusammen. ■ Die Lehrperson liest »Eine jüdische Religionsstunde« vor (**M 12**). Die Schülerinnen und Schüler arbeiten mit verschiedenen Farben an dem Text die Ge- und Verbote heraus und entwerfen Verkehrszeichen für ein koscheres Essen. Sie formulieren Regeln für eine verständnisvolle Einladung zu einem Essen.
Die Schülerinnen und Schüler können fünf wichtige Zeichen des Judentums zeichnen und erläutern (z.B. Menora, Davidstern, Mesusa, Kippa, Tora-Rollen, Teffilin, Tallit) → RS 8.7.1; HS 9.7.1	■ Die Schülerinnen und Schüler zeichnen in Kleingruppen oder in Partnerarbeit je fünf Zeichen zu »deutsch«, »christlich«, »Fußball«, »Hip-Hop« und weiteren Bereichen eigener Wahl. Sie stellen die Zeichen vor und deuten sie. Anschließend stellen sie fünf typische Zeichen des Judentums zusammen, stellen ihre Auswahl vor und erläutern diese. Bei der Auswahl kann das Kapitel »Judentum« in den Schulbüchern, insbesondere Das Kursbuch Religion 2, Das Kursbuch Religion 1 und Kursbuch Religion elementar helfen. Die Schülerinnen und Schüler machen daraus ein Deckblatt bzw. Auftaktseite im Heft. ■ Sie erarbeiten Schritt für Schritt einzelne Zeichen. Zunächst den Davidstern, der die Zahl Zwölf und innen drin einen Kreis enthält (sinnbildlich für die zwölf Stämme Israels, die sich um Gott versammeln), dann Menora, Gebotstafeln, Teffilin, Tallit, Mesusa und Kippa (vgl. Unterrichtsideen Religion 7/2, S. 64). Die Schülerinnen und Schüler suchen nach Bedeutungen. Anschließend zeichnen sie die ihrer Ansicht nach fünf wichtigsten Zeichen in ihr Heft. ■ *Alternativ:* Die Schülerinnen und Schüler erhalten den Schnippelbogen **M 1**, deuten die Zeichen und suchen die jüdischen heraus. Sie schneiden diese Zeichen aus, kleben sie auf eine Seite und versehen sie mit erläuternden Kommentaren.
Die Schülerinnen und Schüler können Gemeinsamkeiten und Unterschiede zwischen Judentum und Christentum benennen und erläutern → RS 8.7.2	■ Die Lehrperson notiert an der Tafel drei Spalten (Was Juden und Christen gemeinsam haben, Besonderheiten Judentum, Besonderheiten Christentum, vgl. **M 6**). Die Schülerinnen und Schüler fügen ihr Wissen ein. Die Lehrperson verteilt anschließend Begriffskarten mit den Stichworten Jakob, Bibel, Abraham, Zehn Gebote, Schöpfung, Leben nach dem Tod, Vergebung der Sünden, Messias, Jesus Christus der Sohn Gottes, Synagoge, Abendmahl, Gebetsmantel, Gerechtigkeit und Friede, Kreuz, Davidstern. Die Schülerinnen und Schüler ordnen die Begriffskarten zu und begründen ihre Entscheidung (vgl. **M 7**). Abschließend Vergleich des Ergebnisses mit Kursbuch Religion elementar 7/8, S. 153 ■ *Alternativ:* Die Schülerinnen und Schüler bearbeiten in Partnerarbeit Das Kursbuch Religion 2, S. 217–219 und füllen dann **M 6** aus. Sie stellen ihre Ergebnisse vor und begründen sie. ■ *Alternativ:* Die Schülerinnen und Schüler rezitieren das Sch'ma Jisrael aus 5. Mose 6,4–9 sowie das Kiddusch (**M 8**). Sie unterstreichen und stellen heraus, was für den christlichen Glauben wesentlich ist. Anschließend notieren sie das Apostolische Glaubensbekenntnis an der Tafel und im Heft. Sie markieren, welche Passagen ein Jude bzw. eine Jüdin mitsprechen kann und welche nicht. Gemeinsam wird nach Gründen gesucht. ■ *Alternativ:* Die Schülerinnen und Schüler erhalten in Partnerarbeit je einen Bibeltext: 1. Mose 15,1–6; 2. Mose 20,2–17; Ps 23; Jes 65,17–25; Mt 6,9–13; Lk

10,25–37; Phil 2,6–11,1; Joh 4,16b; Offb 20,11–15. Sie lesen ihren Text, bestimmen einen Schlüsselsatz, schreiben diesen auf eine Textkarte, tragen die Karten zusammen und stellen ihre Sätze vor. Danach bestimmen sie, welche dieser Sätze und Texte auch ein Jude bzw. eine Jüdin akzeptieren kann und welche nicht. Sie hängen die Texte getrennt auf und bedenken, was dies für die Beziehung zwischen Christentum und Judentum heißt.

- *Ergänzend:* Besuch einer Synagoge und einer Kirche. Mit einem Fragezeichen bestimmen die Schülerinnen und Schüler die Elemente des Raumes, zu denen sie eine Frage haben. Die Fragen anschließend im Gespräch mit einem Experten/einer Expertin klären. Von beiden Räumen fertigen die Schülerinnen und Schüler einen Grundriss oder ein Röntgenbild an (Beispiel **M 9**) und markieren darin die Einrichtungsgegenstände. Aufgrund der Zeichnungen werden Gemeinsamkeiten und Unterschiede der jüdischen und christlichen Religion geklärt. Was ist ähnlich? Was ist ganz anders?

- Zunächst Beziehungsformen klären anhand der Begriffe Eltern, Kind, Geschwister, Verwandte, Freunde, Partner, Gegner, Feinde. Anschließend diese Begriffe auf die Beziehung zwischen Christentum und Judentum anwenden und jeweils bedenken, was das für die Beziehung heißen würde. Vermutungen anstellen, was zutreffen könnte. Anschließend an einem Bild aus einem Gartenbuch (**M 10**) erläutern, wie sich Paulus die Beziehung vorstellt.
- *Alternativ:* Dem Text Röm 11,17–24 entnehmen, wie Paulus das Verhältnis von Christentum und Judentum versteht. Hilfestellung kann **M 10** geben. Gemeinsam das Ergebnis formulieren. Bestimmen, welche Beziehungsformationen (s.o.) eher, weniger oder gar nicht entsprechen.

Die Schülerinnen und Schüler können die Beziehung von Christentum und Judentum mithilfe eines Bildes deuten → HS 9.7.1

- Die Schülerinnen und Schüler interpretieren die Bilder von **M 1** oder die Zeichen in Kursbuch Religion elementar 7/8, S. 172.
- *Alternativ:* Sie erhalten in Partnerarbeit die Leitfragen aus Das Kursbuch Religion 2, S. 215, 217–219 und beantworten sie schriftlich. Sie stellen ihre Antworten vor und vergleichen sie schließlich mit den Erläuterungen im Schulbuch.
- *Alternativ:* Die Schülerinnen und Schüler folgen dem Alphabet und finden zu den einzelnen Buchstaben Stichworte aus dem Judentum (soweit es geht). Die Begriffe werden verteilt und schriftlich definiert. So entsteht ein kleines Lexikon.

Die Schülerinnen und Schüler können darstellen, was sie gelernt haben

---

Albrecht Lohrbächer u.a.: Was Christen vom Judentum lernen können, Stuttgart 2006.
Nathan Peter Levinson / Frauke Büchner, 77 Fragen zwischen Juden und Christen, Göttingen 2001.
Das Kursbuch Religion 2, hg. von Gerhard Kraft u.a., Stuttgart/Braunschweig 2005, S. 208–221.
Das Kursbuch Religion 1, hg. von Gerhard Kraft u.a., Stuttgart/Braunschweig 2005, S. 190–197.
Kursbuch Religion elementar 7/8, hg. von Wolfram Eilerts / Heinz Günter Kübler, Stuttgart/Braunschweig 2004, S. 172–183.
SpurenLesen 2. Neuausgabe – Religionsbuch für die 7./8. Klasse, hg. von Gerhard Büttner u.a., Stuttgart/Braunschweig 2008, S. 110–120. 183–189.
Monika und Udo Tworuschka: Vorlesebuch Fremde Religionen, Band 1, Lahr 1988.
Unterrichtsideen Religion 7, 2. Halbband, hg. von Eckhart Marggraf und Martin Polster, Stuttgart 1998, S. 62–89.
Religionspädagogisches Seminar der Diözese Regensburg, Das Judentum, Farbfolien, 1994.
Dieter Petri / Jörg Thierfelder: Grundkurs Judentum, Teil 1 und 2, Stuttgart 2002.
Miriam Magall: Warum Adam keinen Apfel bekam. Grundfragen des Judentums, Stuttgart 2008.

Literatur zur Unterrichtsgestaltung

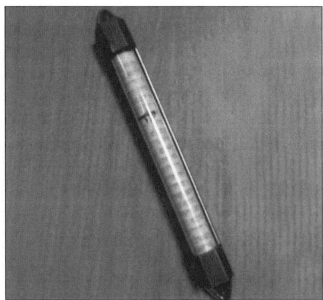

Sedertisch

© Hartmut Berlinicke

Sabbattisch

© Hartmut Berlinicke

Vom jüdischen Glauben erzählen können

Gemeinsamkeiten von Christentum und Judentum

Besonderheiten des Judentums	Besonderheiten des Christentums

Jakob	Bibel
Zehn Gebote	Abraham
Schöpfung	Leben nach dem Tode
Vergebung der Sünden	Messias
»Jesus Christus der Sohn Gottes«	Synagoge
Abendmahl	Gebetsmantel
Gerechtigkeit und Friede	Kreuz
Davidstern	Kerzen

Gebete

Sch'ma

Höre Israel, der Ewige unser Gott, der Ewige ist Eins.

Gesegnet sei der Name der Herrlichkeit seines Reiches für immer und ewig.

Du sollst den Ewigen, deinen Gott, lieben mit deinem ganzen Herzen und mit deiner ganzen Seele und mit deinem ganzen Vermögen. Und es seien diese Worte, die ich dir heute auftrage, auf deinem Herzen. Schärfe sie deinen Kindern ein und sprich in ihnen, wenn du zu Hause sitzest und wenn du auf dem Wege gehst, wenn du dich hinlegst und wenn du aufstehst. Binde sie zum Zeichen an deine Hand, und sie seien als Denkband zwischen deinen Augen. Schreibe sie an die Türpfosten deines Hauses und deiner Tore (5. Mose 6,4–9).

Kiddusch

Erhoben und geheiligt werde sein großer Name auf der Welt, die nach seinem Willen von ihm erschaffen wurde – sein Reich erstehe in eurem Leben in euren Tagen und im Leben des ganzen Hauses Israel, schnell und in nächster Zeit, sprecht: Amen! Sein großer Name sei gepriesen in Ewigkeit und Ewigkeit der Ewigkeiten.

Gepriesen und gerühmt, verherrlicht, erhoben, erhöht, gefeiert, hocherhoben und gepriesen sei der Name des Heiligen, gelobt sei er, hoch über jedem Lob und Gesang, jeder Verherrlichung und Trostverheißung, die je in der Welt gesprochen wurde, sprecht Amen.

Fülle des Friedens und Leben möge vom Himmel herab uns und ganz Israel zuteil werden, sprecht Amen.

Der Frieden stiftet in seinen Himmelshöhen, er stifte Frieden unter uns und ganz Israel, sprecht Amen.

Aufpropfen (veredeln)

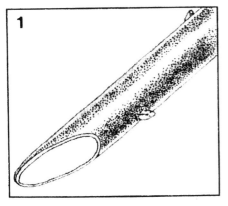
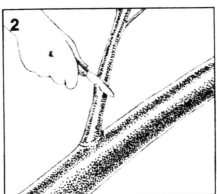
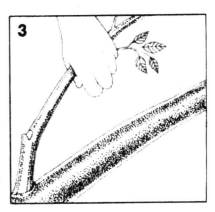
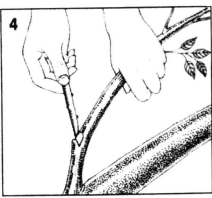
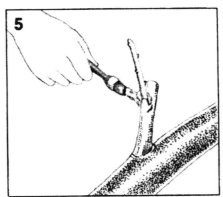

1 Unteres Ende stumpf-keilförmig zuschneiden
2 Seitenast 13 cm langwinklig einschneiden
3 Ast zurück biegen
4 Edelreis einführen
5 Seitenast knapp über der Propfstelle abschneiden

Röntgenbild einer Kirche

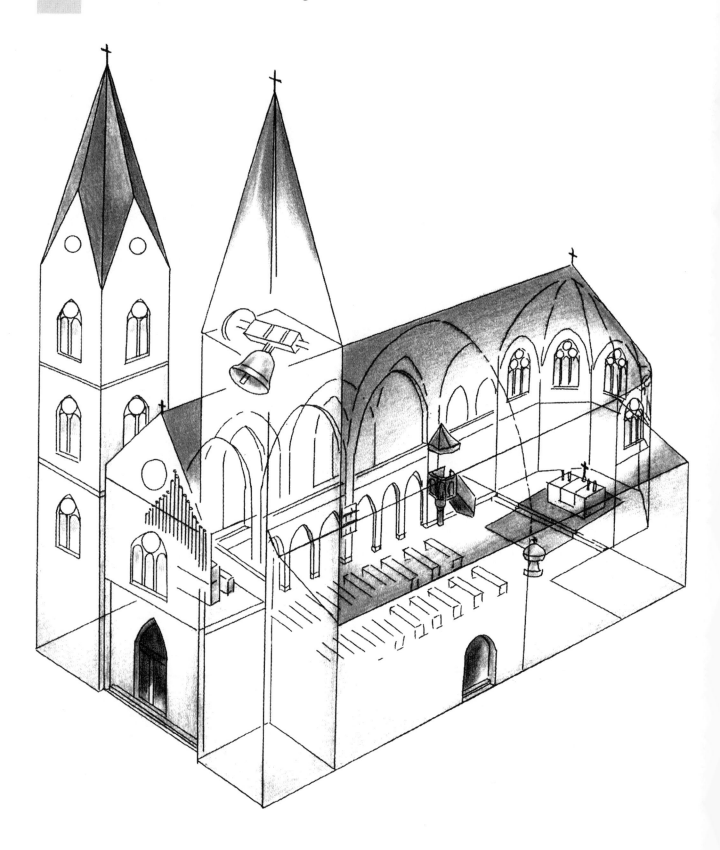

Die Sabbatfeier

SPRECHER 1: Marc, ein deutscher Austauschschüler erlebt eine Sabbatfeier in der Familie seines amerikanischen Freundes Chris. Marc hat sich mit Chris beim Rugby-Training angefreundet und verbringt seit dem viel Zeit in der Familie Berger. Es ist Freitagabend. Chris' Vater, er ist Busfahrer, kommt am Nachmittag nach Hause.

HERR BERGER: Hallo ihr zwei, was macht ihr denn so?

CHRIS: Wir spielen eine Partie Schach.

HERR BERGER: Du, Marc, feierst du Sabbat mit uns? Kannst du heute bleiben?

MARC: Heute am Freitag?

CHRIS: Klar, der Sabbat beginnt am Freitagabend nach Einbruch der Dämmerung und endet am Samstagabend.

MARC: Und was feiert ihr da?

CHRIS: Wir feiern den Sabbat als Lob für Gott, und weil er es uns so aufgetragen hat. Wir feiern die Erschaffung der Welt, den heutigen Tag und die kommende Welt in einer Person. Für uns ist ja der Sabbat wie eine Prinzessin.

MARC: Und was meinst du mit »kommende Welt«?

CHRIS: Nun ja, wir sind überzeugt, dass eines Tages alle Menschen sich gegenseitig akzeptieren, miteinander gerecht und ehrlich umgehen und mit einander und allen Tieren im Frieden leben.

MARC: Aber auf dieser Welt wird alles immer nur schlimmer und gewalttätiger. Glaubst du wirklich daran, dass eine Tages alle im Frieden leben können?

SPRECHER 1: Marc und Chris fangen an zu diskutieren, dann verschwindet Chris für eine Weile und lässt Marc in seinem Zimmer für eine Stunde allein lesen. Als Marc schließlich ins Wohnzimmer der Familie Berger geholt wird, ist er plötzlich »mitten im Sabbat«. Der Raum ist aufgeräumt, blitzblank sozusagen, zwei Kerzen stehen auf dem weiß gedeckten Tisch. Um den Platz der Mutter liegen Blumen. Neben Mutter, Vater, Chris und Marc sitzt auch Ben am Tisch, Chris Bruder.

CHRIS: Na Marc, wie gefällt dir meine Welt?

MARC: Was? Wie?

BEN: Komm Chris. Marc ist doch kein Jude. Er versteht nicht, wovon du redest.

MARC: Ich verstehe wirklich nicht. Was meinst du mit »meine Welt«?

BEN: Jeden Sabbat übernimmt einer aus der Familie die Aufgabe, die Wohnung so schön wie möglich herzurichten. Sie soll so schön werden, wie die Welt war als Gott sie geschaffen hatte und so schön, wie sie wieder werden soll. Deshalb hat Chris dich gefragt, wie du seine Welt findest.

MARC: Ach so, doch schön ist es hier.

SPRECHER 2: Chris strahlt. Schon die ganze Zeit klingelt das Telefon. Es macht Marc langsam nervös.

HERR BERGER: Lass dich nicht stören, Marc. Am Sabbat existiert das Telefon nicht für uns. Am Sabbat gibt es für uns auch kein Fernsehen, Radio und schon gar keine Arbeit. Heute sind wir frei, frei wie Könige und müssen noch nicht einmal ans Telefon.

SPRECHER 2: Dann beginnt die Sabbatfeier. Der erste Stern ist am Himmel zu sehen. Chris' Vater kommt mit einem großen weiten Schal herein. Becher, Kerzen und zwei Zopfbrote stehen auf dem Festtagstisch. Frau Berger zündet die Kerzen an und spricht ein Gebet, einen Segen.

FRAU BERGER: Gepriesen seist du Gott, König der Welt, der du uns befohlen hast, die Sabbatlichter anzuzünden.

SPRECHER 3: Bevor Marc und die Bergers mit dem Essen beginnen, segnet der Vater seine Kinder. Er füllt von allen am Tisch die Becher mit Wein und hebt seinen Becher.

HERR BERGER: Lechaim – zum Leben.

SPRECHER 3: Dann nimmt Herr Berger die Brote, spricht einen Segen und bricht für jeden ein Stück davon ab. Nach dem Essen unterhält sich die ganze Familie über Gott und die Welt, über Probleme, über alles, was Chris und Marc interessiert. Niemand von der Familie geht weg, niemand wird unruhig, niemand redet davon, was noch zu tun ist. Beim Gespräch ist es dunkel geworden.

CHRIS: Marc, komm lass uns ins Bett gehen und morgen weiter diskutieren.

MARC: O.k., kann ich die Kerzen ausblasen?

FRAU BERGER: Nein, Marc, am Sabbat machen wir kein Feuer an und kein Feuer aus. Wir lassen die Kerzen brennen, bis sie von allein ausgehen. Am Sabbat darf alles so bleiben wie es ist. Deswegen kritisieren wir uns auch nicht am Sabbat. Wir Eltern meckern nicht mit den Kindern, und die Kinder nicht mit uns.

SPRECHER 4: Am Samstagvormittag geht Familie Berger in die Synagoge. Das Mittagessen ist schon am Freitag von Frau Berger vorgekocht und warmgehalten worden. So muss auch die Mutter am Sabbat nichts tun. Die Familie verbringt den ganzen Tag mit Ausruhen, Lesen, Diskutieren und Spazierengehen. Der Tag endet mit einem gemeinsamen Essen und einem Segen.

Nach: Christoph Goldmann, Kinder entdecken Gott mit Marc Chagall, Vandenhoeck & Ruprecht, Göttingen, 3. Aufl. 1996. S. 70–72 (aus dem Brief eines Austauschschülers).

Warum essen Juden keinen Schinken? Warum setzen Juden schwarze Glatzendeckel auf, wenn sie beten? Gott ist tot. Richtig oder falsch? Warum …? Warum …?

5 Der Rabbi stand unter der Tür und las etwas verwirrt die lange Liste von Fragen an der Tafel. Jede war in einer anderen Handschrift geschrieben. »Sie haben gesagt, wir dürften heute Fragen stellen«, stellte Harvey Shacter 10 fest. »Ja, das hab ich, Mr. Shacter.« Er trat in den Raum, den Blick immer noch auf die Tafel gerichtet. »Und bei einer so langen Liste sollten wir besser sofort anfangen. Wir nehmen sie der Reihe nach vor. Die erste 15 Frage betrifft den Schinken: das hat mit unseren rituellen Diätvorschriften zu tun. Kurz gefasst, wir dürfen nur das Fleisch von Tieren essen, die paarzehig sind und wiederkäuen. Beide Bedingungen müssen er-20 füllt sein, um als koscher zu gelten, das heißt als rituell essbar. Fisch muss Schuppen und Flossen haben, womit sämtliche Schalentiere ausscheiden. Vögel mit gekrümmten Schnäbeln und Klauen – Raubvögel also – 25 sind auch tabu. Es gibt wissenschaftliche Rechtfertigungen für diese Gesetze – gesunde und nahrhafte Tiere sind erlaubt, für Krankheiten anfälligere Tiere, die sich für die menschliche Ernährung weniger eignen, 30 sind verboten – aber das ist eine moderne, vernunftgebundene Erklärung. Nach der Tradition befolgen wir diese Diätgesetze, weil es uns in der Bibel befohlen worden ist. Da das Schwein kein Wiederkäuer ist, gilt es als 35 unsauber, und daher ist Schinken verboten.«

»Ja, aber haben wir nicht gegen das Schwein 40 mehr als gegen anderen nichtkoschere Tiere?« fragte Leventhal.

»Das ist richtig, Mr. Leventhal. Wir haben eine besondere Abneigung gegen das Schwein, möglicherweise weil es einer 45 Reihe heidnischer Völker als Gegenstand der Anbetung diente. Allerdings neige ich zu dem Glauben, dass es einen viel triftigeren Grund gibt. Alle anderen Haustiere dienen während ihres Lebens zum Nutzen des 50 Menschen. Die Kuh gibt Milch, Schafe liefern Wolle, das Pferd leistet Arbeit und dient zur Fortbewegung, der Hund bewacht das Haus, die Katze hält die Mäuse in Schach. Nur das Schwein als einziges aller koscheren 55 ren und nichtkoscheren Haustiere dient keinem anderen Zweck als geschlachtet und gegessen zu werden. Nun verbietet unsere Religion Tierquälerei. Tatsächlich gibt es in der Bibel Dutzende von Vorschriften, jeden-60 falls, in den Auslegungen der Rabbiner, die verlangen, dass wir Tiere gut behandeln. Man darf dem Ochsen beim Dreschen nicht das Maul verbinden; ein Esel und ein Ochse dürfen nicht in ein Joch gespannt werden; 65 Arbeitstiere müssen am Sabbat Ruhe haben; und die Jagd als Sport ist verboten. Bei einer solchen Einstellung werden Sie sicher verstehen, dass die Aufzucht eines Tieres, nur um es schließlich zu schlachten, uns wider-70 wärtig sein muss.«

Aus: Harry Kemelman, Am Dienstag sah der Rabbi rot, rororo Krimi, Rowohlt Taschenbuchverlag, Reinbek 1979 S. 148 ff

Lernkarten

Freundschaft, Partnerschaft, Sexualität, Familie

Sehnen – Suchen – Sucht?
Sehnsüchte – Sucht

Nach Gott fragen, Gott begegnen und dem Geheimnis Gottes
auf die Spuren kommen

Martin Luther und der Reformation nachspüren

Vom jüdischen Glauben erzählen können

Dein persönliches Gebet

Wie sieht es gerade in deinem Leben aus? Was beschäftigt dich, wenn du an deine Familie denkst? Was geht dir durch den Kopf, wenn du das Wort »Liebe« hörst?

Schreibe ein Gebet, in dem du Gott sagst, was dich gerade bewegt: Wofür bist du dankbar? Was macht dich traurig? Worum möchtest du Gott bitten? Denke über diese Fragen nach und schreibe dann dein persönliches Gebet. Es ist nur für dich bestimmt. Niemand sonst bekommt es zu lesen!

Loblied auf die Liebe

Was ist Liebe? Wie kann man sie beschreiben? Paulus hat ein Loblied auf die Liebe geschrieben. Du findest es im Neuen Testament in 1. Korinther 13.

Lies diesen Bibeltext! Welche Sätze sprechen dich jetzt, nachdem du im Religionsunterricht viel über Liebe nachgedacht hast, besonders an?

Wähle einige Verse aus und gestalte ein Schmuckblatt, auf das du diese Verse in Schönschrift schreibst. Verziere dein Blatt anschließend. Denke beim Gestalten in Ruhe über die Worte von Paulus nach!

1. Korinther 13 in Auswahl

- Die Liebe ist geduldig und gütig.
- Die Liebe eifert nicht für den eigenen Standpunkt, sie prahlt nicht und spielt sich nicht auf.
- Die Liebe nimmt sich keine Freiheiten heraus, sie sucht nicht den eigenen Vorteil.
- Sie lässt sich nicht zum Zorn reizen und trägt das Böse nicht nach.
- Sie ist nicht schadenfroh, wenn anderen Unrecht geschieht, sondern freut sich mit, wenn jemand das Rechte tut.
- Die Liebe gibt nie jemanden auf, in jeder Lage vertraut und hofft sie für andere; alles erträgt sie mit großer Geduld.
- Niemals wird die Liebe vergehen.
- Auch wenn alles einmal aufhört – Glaube, Hoffnung und Liebe nicht.
- Diese drei werden immer bleiben; doch am höchsten steht die Liebe.

Partnerkarte Bibel-Quiz

1. Welches Problem hat der erste Mensch, den Gott geschaffen hat?
2. Warum hilft es diesem Menschen nicht, dass Gott die Tiere erschafft?
3. Warum hilft es dem ersten Menschen, dass Gott eine Frau erschafft?
4. Welches Gebot ist das Wichtigste? Was sagt Jesus?
5. Erzähle die Geschichte vom Barmherzigen Samariter!
6. Was sagt die Bibel über das Verhältnis zwischen Mann und Frau?
7. Wie sollen sich Eltern und Kinder in einer Familie verhalten? Was sagt die Bibel dazu?

Antwortmöglichkeiten für dein Gegenüber

1. Er ist allein.
2. Weil kein Tier wirklich zu ihm passt.
3. Sie passt zu ihm und ist ein Gegenüber. Beide ergänzen sich.
4. Du sollst Gott lieben und deine Mitmenschen wie dich selbst!
5. Die Geschichte steht in der Bibel (Lukas 10,29–37). Lies dort nach und vergleiche, ob dein/e Partner/in die Geschichte richtig erzählt hat!
6. Sie sind gleichberechtigt; die Frau ist ein Gegenüber für den Mann; Mann und Frau sollen Seite an Seite durchs Leben gehen; erst zusammen sind Mann und Frau die Gattung »Mensch«.
7. Kinder sollen ihren Eltern gehorchen; Eltern sollen die Kinder mit Liebe behandeln.

Abtreibung pro und contra

1. Sammelt möglichst viele Argumente für und gegen Abtreibung!
2. Lest das folgende Beispiel. Was würdet ihr Maria raten? Wie soll sie sich entscheiden und warum?

Maria ist 15 Jahre alt und geht in die 9. Klasse der Hauptschule. In drei Monaten sind die Abschlussprüfungen. Vor sechs Wochen hat sie sich total in Dennis verliebt. Seither gehen die beiden miteinander. Gestern hat Maria beim Frauenarzt erfahren, dass sie schwanger ist. Sie hat gleich Dennis angerufen. Er hat gesagt: Ich will noch kein Kind! Maria ist hin und her gerissen. Soll sie das Kind bekommen oder soll sie es abtreiben lassen? Maria weiß nicht, wie sie sich entscheiden soll …

Abtreibung pro und contra

pro (= Argumente für Abtreibung)
- Mein Bauch gehört mir.
- Ein Zellklumpen ist noch kein Leben.
- Ich bin selbst noch ein Kind und noch nicht reif dafür, ein Kind aufzuziehen.
- Ich will meine Ausbildung zu Ende machen.
- Ich kann das Kind alleine nicht großziehen und will meine Eltern nicht damit belasten.
- Wenn das Kind behindert ist, bin ich damit überfordert.
- Man sollte nur dann ein Kind bekommen, wenn man ihm auch einen guten Lebensstandard bieten kann.
- Wenn die Gesundheit der Mutter in Gefahr ist, kann man von ihr nicht erwarten, dass sie das Kind austrägt.
- Wenn das Kind durch eine Vergewaltigung gezeugt wurde, kann man von der Mutter nicht erwarten, dass sie das Kind austrägt.

contra (= Argumente gegen Abtreibung)
- Jeder Mensch hat ein Recht auf Leben.
- Das Leben eines Menschen beginnt mit der Zeugung.
- Die Bibel sagt: Du sollst nicht töten!
- Wenn eine Frau ihr Kind nicht selbst aufziehen kann, kann sie es zur Adoption freigeben.
- Abtreibung ist unnötig, weil man durch Verhütung eine Schwangerschaft vermeiden kann.
- Es ist schön, einen Menschen aufwachsen zu sehen.
- Auch ein behinderter Mensch hat Freude am Leben.
- Es gibt Hilfsangebote für junge Mütter, damit sie Kind und Ausbildung verbinden können.

Das Wort »Liebe« – als Bodenbild dargestellt

Gestaltet ein Bodenbild zum Wort »Liebe«. Schreibt dazu das Wort »Liebe« auf ein Blatt, malt ein passendes Symbol dazu und legt es in die Mitte. Schreibt auf weitere Blätter je einen Aspekt des Wortes »Liebe« (z.B. Freundschaft; Elternliebe …) und malt ebenfalls je ein Symbol dazu. Legt diese Blätter um das Blatt mit dem Wort »Liebe« herum – und zwar so, dass die wichtigsten Aspekte am nächsten beim Wort »Liebe« liegen und die unwichtigsten am weitesten weg.

Gut miteinander auskommen

Lest noch einmal in eurem Liebeslexikon, was ihr alles aufgeschrieben habt. Überlegt dann: Was muss man tun, um respektvoll und liebevoll miteinander umzugehen – in einer Partnerschaft, in der Familie, in der Schule?
Denkt euch jeweils fünf Regeln für die Partnerschaft, für die Familie und für die Schule aus und schreibt sie auf je ein Blatt. Das Blatt mit den Regeln für die Schule könnt ihr in der Klasse besprechen und im Klassenzimmer aufhängen. Das Blatt mit den Familienregeln nehmt ihr am besten mit nach Hause und besprecht es mit den übrigen Familienmitgliedern. Und die Regeln für die Partnerschaft solltet ihr natürlich mit eurem Freund/eurer Freundin besprechen …

1. Zu den legalen Drogen zählen …

2. »Legal« bedeutet …

3. Was sagt das Jugendschutz-Gesetz zu *Nikotin* und *Alkohol?*

1. Alkohol und Nikotin (Medikamente).

2. »vom Gesetz erlaubt«.

3. *Nikotin:* Rauchen in der Öffentlichkeit und Kauf vo[n] Tabakwaren erst ab 18 Jahren.
Alkohol: keine alkoholischen Getränke an Kinder un[d] Jugendliche;
Ausnahme: ab 16 dürfen Bier, Wein, Apfelwein o.Ä. in de[r] Öffentlichkeit konsumiert werden.

1. Zu den illegalen Drogen zählen …

2. »Illegal« bedeutet …

3. Und das Gesetz?

1. unter anderem: Haschisch, Marihuana (Hanf), Ecstas[y] LSD, Kokain, Heroin.

2. »vom Gesetz verboten«.

3. Verboten ist das Herstellen und Anbauen, der Besitz, de[r] Handel sowie der Konsum von Drogen;
Ausnahme: medizinischer Bereich.

1. Beschreibe einen möglichen Weg in die Abhängigkeit.

2. Unterscheide zwischen psychischer (seelischer) und physischer (körperlicher) Abhängigkeit.

3. Welche Rolle spielt bei der Behandlung von Suchtproblemen der eigene Wille?

1. Unterschiedliche Einstiege – anfangs positive Effekte, die nachlassen – Dosissteigerung – seelische und später oft körperliche Abhängigkeit.

2. *psychisch:* alle Handlungen, Gedanken und Gefühle drehen sich um das Suchtmittel.
   physisch: Veränderter Stoffwechsel, deswegen bei Absetzen des Suchtmittels Entzugserscheinungen.

3. Einerseits schafft man alleine und nur mit dem eigenen Willen meist den Ausstieg nicht, d.h. man braucht fachliche Begleitung.
   Andererseits muss man grundsätzlich das Beenden der Sucht selbst wollen.

Vgl. **M 11** »Informationen zur Abhängigkeit«

Nenne die »Werke der Barmherzigkeit«.

Christus spricht:

Ich bin hungrig gewesen
und ihr habt mir zu essen gegeben.

Ich bin durstig gewesen
und ihr habt mir zu trinken gegeben.

Ich bin ein Fremder gewesen
und ihr habt mich aufgenommen.

Ich bin nackt gewesen
und ihr habt mich gekleidet.

Ich bin krank gewesen
und ihr habt mich besucht.

Ich bin im Gefängnis gewesen
und ihr seid zu mir gekommen

(Mt 25,34 ff)

---

1. Was weißt du über »Elfchen«?

2. Wann ist es sinnvoll, diese Methode einzusetzen?

1. Ein Elfchen ist eine besondere Form eines Gedichtes. Es besteht aus elf Wörtern bzw. elf Silben, die sich auf fünf Zeilen verteilen (s.u.).

1. Zeile:	ein Wort / eine Silbe	**Farbe/Gefühl**
2. Zeile:	zwei Worte / Silben	**Gegenstand/Thema**
3. Zeile	drei Worte / Silben	**Eigenschaften**
4. Zeile	vier Worte / Silben	**Handlung**
5. Zeile:	ein Wort / eine Silbe	**Pointe/Schluss**

2. Wenn etwas »verdichtet« beschrieben werden soll.

---

1. Beschreibe die Methoden »Spalten-Wörter« und »Buchstaben-Salat«.

2. Wann werden sie verwendet?

1. **»Spalten-Wörter«**: Begriff wird in eine Spalte geschrieben. Jeder Buchstabe muss inhaltlich passend zum Gesamtbegriff ergänzt werden, wobei mehrere Beiträge pro Buchstabe möglich sind.
   Buchstabensalat: Ähnliche Arbeitsweise wie oben, wobei die einzelnen Buchstaben des Begriffs nur im gefundenen Wort vorkommen müssen (diese farbig schreiben!):
   O**P**fer, unfreiwi**L**lig, Haus**A**ufgaben, Un**G**eduld, Not**E**n

P	pauken
L	lustlos
A	Arbeit
G	Graus
E	Ende

2. Sie wecken die Lust am Finden von passenden Begriffen und ermöglichen so einen unkomplizierten Zugang zu einem Thema oder einer Fragestellung.

1. Beschreibe die Methode »Schreibmeditation«.

2. Wann wird sie eingesetzt?

---

1. In die Mitte eines DIN A3-Blattes wird eine Frage oder ein Impuls geschrieben. Vier Schülerinnen und Schüler sitzen um das Blatt und schreiben jeweils ihre Gedanken auf. Es wird nicht gesprochen. Nach einem vorher vereinbarten Signal wird das Blatt um 90 Grad gedreht. Schülerinnen und Schüler lesen den Text des Mitschülers und schreiben ihren Kommentar dazu. Es sind mehrere Durchgänge möglich, mindestens jedoch dreimaliges Drehen. Danach: Auswertung in der Kleingruppe. Das Hauptthema kann der Klasse mitgeteilt werden.

2. Am besten zu Beginn eines neuen Themas.

---

1. Beschreibe das Interessante an Übermalungen oder Überklebungen.

2. Welche Vorbereitungen muss man treffen und wie kann gearbeitet werden?

---

1. Mit ihnen kann man Bilder verfremden und damit ihren Inhalt und ihre Aussage verändern.

2. Ein (bekanntes) Bild zum Thema wird kopiert (in entsprechender Größe für Einzel- oder Gruppenarbeit) und durch Übermalung oder Überklebung so verändert, dass dadurch Hintergründe und Tiefgründiges eines Themas offensichtlich werden und angesprochen werden können.

- *Übermalungen am besten mit Wachskreiden oder Wasserfarben.*
- *Überklebungen mit Bildern und Texten aus mitgebrachten Illustrierten etc.*

---

1. Erkläre die Methode »Bild-Wort«-Text?

2. Beschreibe den Sinn dieser Methode.

---

1. Ein Text wird so gestaltet, dass an den Stellen von bildhaften Wörtern entsprechend große Lücken gesetzt werden, in die das fehlende Wort gezeichnet werden soll. Unter der Lücke steht der zu zeichnende Begriff.
   (Für einzelne Begriffe auch → Bild-Wort)

   Beispiel:

   Der   ist mein
      Herr   Hirte

2. Sie fördert die intensive Auseinandersetzung mit Texten und hier vor allem mit einzelnen Begriffen. Der Text kann durchaus bekannt sein (Bibeltext).

---

1. Das »Bild-Wort« – eine kreative Methode, um …

2. Wie funktioniert die Wort-Bild-Methode?

---

1. … sich intensiv und kreativ mit einem Begriff oder zwei Begriffen zu beschäftigen.

2. Mit Form, Farbe und Schrift wird ein Wort gestaltet oder mit den entsprechenden Attributen versehen, um das Wesentliche herauszustellen oder, bei zwei Begriffen, die Beziehung zueinander zu verdeutlichen.

1. Erläutere die Methode »Wortblume«
   oder »Wortsonne«.

2. Was ist die Stärke dieser Methode?

1. Es wird ein Thema oder Begriff in die Mitte geschrieben und umkreist. In die den Kreis umgebenden Blütenblätter (bzw. auf die Sonnenstrahlen) werden spontan Einfälle geschrieben. Es kann – in einem zweiten Durchgang – mit Farben oder zusätzlichen Symbolen/Pfeilen gearbeitet werden. Die Methode kann in viele andere »Bilder« umgesetzt werden: Springbrunnen, Mauer, Wolken, Regenbogen etc. Wichtig: Thema/Begriff kennzeichnen!

2. Sie trägt schnell Einfälle zu einem Thema zusammen (→ Brainstorming; Mindmap) und lädt zur Weiterarbeit ein.

---

1. Was versteht man unter »Foto-Language«?

2. Nenne drei Möglichkeiten des Arbeitens mit dieser Methode.

3. Was würde dich selbst an dieser Methode reizen?

1. Foto-Language (wörtlich: »Bilder-Sprache«) ermöglicht durch das Aussuchen (und Kommentieren) von Bildern etwas auf andere Weise zu »sagen«, z.B. über einen Text, eine Situation oder über sich selbst. Das fördert kreatives Arbeiten in Einzel-, Partner- oder Gruppenarbeit.
2. Zu einem bekannten Text ein passendes Bild aussuchen
   – Wahl begründen.
   – Zu einem Bild einen passenden Text suchen oder schreiben (auch Liedtext …).
   – Ein gewähltes Bild durch weitere Bilder und Texte ergänzen und eine eigene Text/Bild-Collage erstellen.
   – Zu einem Bild eine Geschichte erfinden.
   – Ein Bild vertonen (Rap etc.).
   – Ausgehend von einem ausgesuchten Bild eine Bildergeschichte oder einen Comic zeichnen.

Erkläre an einem *Psalmwort*, wie Menschen über Gott denken.

....

....

....

Beispiel:

Der HERR ist mein Hirte. Mir wird nichts fehlen.

Damit ist gemeint, dass Gott wie ein guter Hirte ist, der für die ihm anvertrauten Schafe sorgt.

Gib drei Informationen zu Esther.

1. Wer war Esther?

2. Wo lebte Esther?

3. Was tat Esther?

1. Sie war eine Jüdin.

2. Sie lebte in der persischen Diaspora.

3. Sie setzte sich bei König Ahasveros für ihr Volk ein.

Begründe, warum man in Israel heute noch das Purimfest feiert.

Damit wollen die Menschen sich immer daran erinnern, dass Gott in höchster Not nicht zugelassen hat, dass sein Volk vernichtet wurde.

Beschreibe in fünf Schritten, wie man eine Fotostory macht!

1. Man unterteilt eine Geschichte in einzelne Szenen.

2. Man stellt diese Szenen mit Personen nach.

3. Man fotografiert die Szenen.

4. Man klebt die Fotos auf ein »Storyboard«.

5. Man fügt Sprechblasen mit Text in die Bilder ein.

Nenne drei Methoden, wie man sich Informationen beschaffen kann.

1. Nachschlagewerke (z.B. aus der Schul- oder Stadtbibliothek).

2. Recherche im Internet (z.B. bei Wikipedia)

3. Personenbefragung (z.B. Interviews auf der Straße).

Zeige an *einem* Beispiel

1. Esther
2. Elisabeth Frey
3. Dietrich Bonhoeffer

auf, wie Gott durch Menschen gehandelt hat.

1. Esther riskierte ihr Leben, um sich beim persischen König für ihr Volk einzusetzen.

2. Elisabeth Fry sorgte für menschenwürdige Verhältnisse europäischen Gefängnissen.

3. Dietrich Bonhoeffer gab im Gefängnis Wärtern und Gefangenen Hoffnung und Mut.

Überlege, wie du in deiner unmittelbaren Umgebung Menschen helfen könntest.

Beispiel:

Gespräche mit Mitschülerinnen und Mitschüler, die abseits stehen.
Angebote an alte Leute (zum Einkaufen begleiten, spazieren führen …).

Die Personen im Gleichnis vom »Verlorenen Sohn« haben eine zweifache Bedeutung.

Schreibe auf und erkläre!

Vater	
jüngerer Sohn	
älterer Sohn	

Mit dem Vater ist GOTT gemeint, der uns Menschen vergibt, auch wenn wir gegen ihn gesündigt haben, und zu dem wir jederzeit – was auch geschehen mag – zurückkehren dürfen.

Der Sohn steht für den sündigen Menschen, der bereut und zu Gott zurückkehren möchte.

Mit dem ältesten Sohn sind alle die gemeint, die »sich keiner Schuld bewusst sind«, weil sie immer nach Gottes Geboten streben.

Schreibe vier Stationen im Leben Dietrich Bonhoeffers auf!

Beispiel:

1. 1906 geboren in Breslau.

2. Mitglied der »Bekennenden Kirche« und im Widerstand.

3. 1943 Verhaftung durch die Nazis.

4. 1945 Tod im KZ Flossenbürg.

Schreibe *einen* klassischen Gottesbeweis auf und erkläre ihn.

Beispiel:

»Moralischer Gottesbeweis« nach Kant: Weil es Gewissen und Verantwortung gibt, erkennen die Menschen, dass sie einer höheren Instanz unterliegen, die von ihnen moralisches Handeln fordern kann.

Schreibe einen dreiteiligen Segensspruch für jemanden, der ins Krankenhaus muss.

Beispiel:

Gott sei bei dir während der Behandlung; er mache dir die Schmerzen erträglicher und gebe dir Menschen, die gut für dich sorgen.

Ergänze die fehlenden Worte:

Vater unser im Himmel,
.... werde dein Name,
dein Reich ...., dein .... geschehe
wie im Himmel, so ....;
unser tägliches .... gib uns heute und
.... uns unsere Schuld, wie auch wir vergeben
....
Und führe uns nicht ....,
sondern erlöse uns ....
Denn dein ist ....
und die .... und die ....
in Ewigkeit. AMEN

Vater unser im Himmel,
geheiligt werde dein Name,
dein Reich **komme**, dein **Wille** geschehe,
wie im Himmel, so **auf Erden**;
unser tägliches **Brot** gib uns heute und
vergib uns unsere Schuld, wie auch wir vergeben
unseren Schuldigern.
Und führe uns nicht **in Versuchung**,
sondern erlöse uns **von dem Bösen**.
Denn dein ist **das Reich**
und die **Kraft** und die **Herrlichkeit**
in Ewigkeit. AMEN

Worauf sollte man, deiner Meinung nach, beim Beten achten?

Gib drei Ratschläge!

Beispiel:

1. Ruhe um sich haben.

2. Sich ganz auf das Gebet konzentrieren.

3. Den Dank an Gott nicht vergessen.

Gib kurz den Inhalt eines Psalms wieder!

Beispiel: Psalm 15

Es wird vom Zelt Gottes gesprochen und gefragt, wer dar Gast sein darf.

Die Antwort lautet z.B. »Wer das Rechte tut«.

Schreibe auf, welches Leid Hiob erfahren musste!

Lösungsvorschlag:

a) Er verlor seine Herden und Knechte.

b) Er verlor seine Kinder.

c) Er verlor seine Gesundheit.

d) Seine Frau verspottete ihn.

e) Seine Freunde unterstellten ihm Sünde.

Gott zeigt sich im Buch Hiob in vielerlei Gestalt.

Beschreibe!

Lösungsvorschlag:

1. Er lässt zu, dass Hiob leidet.

2. Er stellt sich Hiob im Gespräch.

3. Er demonstriert seine Allmacht.

4. Er gibt zu, unrecht gehandelt zu haben.

5. Er entschädigt Hiob.

6. Er zürnt den Freunden.

Welchen Gewinn können Menschen, deiner Meinung nach, aus der Geschichte von Hiob ziehen?

Beispiel:

1. Sie können erkennen, dass Gott nach eigenen Regeln handelt.

2. Sie können daran sehen, dass auch nach großem Leid Hoffnung bleibt.

3. Sie können akzeptieren lernen, dass Leid zum Leben gehört.

Spiritualität Gott

Ihr wollt eine kleine Andachtsecke für den dreieinigen Gott gestalten.

Welche Symbole wählt ihr aus, um deutlich zu machen, dass Christen an Gott Vater, Gott Sohn und den Heiligen Geist glauben.

- Kerze

- Kreuz

- Bibel

- Taufbecken

- …

REFORMATION · 1

Wovor hatte Martin Luther als Mönch große Angst?

Er befürchtete, dass Gott ihn wegen seiner Sünden bestrafen müsste. Er fürchtete sich deshalb vor dem Zorn Gottes, dem Fegefeuer und der Hölle.

REFORMATION · 2

Was machte Martin Luther zu einem mutigen Mann?

Die Entdeckung, dass Gott uns Menschen liebt. Gott will, dass wir aufrecht und frei durchs Leben gehen. Ein Christ hat keinen Herrn – außer Gott.

REFORMATION · 3

Was bedeutet

a) »Ablassbrief«

und

b) was hatte Martin Luther dagegen einzuwenden?

a) Ablassbriefe sind Urkunden, in denen dem Besitzer Nachlass der Jahre im Fegefeuer zugesichert wird.

b) Martin Luther las in der Bibel, dass Gott Sünden vergibt allein aus Gnade. Jeder reuige Sünder bekommt die Vergebung geschenkt.

REFORMATION · 4

Wie heißt der erste Vers des Liedes »Ein feste Burg«?

Ein feste Burg ist unser Gott,
ein gute Wehr und Waffen.
Er hilft uns frei aus aller Not,
die uns jetzt hat betroffen.
Der alt, böse Feind,
wie ernst er's jetzt meint.
Groß Macht und viel List
sein grausam Rüstung ist.
Auf Erd ist nicht seinsgleichen.

a) Was geschah auf dem Reichstag in Worms?

b) Wer war daran beteiligt?

a) Martin Luther sollte vor dem Reichstag den Inhalt seiner Bücher widerrufen.

b) Kaiser Karl V., der Gesandte des Papstes, Kurfürst Friedrich der Weise, die Reichsfürsten.

Welche Rolle spielte die Wartburg im Leben Martin Luthers?

1521 lebte Martin Luther auf der Wartburg als Junker Jörg verkleidet. Nach dem Reichstag ins Worms war sein Leben bedroht. Er übersetzte das Neue Testament ins Deutsche.

Was geschah in diesen Jahren?

a) 1483

b) 1517

c) 1521

d) 1530

e) 1546

a) 1483   Geburt Martin Luthers

b) 1517   Thesenanschlag

c) 1521   Reichstag in Worms, Leben auf der Wartburg

d) 1530   Reichstag zu Augsburg

e) 1546   Tod Martin Luthers

Was bedeutet:

a) Reformation

b) evangelisch

c) protestantisch

d) katholisch?

a) »Reformation« = Erneuerung.

b) »evangelisch« = nach dem Evangelium (= die frohe Botschaft) von Jesus Christus.

c) »Protestantisch« = von Protest (auf dem Reichstag zu Speyer 1529 protestierten evangelische Fürsten gegen die Religionspolitik des Kaisers).

d) »katholisch« = allgemein, das Ganze betreffend.

Was ist die Tora und welche Bedeutung hat sie im Judentum?

Tora bedeutet »Weisung«. Mose hat die Tora von Gott am Sinai bekommen als Weisung zum guten Leben. Sie ist das Zentrum des jüdischen Glaubens.

---

1. Warum essen Juden kein Schweineschnitzel in Sahnesauce und kein Schinkenbrötchen?

2. Nenne zwei weitere Speisen, die nach den Speisegesetzen nicht erlaubt sind.

1. Einige Speisen gelten als unrein (nicht koscher). Dazu gehören Schweinefleisch, Pferdefleisch, einige Fischsorten. Milchiges und Fleischiges wird nicht gleichzeitig gegessen, weil in der Tora steht: »Du sollst das Zicklein nicht in der Milch seiner Mutter kochen«.

2. Nicht koscher sind auch: Cheeseburger, Pizza mit Schinken, Fleisch mit Käse überbacken.

Erkläre, warum das Pessachfest für jeden Juden wichtig ist und wie es gefeiert wird.

Das Pessachfest erinnert an die Befreiung des Volkes Israel durch Gott aus der Sklaverei in Ägypten.
Das Fest dauert acht Tage. Es beginnt mit dem Sederabend und einem festlichen Essen mit Speisen, die an den Auszug aus Ägypten erinnern: Matzen (ungesäuertes Brot), ein Lammknochen, Salzwasser für die Tränen, bittere Kräuter für die bittere Sklaverei und Fruchtmus in der Farbe der Lehmziegel, die die Israeliten in Ägypten herstellen mussten.

Nenne mindestens zwei Speisen für die Sedertafel und erkläre ihre Bedeutung.

- Fruchtmus erinnert an die Ziegel in Ägypten,
- Salzwasser erinnert an die Tränen,
- Bitterkräuter erinnert an die bittere Zeit in Ägypten,
- Mazzen (ungesäuertes Brot) erinnert an die Eile, in der das Volk Israel Ägypten verlassen musste,
- Knochen erinnert an das Passahlamm.

Welches Fest feiert
dieser Junge?

Erkläre, was zu diesem
Fest gehört.

Er ist heute Bar Mizwa.

Er liest zum ersten Mal in der Synagoge aus der Tora vor.

Wie wird in jüdischen Familien der Sabbat gefeiert?

Dieser Tag ist ein Ruhetag für alle. Der Tisch ist festlich
gedeckt. Man geht in die Synagoge. An diesem Tag darf sich
jede und jeder wie ein König fühlen. Einen Tag lang darf alles
so bleiben, wie es ist.

Beispiel:
Feuer wird nicht angezündet und nicht gelöscht.

Nenne (mindestens) drei wichtige Gemeinsamkeiten von
Juden und Christen.

Die zehn Gebote

Die hebräische Bibel

Abraham, Moses, König David

Die Propheten

Erkläre die Begriffe:

1. Tefillin

2. Kippa

3. Tallit

1. Tefillin sind Gebetsriemen.

2. Kippa heißt die Kopfbedeckung, die Männer und Jungen in
   der Synagoge und beim Beten aufsetzen.

3. Tallit heißt der Gebetsmantel.

Nenne einen wichtigen Unterschied zwischen jüdischem und christlichem Glauben.

Für Christen ist Jesus der Messias. Für Juden ein wichtiger Rabbi, aber nicht der Messias, der Retter.

Beschreibe zwei wichtige Symbole des Judentums.

Beispiele:

- Der **Davidstern** (sechszackiger Stern): nationales Symbol des Staates Israel.

- Die **Menora**, der siebenarmige Leuchter, der im Tempel in Jerusalem stand und an den Tempel und seine Zerstörung erinnert.

Gottesvorstellungen Jugendlicher, © Helmut Hanisch, Farbbilder zu Seite 131

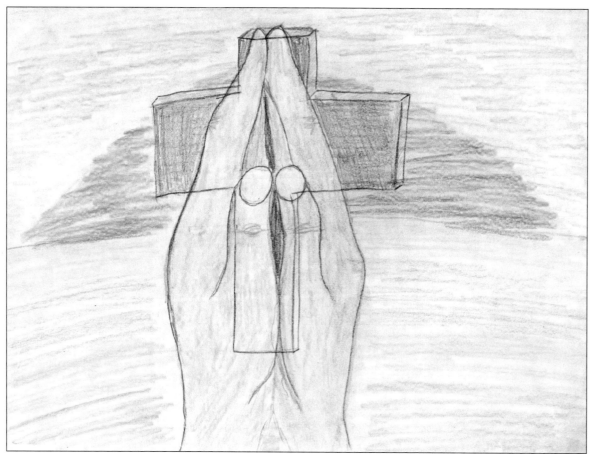

Gottesvorstellungen Jugendlicher, © Helmut Hanisch, Farbbilder zu Seite 133

Die Blinden und der Elefant, Farbbild zu Seite 136

Lucas Cranach: Gesetz und Gnade, Farbbild zu Seite 180

Der, außer dem es keinen Gott gibt

| der Erbarmer | der Barmherzige | der Herrscher | der Heilige | das Heil | der Treue | der Beschützer
| der Mächtige | der Allmächtige | der Überragende | der Schöpfer | der Bildner | der Former | der Verzeiher
| der Bezwinger | der Schenker | der Ernährer | der Öffner | der Allwissende | der Ergreifende | der Freigebige
| der Erniedrigende | der Erhebende | der Ehrende | der Demütigende | der Hörende | der Sehende
| der Befehlende | der Gerechte | der Gütige | der Kundige | der Sanftmütige | der Erhabene | der Nachsichtige
| der Danknehmende | der Hohe | der Große | der Bewahrer
| der Ernährer | der Abrechnende | der Große
| der Edelmütige | der Beobachtende
| der Erhörende | der Ausgedehnte
| der Weise | der Liebende
| der Ruhmreiche
| der Aussendende
| der Bezeugende
| der Wahre
| der Verlässliche
| der Starke | der Feste
| der Lehrer
| der Lobenswerte
| der Anrechner
| der Anfangende
| der Helfer
| der Erwecker
| der sterben lässt
| der Lebendige
| der Unver-
änderliche
| der Wirkliche
| der Berühmte
| der Alleinige
| der Ewige
| der Mächtige
| der Vermögende
| der Vorwärtsschreitende
| der Zurücksehende | der Erste
| der Letzte | der Offenbare
| der Verborgene | der Herrscher
| der alles Überragende | der Tugendreiche
| der zum Guten Führende | der Rächer
| der Verzeihende | der Wohlwollende | der König der Könige | der Große und Edelmütige | der Gerechte
| der Versammler | der Reiche | der Bereichernde | der Hindernde | der Schädliche | der Nützliche | das Licht
| der Führer | der Erfinder | der Bleibende | der Beerbende | der Gerade | der Geduldige

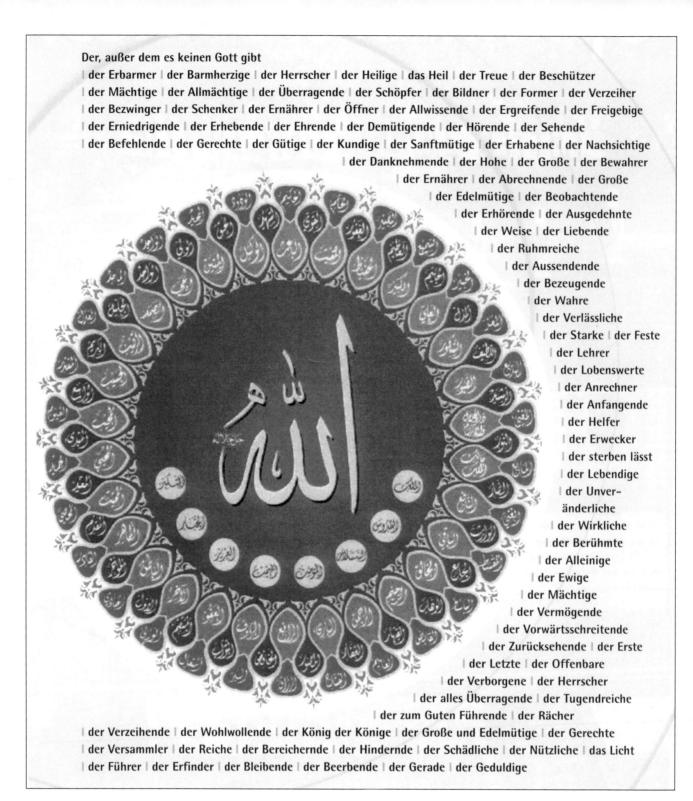

Die 99 Namen Gottes, Farbbild zu Seite 139

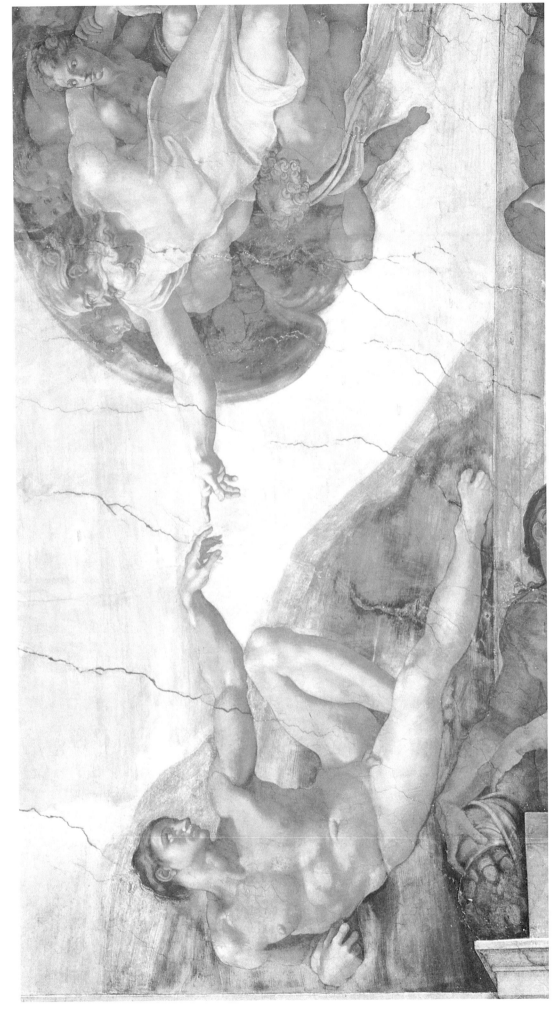

Farbbild zu Seite 151

Farbbild zu Seite 174
Hieronymus Bosch: Hölle
© akg-images